KB103208

단일한
근대성

A SINGULAR MODERNITY by Fredric Jameson
Copyright © 2013 by Fredric Jameson
All rights reserved.

Korean translation copyright © 2020 by Changbi Publishers, Inc.
Korean translation rights arranged with VERSO
(THE IMPRINT OF NEW LEFT BOOKS).

이 한국어판의 판권은 VERSO와 독점 계약한 ㈜창비에 있습니다.
저작권법에 의해 보호를 받는 저작물이므로 무단 전재와 복제를 금합니다.

현재의
존재론에 관한
에세이

A SINGULAR MODERNITY

단일한

근대성

프레드릭 제임슨 지음
황정아 옮김

창비

일러두기

1. 본문의 각주는 모두 옮긴이 주임을 밝힌다.
2. 〔 〕로 표시된 인용문 속의 주는 모두 인용자의 것이다.
3. 발행자가 있는 간행물명은 『 』로, 작품명과 논문명은 「 」로 표시했다.

차
례

우리 시대의 퇴행

포스트모더니티가 본격화된 이래 아주 최근까지도, 이제 더는 바람직하지 않게 된 근대의 몇몇 특징을 두고 어떤 일반적인 동의, 어떤 암묵적인 합의가 늘 있었던 것 같다. 가령 근대의 금욕주의나 남근중심주의라든지(근대가 언제나 전적으로 로고스중심주의였는지는 그보다 확실치 않다), 근대의 권위주의나 심지어 이따금 등장하는 억압성이라든지, 새로운 것에서 더 새로운 것으로 기세등등하게 전진하는 모더니즘 미학의 목적론이라든지, 모더니즘적이기도 한 숱한 미니멀리즘이라든지, 천재나 선견자에 대한 숭배라든지, 청중이나 대중에게 부과되는 즐겁지 않은 요구들이라든지. 당연히 상호 연관되어 있고 때로는 각각이 서로의 한 양상이나 다른 판본에 지나지 않기도 한 이 모든 것은 논평자들에 의해 체계적이고 반복적으로 거명되어왔다.

그런데, 사실상 창문이 깨지고 낡은 가구가 처분되는 소리에 호응하는 이 모든 건강한 역겨움과 반발의 와중에, 지난 몇년 사이 아주 다른 종류의 현상, 온갖 낡은 것들의 대대적 청산이 아니라 그것들로의 회귀 혹은 그것들의 재확립을 암시하는 현상들이 목격되기 시작했다. 한편으로는 '이론' 혹은 이론적 담론, 다른 한편으로는 (부르디외의 분과학문 비판과 더불어) 로티(Rorty)의 『철학과 자연의 거울』(Philosophy and the Mirror of Nature)을 통해 이룩한 포스트모더니티의 위대한 성취 하나는 전통적 분과학문으로서의 '철학'을 불신하고 새로운 종류의 사유와 새로운 종류의 개념적 글쓰기의 확산을 촉구하는 것이었다. 하지만 이제 우리는 윤리학[1] 같은 가장 고리타분한 하위분야를 필두로 삼은 전통적인 철학의 귀환을 목격하고 있다. 사정이 이렇다면 형이상학(metaphysics)이 귀환할 날(물리학(physics)에 대한 뉴에이지의 사변들이 이를 암시해준다), 심지어 신학 그 자체(이에 대해서는 부정신학(否定神學)이 그 토대를 허물겠다고 약속했으나)가 귀환할 날도 머지않은 것일까?

어쨌든 정치철학 같은 것도 다시 등장해서 정체(政體)와 시민권, 시민사회와 의회의 대의(代議), 책임과 시민의 덕목이라는, 18세기 후반에 가장 핫한 주제였던 만큼이나 분명히 더는 우리의 주제가 아닌[2] 그 모든 고래의 이슈들을 질질 끌고 가고 있다. 국가에 관한 전통적인 부르주아적 사유에 계급과 집단적·사회적 존재의 쓰라린 이율배반으로 맞섰던, 막 끝난 혁명의 세기가 시도한 도전들로부터 마치 아무것도 배운 게 없다는 듯이 말이다. 이 모든 오래된 개념들 자체가 우리와는 전혀 다른 역사적 상황, 이른바 봉건제에서 자본주의로의 이행에 대한 반사행동에 해당하기 때문에 공산주의에서 민주주의로의 어떤 가설적인 이행(어쨌거나 이는 이행이라기보다 경제적 사유에서 정치적 사유로 빠지는 개념적 미끄러짐이라 할 수 있다)에 끼워 맞춘다면 개념의 남용이 될 것이다.

이와 더불어 더 오래된 정치경제가 그림자처럼 비트적거리며 앞으로 나와 엄청난 새로운 발전, 이른바 시장의 재발명을 제안하는데, 이건 딱 바퀴의 재발명이 갖는 정도로만 흥미로울 따름이다. 물론 누구나 각자의 기호가 있겠으나, 나로서는 지금 시점에서 밀턴 프리드먼이니 하이에크니 포퍼니 하는 이들의 생각에 무슨 대단한 게 있다는 이야기에 전혀 설득력을 느끼지 못하겠다.

그리고 우리가 모더니즘이 발명했고 동시에 해체했다고 생각한 분야인 미학의 소생이 있다. 미학적 질문들은 출현한 속도도 빨랐지만 다양한 모더니즘적 형식의 숭고에 의해 그만큼 신속하게 지워진 바 있다. 하지만 오늘날 사람들은 다시금 아름다움이라는 문제를 제기하고 있는데, 미학의 중심 주제인 아름다움의 쌍둥이 같은 양끝에는 부르주아적 동기가 새겨져 있다. 순전히 장식적이고 쾌락적인 것으로의 진부화가 그 한 끝이고 미학적 정당화의 다양한 이데올로기가 갖는 감상적 관념론이 다른 끝이다.

(마찬가지로 전통적으로) 사상사로 정의되는 것은 이런 유형의 지적 퇴행을 다루기에 적합하지 않고, 정치적 국면과 제도적 역학이 이를 더 그럴듯하게 설명할 수 있을 때가 많다. 맑스주의의 패배(정말로 패배했다면)로 인해 현대 이론 상당 부분의 흐름이 그 원천에서부터, 곧 (설령 싸르트르적인 실존주의와 현상학이라는 우회를 거쳤다 하더라도) 맑스주의적인 문제의식에서부터 저지당했다. 다

른 한편 대학의 전문화(및 점차적인 민영화)는 이론적인 에너지 그 자체를 목적은 무정부적이고 결과는 일탈적인 것이라며 체계적으로 봉쇄했다. 그러나 바로 이런 점 때문에 그와 같은 재제도화와 퇴행들이 포스트모더니티의 결과라고는 좀처럼 생각되지 않는데, 포스트모더니티는 탈중심성과 우발성, 리좀, 이질성과 다양성의 수사로 널리 알려진 까닭이다. 또 장프랑수아 리오따르가 역사의 '거대 서사들'이 포스트모던한 다수의 언어게임으로 대체되는 것을 찬양할 때[3] 염두에 둔 것이 바로 그런 것이라고도 상상되지 않는데, 리오따르의 언어게임은 분명 왕년의 학술적 언어게임의 인위적 소생이 아니라 새로운 언어게임의 발명을 암시했기 때문이다.

그러나 서로 화해할 수 없는 니체적 현재들이 임의로 공존하며 동요하고 있는 비(非)체계적 '현행성'(actuality)이라는 리오따르적 의미든 그밖의 다른 의미든 간에, 포스트모더니티가 과거에 대한 거부, 과거를 전적으로 망각에 붙이는 것을 가리킨다고 생각하면 오산이다. 더 정확히 말해 거부되는 것에는 소위 '거대'서사만이 아니라 철학적, 문학적, 혹은 다른 형태의 역사서술이 갖는 더 작은 서사들까지 포함된다. 이 작은 서사들은 포스트모던한 역사소설이 그런 것처럼[4] 언제든 폐기할 수 있는 그때그때의 정전(canon)이라는 형태로, 끊임없이 분해되고 대체되는 텍스트관계들이라는 성좌의 형태로 재발명되어야 했기 때문이다. 들뢰즈에게 그랬듯이 리오따르에게 과거의 철학자들은 (들뢰즈가 니체와 칸트, 흄과 라이프니츠를 두고 그토록 탁월하게 해냈듯이) 당대 맥락을 벗어난 다른 어법으로 재발명되고 재기술되어야 했고, 이런 작업을 위한 슬로건이 "수염 기른 헤겔과 말끔히 면도한 맑스"[5]라는 유명한 구절이었다.

사실상 들뢰즈처럼 리오따르 자신도 여러 면에서 철저히 모더니스트였다. 진정으로, 급진적으로, 그리고 심지어 정통적으로 새로운 것의 발생에 열렬히 전념했고, 이런 전념은 궁극적으로 (더할 나위 없이 서로 다른) 두 사람의 정치가 미학적인 것임을 나타내준다. 그렇기 때문에 이른바 거대서사에 대한 리오따르의 (공산주의와 프랑스 공화주의 둘 다를 겨냥한) 대대적인 선제공격이 (그가 지지한) 걸프전만큼이나 흐지부지한 결과를 낳았던 것이다. (발터 벤야민이 말한 움직이는 자동인형 안의 쪼그라든 신학처럼[6]) 표면상의 정치적 포스트모더니티 안에 감추어진 미적 모더니즘을 지키기 위해 리오따르는 어쩔 수 없이 기록된 것 가운데 가장 오래된 시간성 모델, 곧 순환적 모델을 재발명해야 했는데, 포스트모더니즘이 뒤에 오는 게 아니라 오히려 진짜 모더니즘에 선행하면서 그 귀환을 준비한다는 당연히 터무니없는 입장을 추인하려면 그 방법밖에 없었던 것이다.[7] 그렇다 해도 그가 앞서 나열한 종류의 귀환들을 염두에 두지는 않았을 것이다.

그럼에도 그의 난처한 상황은 두가지 유용한 결론을 일러준다. 첫번째는 포스트모던한 것이 새로움(the new)이라는 본질적으로 모더니즘적인 범주에 기대고 있다는 점과 관련되는데, 어떤 수사를 쓰든 '새로운' 체제가 새로움을 완전히 근절할 수는 없는 일이다. 이는 결코 포스트모더니티의 사소한 혹은 하찮은 모순이 아니며, 포스트모더니티는 (스타일의 종말과 주체의 죽음에도 불구하고) 박물관이나 미술관이 그것 없이는 운영되지 않기 때문에라도 혁신이라는 지고의 가치를 벗어던질 수가 없다. 이렇게 해서 차이라는 새로운 물신이 새로움이라는 옛 물신과 완전히 합쳐지지는 않더라도 계속해서 중첩된다.

도출할 수 있는 두번째 결론은 역사서사들(및 그것들의 "쭈그러든 난장이", 곧 신학)을 비난하기는 쉬워도 그것들 없이 해나가기는 어렵다는 점이다. 나는 다른 곳에서 이미 리오따르의 거대서사 종말론은 그 자체가 또 하나의 거대서사임을 지적한 바 있다.[8] 전혀 다른 영역이지만, 신비평이 (본질상 비非서사적이라고 추정된) 시적 언어를 대개 서사적 담론 형식을 한 다른 언어보다 상위에 있다고 본 것도 결국 보수적인 '역사철학'에 의해, 즉 (이제는 계몽주의와 동일시되고 셸리 같은 시인으로 체현되는) 혁명적 낭만주의에 의해 산산조각 났던 옛 영국 자작농의 농경사회적 감수성의 통일(엘리엇, 리비스) 같은 역사적 거대서사에 의해 뒷받침된 바 있다. 이 부수적인 서사가 단순히 부수적인 이데올로기적 보충물인 것만도 아니다. 나는 이보다 더 강한 공식 결론, 다시 말해 서사에 대한 거부나 거절 자체가 일종의 억압된 것의 서사적 귀환을 야기하며, 원치 않더라도 스스로의 반反서사적 입장을 또다른 서사로 정당화하면서도 주장에서는 어떻게든 이를 멀끔하게 감추려 드는 경향이 있다는 결론을 내리고자 한다.[9] 그러나 이 원칙을 어떤 존재론적 공식으로 만들기보다 방법론적인 형태로 개조해, 겉보기에 비서사적인 개념, 특히 서사 그 자체에 대항하는 개념에서 하나같이 작동하는 숨겨진 이데올로기적 서사를 찾으라는 권고로 재구성하고자 한다. 만일 이 권고가 여전히 너무 일반적이고 추상적이라면, 뒤에서 현재 맥락에 더 구체적인 설명(네가지 격언 중 첫번째)을 제시하도록 하겠다.

하지만 여기서는 현재의 맥락으로 되돌아가, 포스트모더니티가 한창인 이때 귀환하거나 재발명된 낡은 것의 마지막 항목을 짚어보겠는데, 이 항목은 다름 아니라 우리 모두가 순진하게도 이미 오래 전에 대체되었다고 생각한 근대성(modernity)* 개념 그 자체이기에 그것의 회귀는 분명 가장 역설적이다. 그러나 실상 이 개념은 전세계적으로 다시 활동하고 있어서, 이전의 제2세계는 말할 것도 없고 라틴아메리카에서 중국까지 이르는 정치적 논의에서 이 개념을 피하기란 거의 불가능하다. 그런데도 이른바 서구의 승리는 계속해서 낡은 근대주의적(modernist)** 유토피아와 생산주의적 가치들의 극복, 이데올로기와 역사, 그리고 특정한 것과 차이에 대한 명목론적 억견(doxa)의 '종말'이라는 노골적으로 포스트모던한 견지에서 칭송받아왔다. 그리고 그런 칭송이 좌파적 언어로 표현되든 우파적 언어로 표현되든 그건 별 문제가 되지 않는다(실제로 흔히 좌우의 구분을 포기하는 것이 그와 같은 '포스트모던한' 수사의 핵심이다). 근대적인 것이 모든 매대와 쇼윈도우에서 완전히 밀려나고 매체에서

- 이 책에서 'modernity'는 근대성으로 옮긴다. 'postmodernity'를 '포스트모더니티'로 번역한 것을 기준으로 삼는다면 '모더니티' 쪽이 일관성은 있겠지만, 이 경우는 '근대성'이 훨씬 일반적으로 통용되는 점을 고려한 번역이다. 다른 한편 내용상 '현대성'이 더 자연스러운 번역인 경우(특히 미적 모더니즘과 연관된 경우)도 있으나 그렇게 변별하려면 시대구분(근대/현대)의 문제가 개입되어 한층 정교한 기준을 밝혀야 하는 어려움이 생기므로 가급적 피했다.
- 미학적 용어로 사용되지 않고 문맥상 근대화론과 관련이 깊은 경우 'modernism'과 'modernist'는 각각 '근대주의'와 '근대주의적'으로 옮긴다.

12

도 다 은퇴한 마당에, 멸종된 공룡 같은 존재라고 자인한 성미 고약한 몇몇 지식인 빼고 모두가 온순하게 탈근대화(demodernification)한 시점에 '근대성'이라는 슬로건의 부활은 어떤 목적에 기여할 수 있는가? 낡은 근대성의 언어가 이렇듯 재발하는 건 왠지 분명 포스트모던한 일이라는 의혹이 생기기 시작한다. 최근의 순전히 문헌학적이고 역사기술적인 관심에서 나온 결과는 확실히 아니기 때문이다. 우리가 목격하고 있는 것은 근대적인 것이 재주조되고 재포장되는 사태, 그것이 엄청난 양으로 생산되어 사회학 분야의 최고 명망가들에서 모든 사회과학(그리고 몇몇 예술) 분야의 흔해빠진 논의에 이르는 지적 시장에서 재발매되는 사태다.

사실 사태를 정당화해주지는 못하지만 이런 일이 일어나는 이유야 많다. 포스트모더니티가 야기한 몇몇 난처한 결과, 가령 이른바 '상대주의'와 사회적 구성성을 받아들이는 방식의 후기 자본주의나 페미니즘의 재이론화 같은 것들이 분명해지면서, 기존 분과학문에서 포스트모더니티 개념은 상대적으로 평판이 떨어졌다. 반면 근대성 개념은 사회학의 창시자면서 사실상 학문분야로서의 사회학 그 자체라고 할 수 있는 학자들까지 거슬러 올라가는 계보를 갖고 있어서, 설사 시대구분 같은 것에 동의하지 않더라도, 충분히 존중할 만하며 학문적인 것으로 보인다.

그러나 더 깊은 동기들, 더 깊은 이점들이 있는데, 이렇게 말해도 된다면 그런 것들은 대개 새로운 전지구적 시장, 특히 사상의 전지구적 시장에 있다. 근대성 개념이 갖는 피할 수 없는 차원 하나가 근대화(이 자체는 훨씬 이후의, 2차대전 이후의 조어다)이기 때문이다. 근대성은 항상 (최소한 '근대'의) 기술과 관련되어 있었고 따라서 궁극적으로 진보와 관련되어 있었다. 그러나 1차대전은 진보이데올로기, 특히 기술과 관련된 진보이데올로기에 아주 심각한 타격을 가했고, 어쨌든 19세기 후반 이래 부르주아 사상가들 스스로가 진보에 대해 진지하고 자기비판적인 의혹을 품은 바 있다. 2차대전 이후 근대화 이론의 발명으로 진보라는 부르주아의 관념이 사후의 생명을 얻게 된 한편, 근대성과 근대화는 서구와 서구산업을 따라잡겠다는 사회주의 국가들의 스딸린주의적 약속에서 또다른 판본을 갖게 되었다. 스딸린주의적 근대화 판본들을 두고 떠들썩한 비난, 곧 맑스주의와 사회주의가 그 본성상 나쁜 '프로메테우스적' 이데올로기라는 일반명제와 전략적으로 결합된 비난이 있었지만 그렇다고 해서 생태운동과 일부 페미니즘, 진보와 산업화에 대한 다양한 좌파적 비판이 서구적 버전의 근대화 역시 불신했다는 사실이 덮어지지는 않는다. 그러나 '역사의 종말'을 믿으며 (진보는 제쳐두더라도) 미래와 급진적 변화를 정치적 사유에서 배제한 채 매력적인 정치 프로그램을 만들어내기란 힘든 법이다.

근대성 개념의 부활은 이 문제를 해결하려는 시도다. 근대화, 사회주의, 산업화(특히 컴퓨터화 이전의 예전 방식의 중공업), 프로메테우스주의, '자연에 대한 강간' 일반이 불신을 사게 된 상황에서도, 소위 저개발 국가들에게 그냥 '근대성' 자체를 소망하라고 제안하는 일은 여전히 가능하다. 오늘날 세계에서 독자 생존이 가능한 국민국가 모두가 기술적인 면을 비롯해 생각할 수 있는 모든 측면에서 이미 오래전부터 '근대적'이었다는 사실은 접어두라는 식이다. 다른 어느 곳도 갖지 못한, 하지만 마땅히 욕망해야 할 무언가를 서구가 갖고 있다는 환상이 부추겨지는 것이다. 그런 다음 그 신비한 무언가는 '근대성'이라는 세례명을 받은 채 문제의 이 상품을 팔아야 하는 이들에 의해 장황하게 묘사된다.

'근대'(modern)라는 용어*의 새로운 논쟁적 용법과 그것이 야기하는 혼란과 관련한 시사적인 사례 하나를 들어보자. 오스카 라퐁텐**은 새로 집권한 슈뢰더 정권 아래 자신이 처하게 된 운명을 다룬 최근의 회고록에서 자신의 적수인 이 정권 내부의 시장주의자들을 '근대화 주창자'(modernizer)로 널리 지칭하는 데 불만을 털어놓는다.

'근대화'와 '근대성'이라는 단어는 어디든 갖다 붙여도 되는 유행 개념으로 전락했다. 오늘날 '근대화 주창자'로 불리는 이들이 '근대성'이라는 말을 어떻게 이해하는지 살펴보면, 세계시장의 강제들이라는 것에 경제적·사회적으로 적응하는 것 말고 다른 뜻은 거의 없다. 근대성 개념은 순전히 경제적이고 기술적인 범주로 환원되었다. 이를테면 앵글로색슨들은 정리해고를 막는 어떤 법적

---

* 'modern'은 근대성 일반과 관련되어 등장할 때는 '근대'로, 미적 모더니즘과 연관된 맥락에서는 대체로 '모던' 또는 이따금은 '현대'로 옮긴다. 후자의 경우 '모던'이라 한 이유는 문맥상 근대성과 미적 모더니즘에 두루 걸쳐 있을 때가 많기 때문인데, '현대'는 앞선 'modernity' 번역의 경우와 마찬가지로 '근대'와의 변별기준을 명시해야 하는 어려움이 있어서 '모던'이 아주 어색한 사례에 한해 사용한다.
** 오스카 라퐁텐(Oskar Lafontaine, 1943~), 사민당 당수와 재무장관을 역임한 독일 정치인.

보호장치도 갖지 않고 있으니 근대적이고자 한다면 우리도 그 분야에서 보호장치를 없애야 한다, 많은 나라에서 사회안전망이 심각하게 축소되고 있으니 근대적이고자 한다면 우리도 그것을 과감하게 축소해야 한다, 많은 나라가 사업소득세를 줄여 기업들이 다른 곳으로 이전하지 못하게 하고 있으니 우리도 근대적으로 바꾸어 세금을 줄여야 한다는 식이다. 근대성은 그와 같은 경제적 강제에 대한 순응을 나타내는 말이 되어버렸다. 우리가 어떤 방식으로 더불어 살기를 원하고 어떤 사회를 바라는지는 완전히 비근대적인 질문이 되어 더는 제기조차 되지 않는다.[10]

이런 맥락에서 '근대'라는 용어의 도입은 (다른 맥락에서 '개혁파'와 '강경파'의 구분을 적용하는 데 성공한 것처럼) 근본적인 정치 담론투쟁의 일부다. 자유시장의 입장이 체계적으로 근대성과 동일시되고 근대적인 것을 대표한다고 습관적으로 파악된다면, 자유시장주의자들이 근본적인 승리를 거둔 셈이며 이 승리는 과거의 이데올로기적 승리의 범위를 훨씬 넘어선다. 이를 매체상의 승리일 뿐이라 부른다면 오늘날 정치투쟁이 언어와 전문용어의 싸움으로 바뀐 점을 과소평가하는 것이다. 핵심은 반대되는 입장을 가진 사람들이 용어 면에서 갈 곳을 잃었다는 사실이다. 사회주의자처럼 자유시장을 반대하는 사람들은 비근대적이거나 전통주의자, 심지어는 진보와 근대성에 저항하는 것이 분명하므로 강경파라든지 하는, 부정적이거나 결핍을 나타내는 범주로 분류될 뿐이다. 인용문에 담긴 라퐁텐의 애처로운 어조에서 분명히 드러나는 것은 그가 근본적인 담론투쟁에서 졌을 뿐 아니라 애초에 이 싸움의 근본적인 성격과 이해관계를 전혀 알아차리지 못하고 있다는 사실이다.

전세계적으로 부활했고 이런 특정한 방식으로 체계적으로 사용되고 있는 '근대성'이라는 말의 정치적 역학에 관해선 이쯤 해두자. 그래도 이 부활에 담긴 개념적이고 철학적인 비논리성만큼은 지적해두고 싶다. 사회주의와 맑스주의에 반대하는(어쩌면 모든 형태의 중도좌파 자유주의마저 반대하는) 논의들은 일반적으로 그런 입장들이 기본적인 근대주의(modernism) 패러다임을 여전히 신봉하기 때문에 낡았다고 주장한다. 하지만 여기서 근대주의란 국정이든 경제든 미학이든 하향식 계획이 행해지는 낡은 영역으로, 중앙집중적 권력이 모든 새로운 포스트모던한 체제의 특징인 탈중심과 우연성의 가치와 철저히 갈등하는 공간으로 이해된다. 따라서 라퐁텐 같은 사람들은 여전히 근대주의자이기 때문에 비근대적이고, 근대주의 자체가 비근대적인 것인 반면, 새롭게 긍정적인 의미로 승인된 '근대성'은 포스트모던하기 때문에 좋다는 이야기가 된다. 그렇다면 왜 차라리 포스트모던이라고 하지 않는 것인가?

뻔한 답변들, 즉 이 단어가 너무 이론적이고 아직은 충분히 대중적으로 알려지거나 널리 통용되지 않는다거나, '포스트'라는 말이 자동적으로 불편함과 우스꽝스러움과 아이러니한 질문을 유발한다는 이유들은 내가 보기에 더 깊은 이유들을 은폐하고 있는데, 그 이유들을 탐구하는 가장 좋은 방법은 이 시대에 가장 영향력 있는 '근대성' 이데올로그인 앤서니 기든스의 책을 살피는 것이다. 『근대성의 결과』(*The Consequences of Modernity*)는 기든스가 결국 옹호하게 된 근대성 비판으로 시작된 책이다. 그는 이 책에서 포스트모던한 것에 대한 자신의 일시적 관심에 종지부를 찍으며 왜 그렇게 하는 것이 더 나은 방편이라 생각하는지 설명한다(많은 이들이 그러하듯이 그가 '포스트모더니티'를 주로 리오따르 같은 이들이 신봉하는 허무주의적이고 상대주의적인 철학이라 생각한다는 점을 감안해야 한다). 그의 논평은 다음과 같다.

포스트모더니티 등과 같은 새로운 용어를 발명하는 것으로는 충분치 않다. 그보다 우리는 근대성 자체의 성격을 볼 필요가 있는데, 이는 상당히 특정한 이유들 때문에 이제껏 사회과학에서 충분히 파악되지 못했다. 우리는 포스트모더니티의 시대로 들어선 게 아니라 근대성의 결과들이 전보다 한층 급진화되고 보편화되기 시작하는 시대로 옮겨가고 있다. 근대성 너머로 새로운 다른 질서, 곧 포스트모던한 질서의 윤곽을 알아볼 수 있지만, 이는 현재 많은 사람들이 '포스트모더니티'라 부르는 것과는 분명히 구별된다고 주장하고자 한다.[11]

그렇다면 그의 명제는 '급진화된 근대성'으로 이름 붙여질 텐데, 미완의 근대성 또는 '끝나지 않은 기획으로서의 근대성'이라는 하버마스의 훌륭한 공식과 그리 다르게 들리지 않는다. 그러나 하버마스의 공식은 편리하게 모호해서, 근대성이 미완인 이유가 중간계급과 그들의 경제체제로는 결코 완성될 수 없기 때문일지도 모른다는 여지를 남긴다. 하지만 이것이야말로 기든스가 우리에게 시도하라고 하는 것이다. 자유시장으로 가는 제3의 길에 전념하라는 것은 사회주의적 문구들에 대한 조롱으로, 그는 때때로 이런 어법을 즐겨 활용한다. 최소한 한가지 사안에서만큼은 그에게 동의한다고 덧붙여야겠다. 즉 근대성이 미완의 근대화 또는 부분적인 근대화라는 상황을 특징으로 하는 한묶음의 질문과 대답이라면, 포스트모더니티는 경향적으로 훨씬 더 완성된 근대화 아래서 성립된다는 점 말이다. 더 완성된 근대화는 두가지 성취로 요약될 수 있다. 하나는 농업의 산업화, 곧 모든 전통적 농민층의 파괴고, 다른 하나는 무의식의 식민화와 상업화, 다른 말로 하면 대중문화와 문화산업이다.

그렇다면 현재 통용되는 의미의 '근대성'을 옹호하는 이데올로그들은, 포스트모더니티 개념이 피할 수 없는 것으로 만든 심각한 정치·경제적, 체제적 질문들을 제기하지 않은 채 어떻게 자신들의 생산품, 즉 정보혁명과 세계화된 자유시장 근대성을 예전의 혐오스런 근대성과 구분할 수 있다는 말인가? 답은 간단하다. '대체' 근대성 또는 '대안' 근대성을 말하면 된다.[12] 지금에 이르러서는 누구나 그 공식을 알고 있다. 표준적이거나 패권적인 앵글로색슨 모델과 다른, 각자에 맞는 근대성이 있을 수 있다는 것 말이다. 앵글로색슨 모델이 야기한 서벌턴의 지위를 비롯해 이 모델에 관해 좋아할 수 없는 부분이 있더라도, 스스로의 근대성을 다르게 만들어낼 수 있으므로 이를테면 라틴아메리카 근대성, 인도 근대성, 또는 아프리카 근대성 등이 있을 수 있다는 고무적인 '문화적' 관념을 수용하면 그런 부분은 지워버릴 수 있다. 아니면 새뮤얼 헌팅턴의 지도에 따라 이 모든 것을 본질적으로 종교적인 문화의 다양성이라는 견지로 재구성해, 그리스 정교회적 근대성, 러시아 정교회적 근대성, 유교적 근대성 등 토인비식으로 순서를 매길 수도 있겠다.[13] 그러나 이는 근대성의 또 하나의 근본적인 의미, 즉 전세계적 자본주의 그 자체라는 의미를 간과하는 셈이다. 자본주의체제의 세번째 또는 마지막 단계의 세계화가 기획한 표준화를 생각하면, 보편적 시장질서에 의해 식민화한 미래세계에서 문화적 다양성에 대한 이 모든 경건한 희망이 얼마나 신빙성 있을지 상당히 의심스러워진다.

비록 근대성의 유일하게 만족스러운 의미론은 자본주의와의 연관에 있다고 믿지만(그래도 내가 보기에 유용하고 궁극적으로 이의를 제기할 수 없으면서도 극적인 이 용어의 다른 용법에 관해 뒤에서 이야기하겠다), 이어지는 긴 에세이에서는 상당히 다른, 실체화하지 않는 방식으로 이 문제를 다룰 것이다. 요컨대 이 글은 근대성이라는 단어의 용법들에 관한 형식적 분석이 될 것이며, 근대성의 올바른 용법이 발견되고 개념화되고 제안될 수 있다는 어떤 전제도 명시적으로 거부한 상태로 그런 작업을 진행할 것이다. 이 분석은 미학 영역에서 근대성에 상응하는 개념, 즉 모더니즘으로 우리를 이끌고 갈 텐데, 거기서도 유사한 모호성이 발견될 수 있고 발견될 것이다. 그러나 모더니즘은 또 그것대로 자신의 직접적인 역사와 운명으로 예기치 않게 우리를 인도하고, 그리하여 이 에세이는 일부에서 예상할 것과는 달리 신흥의 포스트모던한 조짐이 아니라 내가 후기 모더니즘이라 부르고 싶은 특정한 역사적 시대구분 개념으로 끝맺을 것이다. 따라서 이 기획은 개념보다는 단어에 대한 이데올로기적 분석이다. 이와 같은 분석에서 구조적으로 좌절을 초래하는 점은, 유리창을 응시하려고 하면 자꾸 창 너머를 보게 되는 것처럼, 대상의 존재를 확증해야 하는 동시에 그 존재를 가리키는 용어의 적합성을 부인하기도 해야 한다는 점이다. 아니 어쩌면 '근대'라는 단어를 둘러싼 일련의 관념들을 받아들일 수 없지만 그렇다고 피할 수도 없다는 사실을 인정하는 편이 나을지도 모르겠다.

1부

근대성에 관한

THE FOUR
MAXIMS OF
MODERNITY

네
가
지 격
언

1

개념으로서의 '근대성'은 실제의 근대성과 너무 연결되어 있기에 '근대'(modern)라는 말이 아주 오래전 무려 5세기에도 사용되었다는 사실을 알면 약간 충격을 받게 된다.[1] 교황 겔라시우스 1세(494/5년)가 사용했을 때 이 단어는 단순히 이전 교부들의 시대와 당대를 구분하는 의미였고 현재에 (연대기적인 것 말고는) 아무런 특권도 부여하지 않는다. 여기서 현재와 그에 가까운 과거는 연속성을 갖고 있으며 양쪽 다 살아 있는 예수를 목격한 저 독특한 역사적 시간과 분명히 구별된다. 그렇다면 그때까지 라틴어 모데르누스(modernus)는 그저 '지금' 또는 '지금의 시간'을 뜻했던 것인데, 이 단어는 그리스어를 모델로 한 것이지만 그리스어에는 모데르누스 그 자체에 해당하는 말이 없다.[2] 그러나 거의 같은 시기 고트인의 로마 정복 이후에 쓰인 카시오도루스(Cassiodorus)의 저작에서 이 용어는 새로운 함축을 얻는다. 본질적으로 학자인 카시오도루스의 사유에서 모데르누스는 이제 그가 안티쿠아스(antiquas)라 칭한 것의 실질적 반명제가 된다. 교황의 관점에서 볼 때 새로운 고트제국은 기독교적 신학 전통에서의 이렇다 할 단절을 뜻하지 않았으나, 이 문인에게 이제까지의 고전문화와 그 문화를 재창조하는 역사적 임무를 띤 현재 사이에는 근본적인 구분선이 있다. '근대'라는 용어에 우리 시대까지 이어져 내려온 특정한 의미를 부여하는 데서 핵심은 바로 이런 단절이다. 카시오도루스에겐 이 용어가 에피고넨툼(Epigonentum, 아류)의 멜랑꼴리를 담고 있었던 반면 이후 다양한 르네상스들(카롤링거 왕조의 르네상스를 비롯해 12세기의 르네상스와 부르크하르트의 이딸리아 르네상스까지)이 새로운 역사적 임무를 열광적으로 받아들였다는 점은 중요하지 않다.

여기서 문제가 되는 것은 노부스(novus)와 모데르누스 사이의, 새로움과 근대 사이의 구별이다. 모든 근대적인 것은 반드시 새롭지만 모든 새로운 것이 반드시 근대적인 것은 아니라고 하면 이 문제가 해결될까? 나로서는 그것이 개인적인 연표와 집단적인(혹은 역사적인) 연표 사이를 구별하는 일로 보인다. 즉 개인으로 경험하는 사건과, 전체의 집단적 시간성이 분명하게 변화하는 계기에 대한 암묵적 또는 명시적 인식 사이의 구별 말이다.

새로운 것의 경우, 새롭다고 단정된 주체는 어떤 특정한 전거나 결과도 갖지 않는 하나의 (고립된) 개별체로서 그보다 전에 있었던 것들과 구별된다. 반면 근대적인 것은 일련의 유사한 현상들과의 관련 속에서 파악되며 그와는 다른 유형의 종결되고 사라진 현

상적 세계와 대조된다.[3]

이런 구별을 의식하는 데서 모데르누스라는 새로운 단어의 존재가 하는 역할은 무엇인가? 이 전통에 속한 구조어휘론 학자들에 따르면[4] 별도의 용어가 있고 그것의 변형이 가능하다는 점은 분명 기본적인 전제조건이다. 즉 "어떤 분야에 대한 특정한 식별이 이루어지지 않는다면, 근본적으로 다른 시간적 공간의 경계도 구획될 수 없다"는 것이다.[5] 그러나 인과율은 그런 식으로 성립되지 않으며 성립될 필요도 없다. 한 공간에서 용어가 확산되면 다른 공간에서 생겨나기 시작한 의식이 그것을 전유하는 상황도 상상할 수 있는 것이다.

어쨌든 이 단계에서는 모데르누스 같은 단어의 변칙적 역동성을 과소평가하지 않는 게 핵심이다. 그런 용어를 이해하는 데는 최소한 서로 경쟁하는 두개의 모델이 있다. 하나는 그것을 시간적 범주라는 틀에서 다루라고 제안하는데, 그런 범주는 결국 시제범주(미래, 전미래, 완전과거, 불완전과거 등)로 해소된다. 그렇다면 라인하르트 코젤렉(Reinhart Kosselek)이 했던 식으로,[6] 새로운 시간-어휘의 출현을 증거로 역사의식의 진화서사를 구성하는 개념사를 쓸 수 있다. 하지만 철학적으로 볼 때 이런 접근은 시간성 자체의 이율배반에 걸려 허우적대기 마련인데, "시간에 관해 말하는 건 언제나 너무 늦다"는 말이 이 이율배반을 설득력 있게 표현해준다.[7]

또 하나의 분명한 모델은 언어학적 모델로서 의미와 의식 측면이 아니라 물질적 기호 측면에서 이 문제에 접근한다. '근대'는 예스페르센*이 '전이사'(shifter)라 부른[8] 범주로 분류되어야 한다고 주장할 수 있는데, 다시 말해 발화의 맥락을 직시(直示) 혹은 지시하는 비어 있는 매개체이고 그것의 의미와 내용은 화자에 따라 다양하다는 것이다. 대명사(내, 나, 너)나 장소를 나타내는 말(여기와 거기), 그리고 물론 시간을 나타내는 말(지금과 그때)이 그런 것이다. 실상 근대 언어학이 나오기 한참 전에 헤겔의『정신현상학』이 바로 그런 전이사에 대한 논의로 시작한다는 건 유명한 사실인데, 거기서 헤겔은 전이사가 얼핏 가장 구체적인 단어처럼 보일 수 있지만 알고 보면 쉽게 이동하는 가변성을 갖는다고 지적한다.[9] 그러나 철학적으로 조리가 맞지 않을지 몰라도 전이사는 존재한다. 그리고 지나간 '근대적' 유행이라는 널리 알려진 문구가 일러주듯이 '근대'라는 용어를 그중 하나로 봐도 무리가 아니다. 하지만 그렇게 보면 근대적인 것의 역설은 그저 새로운 것의 역설로 환원되어버린다. 게다가 모든 알려진 언어에 전부 전이사가 존재한다는 사실은 현재 우리가 논하는 대상에서 첫번째 모델이 그나마 제대로 강조한 정도의 역사성마저 없애버릴 우려가 있다.

그러나 두가지 접근 모두가 갖는 내적 모순은 한편으로 그것들을 불완전한 접근법으로 만듦과 동시에 대상 자체가 어떤 근본적인 모호함을 갖고 있음을(따라서 아마도 일련의 절차적 조치와 예방책이 필요하다는 점을) 시사한다. 야우스[**]의 권위있는 개관은 근대성의 개념사 연구의 두가지 진전을 담고 있는데, 그런 의혹을 더 고조

• 오토 예스페르센(Otto Harry Jesperson, 1860~1943), 덴마크의 언어학자.
•• 한스로베르트 야우스(Hans-Robert Jauss, 1921~1997), 수용미학으로 잘 알려진 독일 학자.

시키는 내용이지만 최종적인 평가를 내리기 전에 고려해야 할 점들이다.

하나는 야우스가 '순환적'(cyclical) 버전의 근대와 '예표적'(typological) 버전의 근대라 부른 것 사이의 구별이다.[10] 르네상스 같은 역사적 계기들에 관해서라면 확실히 우리는 순환론적 사유에 익숙하다("이제 모든 학문들이 복구되고 언어들이 되살아난다").[11] 하지만 해당 시기의(1960년대가 그랬듯이 대개는 그 '순환적' 귀환의 내용이 혁명적이라고 생각되는) 정체성과 독특함에 관해 강렬한 집단적 자의식을 요구하는 '세대'라는 범주의 경우, 그것이 언제나 순환적 움직임을 동반하는지는 그보다 덜 분명하다.

다른 한편 '예표적'이라는 말로 야우스가 의미한 바는 (신약이 구약의 비유적 기대를 완성할 때처럼) 주어진 시기가 스스로 과거의 어떤 순간을 실현하거나 완성하는 것처럼 느낀다는 것만이 아니다. 이런 관계는 분명 르네상스나 '신구논쟁'(Querelle des anciens et des modernes)*에서 이른바 모더니스트들의 입장에 해당된다. 그러나 카시오도루스가 이교도 문학을 경배한 것이나 널리 알려져 있다시피 12세기 '근대인'들이 스스로를 거인의 어깨에 올라선 난장이라 생각하면서 과거를 존경한 것처럼, 단순히 본받거나 모방하는 상황에도 해당하는지는 분명치 않다. 하지만 신구논쟁의 역사가 보여주듯이 현재가 과거에 느끼는 열등감이나 우월감은 두 역사적 순간 사

• 17세기 초 프랑스에서 시작된 문학예술 논쟁으로 근대 시인과 그리스-로마 시인 사이의 우열을 둘러싸고 벌어졌다.

이의 동일시, 즉 열등이나 우월이라는 평가의 전제가 되는 동일시의 확립보다는 덜 중요하다.

그렇지만 여기에는 그 이상의 모순이 있다. 즉 우리가 이 대립을 더 자세히 들여다보면 그것의 두 축이 서로의 내부로 사라지는 것처럼 보인다. 그런 의미에서 순환적인 것은 완전히 예표적인 것으로 드러나고, 예표적인 것은 순환적이다. 따라서 구별은 덜 분명한 다른 방식으로 재구성되어야 하는데, 실상 여기에는 같은 대상, 역사적 시간의 같은 순간에 대한 두가지 관점 사이의 일종의 형태적 교체가 개입된다. 내가 보기에는 첫번째 관점('순환적'이라고 정의된 것)의 구조는 급진적 단절의 느낌이 실린 역사인식으로 서술되는 편이 낫고, 반면 '예표적' 형태는 하나의 시대 전체에 대한 관심과 우리('근대') 시대가 과거의 이런저런 시대와 다소간 유사하다는 감각으로 이루어진다. 설사 둘이 상호보충적인 것으로 보일지라도 관심의 변화는 하나의 관점이 다른 관점으로 옮겨가는 것으로 기록될 수밖에 없다. 우리 자신의 순간이 독자적으로 완전히 새로운 시대라고 느끼는 것은, 바로 앞선 과거에 대비해 이 시대의 독창성을 극적으로 부각하는 것과 정확히 일치하지는 않기 때문이다.

그렇다면 이 대립을 완성하고 분명히 하는 데 야우스가 주목한 또다른 대립이 도움이 될 수 있다. 역사적으로 '고전적'인 특징과 '낭만적'인 특징을 대조시키는 것인데, 여기에는 더 일반적인 중요성이 있다. 확실히 후기 낭만주의가 여전히 고전적인 것에 대항하는 반발의 자세로 인식되는 데 불만을 느끼게 되었을 때 모데르니떼(근대성, modernité) 개념이 태어났고, 보들레르가 이 개념에 대한 하나의 용법,

즉 아마도 여전히 건재하며 비슷한 모든 역사적 대립이나 반명제에서 전에 없이 독립되어 있다는 기호적 이점을 갖는 용법을 만들어냈다.

그러나 이런 발전조차 고전적이라는 범주의 탄생으로 특징되는 변화에 의존하며, 이때 고전적인 것이란 '고색'(혹은 '오래된 것')으로 생각되던 것과 더는 일치하지 않는다. 이는 아류의 열등함이 야기하는 고통과 더불어 과거에 대한 노스탤지어와 매혹 상당 부분이 떨어져나가는 중요한 발전이다. 사실상 '모데르누스'의 운명을 그린 야우스의 서사에서 가장 극적인 순간이 바로 이 지점이다. 즉 고대와 근대 사이의 '다툼'이 스스로를 풀어버리고 해체하는 순간, 그리고 양측이 예기치 않게 동일한 확신, 곧 고대의 우월성 여부나 현재 또는 근대의 열등성 여부를 판단하는 조건들이 만족스럽지 않다는 확신에 도달한 순간 말이다. 이때 양측 모두는 과거나 오래된 것은 우월하지도 열등하지도 않고 다만 다르다는 결론을 내렸다. 이는 역사성 자체가 탄생한 순간이며, 역사적 차이 그 자체에 대한 역사적으로 새로운 의식이 전체 판도를 재편하고 현재의 대립물을 가리키는 새로운 단어, 즉 고전이라는 단어를 남겨준 순간이다. 이후 스땅달은 고전을 사실상 이런저런 과거의 순간들이 갖는 근대성으로 (또는 '낭만주의'로) 설명한다.[12] 야우스는 이 지점에서 그의 서사를 마무리하고 역사성의 또다른 필수불가결한 차원인 미래에 대해서는 지나치듯 언급할 뿐이다. 하지만 이미 1735년에 아베 드 쌩삐에르 (Abbé de Saint-Pierre)가 환기했다시피,[13] 과거와 현재의 현행성을 두고 미래가 불가피하게 내리게 될 판단은 근대와 근대성을 다루는 이 글에서 과거와 현재 못지않게 중요한 역할을 하게 될 것이다.

2

이제 오늘날 가장 널리 통용되는 근대성 이론 가운데 일부를 검토하기 전에 어떤 잠정적인 공식 결론을 내릴 때다. 우리가 확인하고자 했던 바는 단절(break)과 시대(period)의 변증법이고 이는 그 자체로 연속성과 파열이라는(또는 다시 말해 동일성과 차이라는) 더 광범위한 변증법의 한 계기다. 후자의 과정은 스스로를 멈추거나 '해소할' 수 없고 계속해서 새로운 형식과 범주를 발생시킨다는 점에서 변증법적이다. 나는 연속성과 파열 사이의 선택은 역사서술에서 어떤 절대적 시작점 같은 것이어서 애초에 그로부터 역사적인 자료나 증거가 조직되는 것이지 역사적 자료나 증거의 성격이 그것을 정당화하는 게 아니라는 점을 지적한 바 있다.[14] 그러나 물론 그와 같은 선택 또는 토대 구축이 자체의 선행역사를 요구하고 자체의 인과율을 발생시키는 하나의 사실처럼 재구성될 수는 있다. 이런 경우에 가장 단순한 판본은 연속성보다는 단절, 전통보다는 결단주의를 선호하는 우리 시대나 포스트모더니티 일반의 취향을 부각하는 것이다. 더 나아가 후기 자본주의의 시간성들, 현재로의 환원, 역사와 연속성 감각의 상실 등을 환기할 수 있을 것이다. 적어도 이처럼 인과율의 새로운 연쇄를 확립하는 것이 사실상 (우리의 출발점이 된 역사서술상의 문제와는 다른 출발점을 갖는) 새로운 서사 구축을 내포한다는 점은 분명하다.

낡은 서사의 출발점과 한계로부터 새로운 서사들과 새로운 출발점들이 발생하는 이런 상황은 또한 우리가 이제 살피고자 하는 새로운 변증법적 계기, 즉 단절과 시대의 변증법에 관해 시사하는 바가 있을지 모른다. 여기서 핵심은 이중적인 움직임이다. 한편에서는 연속성의 중시, 곧 과거에서 현재로의 이음새 없는 이행에 대한 고집스럽고 확고한 강조가 서서히 근본적 단절에 대한 의식으로 바뀌고, 동시에 다른 한편에서는 단절에 집중된 관심이 점차 그 단절을 하나의 자체적인 시대로 바꾼다.

따라서 우리 자신의 기획과 가치가 과거에 충실하다는 점을 설득하고자 하면 할수록 과거의 기획과 가치를 더 강박적으로 탐구하게 되고 그러면 과거는 서서히 일종의 총체성을 형성함으로써 연속성의 현존하는 계기인 현재로부터 분리되기 시작한다. 물론 이는 후대에 태어난 이들이 품는 멜랑꼴리한 존경과 뒤에 온 근대가 오래전부터 빠져들게 된 열등의식이 드러나는 순간이다.

그렇게 이 지점에서 단순한 연대기가 시대구분이 되고 과거는 우리가 다양한 실존적 태도를 취할 수 있는 완벽한 역사적 세계로서 우리 앞에 온다. 분명 이는 흔히 역사주의라 부르는 국면이지만, 역사주의가 생산력을 발휘하게 된 것은 확실히 셸링이 아주 정력적으로 정의한 입장이 등장하면서부터다.

과거가 무엇인지 진짜 아는 사람은 얼마나 드문지. 강력한 현재, 즉 우리 자신으로부터 [우리의 과거를] 분리함으로써 얻어지는 현재가 없다면 사실상 과거도 있을 수 없다. 자신의 과거와 적대적으로 맞설 수 없는 사람에게는 사실 과거가 없다고 할 수 있는데, 더 정확히 말하면 그는 자신의 과거에서 결코 빠져나올 수 없고 내내 변함없이 그 안에서 살아간다.[15]

셸링은 여기서 하나의 독특한 계기, 현재에서 힘차게 분리되는 방식으로 과거가 창조되는 계기를 지목하고 있다. 강력한 분리행위를 통해 현재는 과거를 자신과 갈라 봉인해 제명하고 내쫓는다. 이 행위 없이는 현재도 과거도 진정으로 존재하지 못하며, 과거는 아직 충분히 구성되지 않고, 현재는 아직 끝나지 않은 과거의 세력장 안에 여전히 살아간다.

현재의 이러한 활력 넘치는 에너지와 격렬한 자기창조야말로 아류들의 침체된 멜랑꼴리를 극복할 뿐 아니라, 하나의 시대가 될 권리를 미처 가질 수 없던 시간적이고 역사적인 시기에 임무를 할당해준다. 현재란 아직 역사적인 시대가 아니며 스스로에게 이름을 붙여 자신의 독창성이 갖는 특징을 정의하지 못하기 때문이다. 하지만 결국 우리가 현행성이라 부르는 새로운 것을 빚어내는 것은 바로 이런 공인받지 못한 자기긍정이며, 오늘날 근대와 근대성의 용법이 나타내는 것은 그와 같은 자기긍정의 다양한 형태다. 야우스가 보기에 우리는 낭만주의에 이르러서야 비로소 이런 역사적 단계에 도달했다 (보들레르에 와서 '후기 낭만주의'가 본격 낭만주의에 대한 아류의식을 벗어던질 방도로서 근대성 개념을 만들어냈다고 해두자). 여전히 바로 앞선 과거 너머의 과거를 재창조하고자 했고 역사적으로 새로운 자신만의 창조성보다는 이상을 본뜨고 모방하는 데 집중했다는 점에서 르네상스는 이런 필요조건을 엄밀히 충족하지 못했다.

그러나 이미 암시했다시피 낭만주의와 그 근대성은 역사 그 자체, 또는 역사성, 역사와 역사적인 것에 대한 의식이 출현한 이후에야 (신구논쟁이 해소되면서) 생겨났다. 따라서 현재를 대하는 이 새로운 태도를 가능하게 한 것은 바로 역사 그 자체인데, 그 방식은 마지막 다섯번째 유형을 덧붙이고 싶게 만든다(어쩌면 앞의 유형에 이미 암시되어 있는지 모른다). 현재에 대한 미래의 판단이 그것인데, 이는 베르나르댕 드 쌩삐에르*에서 비롯되었고 한참 이후의 (『알또나의 유폐자들』에 나타나듯이) 싸르트르에서도 그 강력한 형태를 찾아볼 수 있다. 이와 같은 미래로부터의 응시가 없다면 현재는 스스로를 하나의 자체적인 역사적 시기로 느낄 수 없다고까지 말할 수 있다. 현재가 바로 이전 시기를 두고 그랬던 것과 마찬가지로, 미래의 응시는 현재를 다가올 시기로부터 강력하게 떼어내어 봉인하고 추방한다. 모든 형태의 실천에 마땅히 죄의식이 수반하며 책임이란

• 베르나르댕 드 쌩삐에르(Bernardin de Saint-Pierre, 1737~1814), 프랑스 작가이자 식물학자.

어쩌면 죄의 혐의가 있고서야 받아들여지는 것이겠지만 죄의식이라는 문제를 지나치게 강조하기보다는 책임에 초점을 둘 필요가 있다. 현재가 자신의 임무를 스스로 정의해야 한다는 책임을 갖는 것이야말로 현재를 하나의 자체적인 역사적 시기로 만들어주며, 현재가 과거를 두고 어떤 입장을 취하는 일만큼이나 미래와도 온전히 관계 맺기를 요구하는 것도 그런 책임에서 비롯하기 때문이다. 확실히 두가지 차원 모두가 역사지만, 미래가 우리에게 투사와 욕망, 기대와 계획으로 이루어진 유토피아적 공간으로만 존재하는 게 아니라는 점은 충분히 이해되지 않고 있다. 미래는 알려지지 않은 앞날과 직면하는 불안과 독자적 판단도 동반하며, 따라서 미래를 단순히 후대라는 틀로 설명하는 것은 매우 진부하다.

어쨌든 이제 나머지 다른 하나의 계기, 즉 단절이 그 자체로 하나의 시기가 되는 계기를 살펴보자. 예를 들면 전통적으로 서구에서 르네상스로 여겨지는 계기가 그런 경우로서 그때 어떤 단절, 또는 '근대성'의 어떤 부흥이 완전히 새로운 시대를 여는 결과를 낳았고, 이 시대는 중세라는 맞춤한 용어로 칭해졌다. 중세는 현재의 주목받지 않던 타자였고, 현재는 이전의 첫번째 근대성, 곧 (연대기와 구별되는 역사 개념과 더불어 추상과 철학이라는 근대적 개념이 최초로 나타났던) 로마인들의 근대성의 재발명으로 여겨졌다. 이 도식의 또다른 놀라운 특징, 즉 르네상스가 그보다 앞선 전(前)근대성과 단절하고 고대가 그 자체의 전근대성과 단절하는 두개의 단절에 관해서는 뒤에서 살필 것이다. 여기서는 근대의 단절이 중세라는 완전히 새로운 과거시대를 여는 것으로 확장되는 방식을 강조할 필요가 있다. 카시오도루스의 저작에서 보이듯이 이전에는 고전적인 과거와의 단절만 있을 뿐 중세를 자체적인 하나의 시대로 봉인한 것과 같은 종결은 없었는데, 근대의 출현이 얼마나 이상한 것이었는가는 오늘날의 역사기술이 극적인 다시쓰기 효과를 위해 '근대성'의 경계를 점점 더 중세시대 쪽으로 밀어붙여서 예전에는 중세의 영역이었던 곳 깊숙이까지 들어간 (가령 뻬뜨라르까(Petrarca)나 12세기나 심지어 유명론 같은) 지점에서 근대적 단절과 (이제 '초기 근대'라는 새로운 이름을 갖게 된) 새로운 근대의 시작을 단언한다는 데서도 알 수 있다.

이것이 아주 특별한 일은 아니다. 왜냐하면 단절의 특징은 애초에 인과율의 교란, 실의 끊김, 오랜 사회적·문화적 논리의 연속성이 이해할 수 없는 종지에 이르고 옛 체제에서는 활동적이지 않았던 논리와 인과율로 대체되는 계기이므로, 그와 같은 단절의 계기에 매료되어 그것을 새롭게 보게 되고 그전까지는 보이지 않던 인과율과 일관성을 감지하기 시작하면 그 단절을 하나의 독자적인 시대로 확장시키기 마련이기 때문이다. 가령 이른바 이행기에 대한 에띠엔 발리바르(Etienne Balibar)의 이론(이것에 대해서는 나중에 다시 살피겠다)이 펼쳐 보이는 드라마가 그런 것인데, 거기서 해당 시대, 또는 계기, 내지 체제의 논리는 바로 그 사태의 힘에 의해 필연적으로 이행이라는 관념으로 되돌아가 그것을 없애버린다. 맑스주의의 시대구분에서는 '18세기'가 그런 사례를 제공해준다. 18세기는 급격한 단절이었다가 서서히 하나의 시대로 발전했고 근대성 자체의 초기 형태가 되었다.

하지만 단절에서 시대로, 시대에서 단절로 오가는 이 독특한 움직임은 적어도 우리에게 시대구분에 관한 첫번째 잠정적인 격언을 고안할 수 있게 해준다. '근대'와 '근대성'이라는 용어는 얼핏 봐서는 매우 함축적일지라도 언제나 일정한 형태의 시대구분 논리를 동반하기 마련이라는 게 분명해지기 때문이다. 그렇다고 시대구분을 옹호하려는 의도는 아니다. 사실 이 책 1부 전체가 떠맡은 임무는 '근대성'이라는 용어의 남용을 비판하고 그럼으로써 적어도 암시적으로라도 시대구분 그 자체의 작용을 비판하는 데 있다. 한편 2부에서는 '모더니즘'을 하나의 기준으로 추출해 역사적이고 예술적으로 비교불가능한 작가들(또는 화가들이나 음악가들)을 묶어내는 통상적인 미학적 태도의 무익함을 비판할 것이다.

실은 단순한 시대구분의 남용 이상의 무언가가 작동하고 있으며 그것은 본질적으로 용인할 수도, 받아들일 수도 없는 것이라고 주장하고 싶다. 개인의 관찰 역량을 훨씬 넘어선 시점으로 개별 사건을 보려 하고, 상호관계를 파악할 수 없고 확증할 수 없는 수많은 현실을 종적으로나 횡적으로 결합하려 시도하기 때문이다. 어쨌든 시대구분과 관련해 최소한 오늘날의 독자로서 받아들일 수 없는 지점은 '역사주의'(또는 다른 말로 하면 슈펭글러)를 공격한 구조주의의 어법에 이미 충분히 잘 요약되어 있다.

그러나 이제 시대구분에 반대하는 입장이 낳는 가장 명백한 결과를 살필 차례인데, 그것은 단절 그 자체의 역사서술 형태를 취하는, 달리 말해 ("한가지 빌어먹을 일이 지나간 다음에 또다른 빌어먹을 일이 오는"게 역사라 한) 헨리 포드(Henry Ford)만이 아니라 다른 방식이지만 니체 역시 제안했던, 순전한 사실들과 아무 관련 없는 사건들의 끝없는 연속으로 역사를 기술하는 형태다. 이런 식으로 과거를 처리하는 방식이 지식을 축적하고 등록하는 양식으로서의 연대기로 복귀하는 일에 다름 아님을 알아보기는 너무 쉽다. 역사성이 그 자체로 근대의 발명품인 한, 근대에 대한 비판과 거부는 최소한 이런저런 전근대적 작업으로의 퇴행이라는 선택지를 만들어내기 마련이다.

이 지점에서 (이 특정한 연구의 틀, 즉 근대성이라는 틀 바깥에 있는) 애초의 가정을 다시 떠올리고 싶다. 즉 서사라는 억압된 것의 귀환을 늘 예상할 수 있다는 가정, 단절들을 열거하더라도 거기에 분명 어떤 서사가 발견되리라 예상할 수 있다는 가정(그리고 단절이 자체적인 시대로 변모되는 변증법이 효과적으로 입증해주는 가정) 말이다. 하지만 이제 이 '법칙'(만약 법칙이 맞다면)을 당면한 사안, 즉 시대구분이라는 견지에서 구체적으로 명시할 수 있을지 모르겠다. 그렇다면 이 맥락에서 한층 더 구체적인 격언(1부에서 제시할 네가지 격언 중 첫번째)의 뼈대를 만들 수도 있다. 이 격언은 철학적 행위로서 시대구분에 반대하는 입장을 인정하지만 그럼에도 불구하고 시대구분의 불가피함과 맞닥뜨린다. 다른 말로 하면,

1. 시대구분을 하지 않을 수는 없다.

이 격언은 패배를 인정하고 체념하라고 부추기는 것 같지만, 모든 포스트모더니티 비판자들이 두려워하는 역사적 서사의 완전한 상

대화의 길을 여는 것처럼도 보인다. 그러나 이런 의미에서 '모든 게 다 가능'한지 여부는 지배적인 서사들 자체를 살펴본 다음에야 알 수 있을 것이다.

3

'근대성'이란 늘 날짜를 정하고 시작을 상정하는 것을 뜻하는데, 어떤 경우든 가능성의 목록을 만드는 일은 언제나 즐겁고 유익한 일이며 연대기적 시간을 이리저리 돌아다니는 경향이 있어서 유명론(그리고 매클루언주의) 같은 가장 최근의 것이 가장 오래된 것 사이에 섞인다. 독일적 전통 일반에서는(그리고 특히 헤겔에게는) 분명프로테스탄트 종교개혁이 어떤 우선권을 갖는다. 하지만 철학자들에게는 데까르뜨가 행한 과거와의 철저한 단절이 근대성의 시작일뿐 아니라 이미 근대성에 관한 자의식적 또는 자기반영적(reflexive)이론이기도 하다. 그렇게 보면 코기토 그 자체가 근대성의 주된 특징인 자기반영성을 극적으로 시연한 것이다. 전통적으로 근대성을준비하고 그에 동반하면서 근대성의 가장 중요한 사회적·정치적 단절을 가져온 공을 인정받는 건 프랑스혁명과 계몽이지만, 20세기와탈식민화를 거친 지금의 시점에서 돌이켜보면 아메리카 정복이 의미심장한 새로운 근대성의 요소를 들여왔음이 분명해 보인다.[16] 그렇지만 과학과 기술이라는 면에 주목하면 갑자기 그보다 훨씬 이전인 갈릴레오로 거슬러 올라가게 된다. 그를 대신할 혁명으로 산업혁명을 긍정하는 데 만족하지 않는다면 말이다. 그러나 애덤 스미스(Adam Smith) 같은 이들은 자본주의의 출현을 피할 수 없는 서사적 선택지로 만들었고, 반면 독일전통(그리고 더 최근에는 푸꼬의 『사물의 질서』(The Order of Things)에서는 역사주의적인, 또는 역사 그 자체에 대한 감각이라 할 특별한 종류의 자기반영성이 갖는 중요성을 주장한다. 이후 여러 근대성이 줄지어 잇따랐다. 세속화와 니체적인 신의 죽음, 산업자본주의의 두번째 또는 관료적/독점적 단계에서의 베버식 합리화, 언어의 물화와 각종 형식적 추상의 출현을 가져온 미적 모더니즘, 그리고 마지막으로는 이것들에 뒤지지 않는 쏘비에뜨혁명까지. 하지만 최근에는 이런저런 근대성이라 칭해질 법도 한 단절들이 포스트모던으로 불리는 경향이 있다. 예컨대 1960년대에는 온갖 종류의 중대한 변화가 있었으나 그런 것들을 또다른 근대성이라 부르는 건 아무래도 적절하지 않은 듯 보인다.

지금까지의 열거로도 대략 열네개의 제안이 나온 셈이다. 훨씬 더 많은 것이 아직 나오지 않고 무대 뒤에 대기 중인 게 확실하고 '올바른' 근대성 이론이란 그것들 모두를 위계적으로 통합해서 얻어질 수 없다는 것도 분명하다. 사실 그런 이론이 결코 얻어질 수 없다는 점은 이 책에서 다루는 바가 여러 서사적 선택지들이고 하나씩 교체되는 스토리텔링의 가능성들이라는 데서 진작 드러날 텐데, 그 가운데 가장 과학적으로 보이는 구조적인 사회학적 개념조차 언제나 하나의 서사일 뿐임을 입증할 수 있다.[17] 그렇다면 포스트모던에 관한 논의에(서사성은 포스트모던의 핵심 슬로건으로 여겨진다) 늘 등장하면서 궁극적으로 진리 그 자체가 사라질 위협을 제기하는, 완전한 상대주의라는 저 무시무시한 가능성으로 되돌아가는 것 아닌가? 하지만 문제가 되는 진리란 실존주의나 정신분석에서의 진리, 또는 집단적 삶과 정치적 결단주의(decisionism)의 진리가 아니라, 윗세대 과학자들이 고수한 고정된 인식론적 진리이며 윗세대 미학자들과 인문주의자들이 플라톤식으로 하나의 '가치'로 번역한 유형의 진리다.

서사성 자체가 무엇에든 구애되지 않는 '포스트모던'한 치세를 누리는 와중에도 어떤 서사들은 다른 서사들보다 설득력이 떨어지거나 덜 유용하다는 점을 보면 다소 안심이 되기도 한다. 다시 말해, 진실한 또는 심지어 올바른 서사를 찾는 일이 헛되고 이데올로기적으로는 어떨지 몰라도 다른 면에서는 반드시 실패한다 하더라도, 계속해서 어떤 서사들이 잘못된 것이라고 이야기할 수는 있고, 심지어 그렇게 접근해서 근대성의 서사를 이야기하면 안 되는 몇몇 주제를 골라낼 수 있을지도 모른다(4장 참조). 다른 한편, 서사적 설명 방식 같은 것도 존재하며 근대성의 서사를 그렇게 역사적 사건 또는 문제에 대한 설명으로 활용하면 한층 생산적이리라 추정해볼 수 있다. 결국 인과성 자체가 하나의 서사적 범주며, 인과율이 그런 성격이라는 걸 인정하면 그것을 더 적절하게 활용하는 법과 그것이 필연적으로 동반하는 개념적 딜레마가 분명해진다. 어쨌든 독자적인 연구대상이 아닌 하나의 설명적 기능이라는 '근대성'의 이 새로운 부차적 또는 보조적 지위는 몇몇 가짜 문제를 제외하는 데 도움이 된다.

그런 문제 중의 하나가 앞서 단절과 시대의 변증법에서 확인한 교체라는 문제다. 이미 밝힌 바와 같이 이는 하나의 사건으로서의 근대성 인식과 하나의 역사적 시대(정의상 적어도 포스트모더니티 이론이 시작되기까지는 여전히 우리와 함께 있는 시대)의 문화논리로서의 근대성 이해 사이의 일종의 형태상의 동요를 말한다. 그런 식으로 사건은 그 내부에 통시적 전개의 논리 또는 역학을 공시적으로 포함하는 듯 보인다(사실 이것이 알뛰세르가 '표현적 인과성'이라 부른 것인지도 모른다). 어쨌든 이는 또한 스토리텔링의 논리로서 이야기를 말하는 사람은 주어진 데이터를 장황하게 늘릴 수도 있고 그것을 하나의 서사적 사실이나 지점으로 압축할 수도 있다. (시에 관한 야콥슨의 유명한 공식에서처럼)[18] 선택의 축이 결합의 축 위로 투사되는 것이다.

실제로 이 점은 애초에 고전적 수사라는 관점으로 보면(야콥슨의 역사적 공로 중의 하나가 이를 이론에 다시 도입한 것이다) 훨씬 설득력 있게 전달될 수 있다. 그럴 경우에 '근대성'은 독특한 종류의 수사적 효과, 또는 선호에 따라 비유로 간주될 수 있지만 예로부터 기록되어온 것들과는 구조 면에서 완전히 다른 비유다. 사실 그런 의미에서 근대성이라는 비유는 자기지시적이며 어쩌면 수행적인 것으로 생각될 수 있다. 그것의 출현이 새로운 종류의 상징의 등장, 이전 형태의 상징성과의 결정적 단절을 뜻하며, 그만큼 자신의 존재를 나타내는 기호, 스스로를 지시하는 기표, 그 형식 자체가 스스로의 내용이기 때문이다. 그렇다면 하나의 비유로서의 '근대성' 자체가 근대성의 한 기호다. 근대성 개념 자체가 근대적이며 스스로가 내세운 주장들을 극화하고 있다. 뒤집어 말하면 앞서 언급한 저자들의 글에서 근대성 이론으로 제시된 것은 근대성 자체의 수사적 구조가 해당 주제와 내용으로 투사된 것에 다름 아니라고 할 수 있다. 요컨대 근대성 이론은 근대성이라는 비유의 투사에 다름 아니다.

그러나 이 비유를 그 결과라는 견지에서 이야기할 수도 있다. 무엇보다 근대성의 비유는 리비도를 장전하고 있다. 즉 그것은 다른 형태의 개념들과는 잘 연결되지 않는 독특한 종류의 지적 흥분을 작동시킨다(또는 다른 개념이 그런 흥분을 야기한다면 겉으로 보기에 근대성과 무관한 그 담론 내부에 근대성의 어떤 전제가 숨겨져 있으리라고 의심하게 된다). 이는 분명 기쁨이나 열렬한 기대 같은 정서와 희미하게 연결된 하나의 시간적 구조로서, 현재의 시간 안에 약속을 응축해 넣고 현재 그 자체 안에 미래를 더 직접적으로 소유하는 법을 제시하는 듯 보인다. 미래의 시간성 차원을 포함하고 감싸고 있다는 점에서 그것은 하나의 유토피아적 형상이다. 하지만 이 경우 그것이 유토피아적 관점에 대한 이데올로기적 왜곡이며 결국에는 유토피아적 약속을 쫓아내고 대체하는 거짓된 약속이 된다는 점을 덧붙여야겠다. 어쨌든 이 첫번째 요점과 관련해 강조하고 싶은 바는 이런저런 역사적 현상의 '근대성'을 단언하는 것은 언제나 일종의 전하(電荷)를 발생시킨다는 것이다. 가령 이런저런 르네상스 화가를 최초의 근대성 또는 초기 근대성의 조짐으로 지목하는 것은[19] 언제나, 곧이어 살펴보겠지만, 일반적으로 과거의 흥미로운 사건이나 기념비에 쏟아지는 과도한 관심이 보여줄 법한 강렬함과 에너지의 느낌을 일깨운다.

어떤 의미에서 근대성이라는 비유는 또다른 연대기적 서사 또는 역사화 서사, 곧 새로운 종류의 연대표라는 전제를 중심으로 우리의 인식을 재구조화하는 '최초로'(for the first time)라는 비유와 긴밀하게 연관되어 있다. 그러나 '최초로'는 개별적이고 '근대'는 집단적이라서, 비록 더 자세히 들여다보면 본격적인 근대성의 조짐이자 징후로 변형되는 지점에 갖다 붙일 수 있을지 몰라도 전자는 하나의 현상을 지목할 뿐이다. '최초로'는 시대 없는 단절을 고지하고 따라서 '근대성'이 갖는 시간적이고 서사적인 이율배반에 시달리지 않는다고 말할 수 있겠다.

그렇다면 이는 '근대성'이라는 비유가 늘 이전의 서사 패러다임들에 대한 이런저런 다시쓰기이며 강력한 치환이라고 말하는 셈이다. 실제로 최근의 사유와 글쓰기를 보면, 이런저런 '근대성'에 대한 단언은 대개 이미 자리를 잡아 관습적인 통념이 된 근대성 서사들의 다시쓰기를 내포한다. 그렇다면 내가 볼 때 일반적으로 근대를 식별하는 방법으로 내세워지는 주제들 전부, 즉 자의식 또는 자기반영성, 언어나 재현에 대한 더 많은 관심, 회화 표면의 물질성 등의 이 모든 특징들은 그 자체로 다시쓰기를 실행할 핑계이자 패러다임 전환으로 공인받기에 필요한 놀람과 확신의 효과를 확보할 구실에 불과하다. 그렇다고 해서 그런 특징 또는 주제들이 허구적이라거나 비현실적이라는 말은 아니다. 단지 역사적 분석이 내세우는 통찰보다 다시쓰기 행위가 더 선차적이라는 것이다.

그런 과정은 이 장 첫머리에 나열한 절대적 단절들보다는 덜 세계사적인 사례들에서 가장 잘 나타난다. 그런 사례들을 서구적 근대성의 시작을 이야기하는 여러 다른 판본으로 재조명한다면 내가 여기서 다루고자 하는 비유로 다시 환원하는 경향이 있겠지만 말이다. 이를테면 루터나 독일의 객관적 관념론은 어떤 전세계적 근대성의 극적이지만 자명한 출발점을 제시하겠지만, 히틀러를 특정하게 독일적인 근대성의 행위자이자 실현으로 다시 읽는 일은[20] 분명 망측한 다시쓰기 과정일 뿐 아니라 가까운 과거에 대한 강력한 낯설게하기가 될 것이다. 이 비유는 나치운동에 대한 우리의 인식을 재구성해 공포의 미학(홀로코스트, 나치 인종주의, 제노사이드)이나 다른 윤리적 관점들(예를 들어 잘 알려진 '악의 진부함'), 그리고 심지어 나치즘을 극우 이데올로기 일반의 궁극적 실체로 보는 정치적 분석들마저 대체해버릴 것인데, 그런 재구성은 최소한 두개의 층위에서 작동하는 매우 다른 개발서사의 맥락에서 이루어진다.

더 근본적인 첫번째 층위는 봉건제 문제에 대한 '최종해결책'(final solution), 곧 '근대' 시기 독일의 불균등발전의 특징인 그 모든 봉건적이고 귀족적 내지 융커적인 잔존물과 그것의 법적·사회적 제도 및 계급적 역학의 일소를 상정한다. 그렇다면 이때 '히틀러'는 일종의 '사라지는 매개'로서[21] 여기에는 나치정치 자체와, 모든 (레이먼드 윌리엄스의 표현으로는) '잔여하는' 것들을 말끔히 치워버린 전쟁이라는 엄청난 파괴가 포함된다. 사실상 이런 의미의 근대성 비유는 언제나 사라지는 매개자(이것 자체도 하나의 비유로 볼 수 있다) 구조를 갖는다고 해도 좋을 것인데, 곧이어 보겠지만 이 사례의 내용이 전적으로 아무 의도가 없는 것만은 아니다.

그러나 또한 여기서 근대성 비유가 기술이라는 더 부차적인 현시적 층위에 투사되는 것도 보게 된다. 히틀러가 매우 '근대적인' 통신체계(라디오, 비행기)를 많이 활용한 것이 근대적인 정치가-선동가의 발명과 대의정치에 대한 대대적 개편에 이르게 되었다는 점만을 말하는 게 아니다. 폭스바겐과 아우토반에서 나타나듯이 사실상의 '근대적' 일상생활의 창조도 기재되어야 한다. 전력공급은 말할 필요도 없는데, 에드가 라이츠(Edgar Reisz)의 뛰어난 TV시리즈 「하이마트」(Heimat)에서는 시골 마을까지 전기가 들어오는 것이 나치의 권력장악을 보여주는 지표다.

분명 입증할 수 없는 방식이지만 이렇듯 독일 나치시대에 대한 다시쓰기 전략으로서 근대성 비유를 전개해 하나의 전체 역사를 조직할 수 있다. 이 사례는 매우 다른 맥락들에서 반복된다. 지오반니 아리기(Giovanni Arrighi)가 16세기 제노바의 복식부기(複式簿記) 및 '보호비용의 내재화'를 본격적인 자본주의적 근대성의 기점으로 잡은 것도[22] 같은 방식이다. 또는 전혀 다른 맥락에서 키에르케고르가 기독교의 본질적 근대성[23]과 그것이 시행한 문화비평의 암묵적인 재(再)신학화를 찬양한 예를 떠올릴 수도 있다. 아니면 베버가 서구적 합리화(그가 근대성을 이르는 명칭)의 출발을 중세 수도회에서(그리고 어쩌면 서구음악의 조성의 시작에서) 찾은 예라든가.[24]

하지만 이 목록을 다소 상이한 근대성 효과의 전개로 마무리할까한다. 여행과 이동의 신비를 묘사한 프루스뜨 작품의 놀라운 대목에서 발견되는 것 말이다.

불행히도 그 경탄할 만한 장소들, 어느 먼 목적지로 출발하는 기차역들은 또한 비극적인 장소기도 하다. 그곳에서 이제껏 우리 마음속에만 존재했던 장면이 바야흐로 우리가 실제로 살아가는 장면이 되는 기적이 이루어지는데, 바로 그 이유에서 대기실을 나서면서 우리는 조금 전까지 기거했던 익숙한 자기 거처에 머지않아 다시 돌아가 살게 되리라는 생각을 버려야 하기 때문이다. 일단 신비에 다가가기 위해 거쳐야 하는 위험한 동굴 속으로, 유리지붕을 한 거대한 창고 안으로 들어가기로 결심한 이상, 우리는 집으로 돌아가 자기 침대에 누워 잠든다는 희망을 접어두어야 한다. 발벡(Balbec)으로 가는 기차를 타려고 들어간 쌩라자르역이 그랬는데, 내장을 드러낸 도시 위로 무한히 펼쳐진 황량한 하늘은 만떼냐(Mantegna)나 베로네세(Veronese)가 거의 빠리식 근대성으로 채색한 하늘처럼 극적인 위협으로 무겁게 축 처져 있었고 그 아래서는 기차가 출발하거나 십자가가 세워지는 것 같은 뭔가 무시무시하고 엄숙한 행위만이 일어날 수 있을 것 같았다.[25]

이 대목은 프루스뜨식으로 체현된 '신구논쟁' 같은 것으로, 그 고전적인 형태는 루이 14세만큼이나 의례와 반복을 세세하게 고집하며 전제권력을 휘두르는 레오니(Léonie) 고모의 인물형상화에서 발견된다. 여기서도 지극히 평범한 '근대적' 기차여행이 말하자면 과거의 피를 들이마시며 십자가형이라는 본격 비극 드라마에 재등장한다. 근대성이 비극적 장엄함으로 재발명되는 건 과거의 위대한 비극 화가들을 '근대적'(그것도 빠리식!)이라고 규정하는 우회를 통해서다. 그러나 문화적 과거라는 견지에서 현재를 체계적으로 다시 쓴 사례로 프루스뜨를 읽는 건 새삼스런 주장도 아니다. 어차피 프루스뜨의 은유 이론은 그가 러시아 형식주의자들과 거의 동시에 발견했던 낯설게하기 이론에 다름 아니다.

여기서 한걸음 더 나아가, 이런 다시쓰기 작업이 실재하는 역사적 사건과 트라우마의 흔적이자 그 추상화라고 상정함으로써, 다시 말해 사회적인 것 자체를 가장 구체적인 형태로 다시 쓰고 추가요금을 부과한 것이라 상정함으로써, 그 작업이 갖는 사회적·역사적 의미를 복구할 수 있다고 덧붙이고 싶다. 이런 다시쓰기가 바로 자본주의가 봉건제를 극복한 순간, 사회적·법적 평등과 정치적 민주주의를 적어도 약속은 했던 새로운 부르주아 계층이 신분과 혈연이라는 귀족적 사회질서를 극복한 순간이다. 이는 새로운 방식으로, 즉 주장일 뿐인 개념과 주장일 뿐인 대상을 일대일로 대응시키는 식이 아니라 경험 그 자체의 오래된 유령 같은 형태를 매개로 하여 '근대성'의 지시대상을 발견한다. 이는 또한 다양한 국가적 상황에 놓인 어떤 근본적인 차이들을 표시한다. 유럽의 경우 이 급격한 변화가 어떤 곳에서는 2차대전에 이르러서야 실제로 완료되었고 그것이 남긴 진짜 상처들이 유럽인의 정신에서 유령처럼 추상적으로 반복되면서 거듭 재현되고 재생산되지만, 잘 알려져 있다시피 미국에는 이런 도식이 적용되지 않는다. 그리고 제3세계의 여러 나라에서는 봉건제의 잔재로 보일 수 있는 것들이 다양한 방식으로 자본주의에 재흡수되고 있다(라티푼디움이 정말 봉건제의 생존을 말하는지를 둘러싼 그 모든 논쟁의 긴급성이 여기에 있다). 어쨌든 21세기 초의 상황은 더는 이와 관계가 없는데, 그 때문에라도 근대성 비유의 공식 작동을 그 트라우마적인 역사적 출현으로까지 거슬러 올라가 추적해야 한다. '시민사회'같이 혁명적인 18세기에서 나온 개념들은 지구화와 세계시장의 시대, 그리고 새로운 자본주의에 의해 농업과 문화가 점점 상품화되는 순간과 더는 관련이 없다. 사실상 오래된 사회적 트라우마와 (딱히 앞서 살핀 첫번째 의미의 격렬한 다시쓰기를 구성하지는 않는) 최신의 트라우마 사이의 이 역사적 차이는 애초에 근대성 개념의 부활이 갖는 이데올로기적 성격을 비판하는 데크게 기여한다.

하지만 여기서는 근대성 '개념'의 용법에 관한 두번째 격언을 공식화하는 것으로 이 장을 끝내는 편이 좋겠다. 단토*가 모든 비(非)서사적 역사는 서사형식으로 번역할 수 있음을 보여주었듯이, 주어진 텍스트의 비유적 토대가 간파된다는 건 그 비유가 불완전하게 작동한다는 것이고 비유 자체가 숨겨진 또는 묻혀 있는 서사의 기호이자 징후라고 주장하고 싶다. 적어도 여기서 서술한 근대성이라는 비유는 그렇고, 그것의 다양한 사라지는 매개들도 그렇다. 따라서 이런 결론을 내릴 수 있다.

2. 근대성은 철학적이든 다른 어떤 성격이든 개념이 아니라 하나의 서사범주다.

• 아서 콜먼 단토(Arthur Coleman Danto, 1924~2013), 미국의 평론가이자 철학자.

그렇다면 근대성에 관한 개념적 설명을 공들여 만들어내려는 헛된 시도를 그만두고, 근대성 효과가 다른 무엇보다 과거의 순간들에 대한 다시쓰기, 즉 과거의 예전 판본이나 서사들에 대한 다시쓰기에나 가장 적합한 것이 아닌지 묻는 편이 낫다. 미래 예측은 말할 것도 없고 현재 분석에서 근대성을 사용하지 않는 편이 몇몇 특정한 (이데올로기적) 근대성 서사를 비판하는 데 더 효과적일 것이다. 하지만 그런 목표를 성취하는 다른 방법들도 있다.

4

늘 절대적 시작의 완벽한 본보기로 생각되어온 계기, 데까르뜨
와 코기토라는 계기로 시작하는 편이 좋을 듯싶다. 이 계기는 철학
자 자신이 체계적으로 만들어낸 출현으로, "je quittai entièrement
l'étude des lettres",[26] 즉 "나는 책읽기를 완전히 접었다"라며 과거 일
반을 전면적이고 공적으로 거부함으로써 셸링의 공식을 예견한다.
완전히 정직하지만은 않은 이 진술은 또다른 행복한 사건, 곧 누구
의 제자도 아닌 상태와 결합한다. 단 한 사람의 선생도 찾거나 택할
수 없었던[27] 그의 실패가 지적인 빈 공간 또는 아무것도 쓰여 있지
않은 석판 같은 상태를 초래한 것이다. 이 상태에 대한 신체적인 유
비는 세번째 성찰의 서두에 나오는 실험이다. "나는 이제 눈을 감고
귀를 닫고 내 모든 감각을 〔감각대상들로부터〕 물러나게 할 것이고,
심지어 내 생각에서도 물리적 대상의 이미지들을 지울 것이다" 등.[28]
거의 현상학적인 이런 판단중지(epochē)는 이어 코기토가 발생하는

의식이 된다. 그처럼 공들인 준비와 체계적인 부정을 필요로 하는 의식을 원초적인 현상 또는 현실로 생각하기는 힘들다는 점은 (수차례!) 날카롭게 지적된 바 있다. 어쩌면 개념상뿐 아니라 현실적으로도 그것은 하나의 구성물이라고 하는 편이 낫겠다. 구성물이라는 용어는 이내 하이데거의 놀라운 재해석 쪽으로 우리를 이끈다.

하지만 먼저 재현, 그것도 의식 또는 주관성의 재현으로서의 코기토에 대해 이야기할 필요가 있다. 흔히 데까르뜨가 근대성 그 자체를 구성하며 오늘날에도 우리 모두가 계속해서 그로 인해 고통 받고 있다고 추정되는 주관/객관 분리를 만들어낸 사람으로 여겨지는 것이 바로 이 재현의 힘 덕분이기 때문이다. 사실상 데까르뜨가 근대 철학적 관념론의 창시자일 뿐 아니라 근대 철학적 유물론의 창시자기도 하다는 역설적인 사실이 갖는 의미도 이것이다. (그의 유물론과 '과학적 방법'에 관해서는 1부 후반부에서 다루겠다.) 그러나 이런 식으로 이야기하면 주관성에 대한 근대적 논의가(어쩌면 주관성의 경험까지도) 데까르뜨에서 나왔다고 가정하는 셈이 되며, 이는 또 주체, 또는 달리 말해 서구적 주체, 또는 달리 말해 근대적 주체 자체, 근대성의 주체의 출현을 데까르뜨에게서 목격하게 된다는 말이 된다.

그러나 출현한 것에 대한 재현이 있어야만 그런 출현을 목격하는 일이 가능하다. 바로 이 점이 의심스러운 것이다. 왜냐하면 뭔가 다르고 심지어 독특한 것을 나타내기는 해도, 코기토는 이 의식의 상태를 칭하는 이름, 의식하기라는 이 사건에 대한 이름일 뿐이기 때문이다. 사실 그것은 등짝에 자기 신원을 적어 붙이고 돌아다니는 구식의 알레고리적 의인화를 연상시키는 아주 독특한 이름이다. '나는 생각하다', 즉 '코기토.' 그러나 이름은 재현이 아니며 이 경우에는 심지어 재현의 대용품이고 재현의 '자리를 차지하고 있는 것'(라깡식으로 '대리자'(tenant-lieu))이라고 추론할 수도 있는데, 이 재현은 애초에 불가능하다고 결론 내릴 도리밖에 없다. 의식이 재현 불가능하다고 공언될 이유는 많다. "정신에 있는 모든 것은 먼저 감각에 있었다"는 경험주의적 언명과 관련한 콜린 맥긴*의 시사적인 저작이 상기시켜주듯이, 우리가 의식이라 부르는 것은 확실히 감각에 있었던 게 아니다.[29] 다른 한편 칸트의 유명한 선언에 따르면 주체는 현상이 아니라 본체인데, 그렇다면 재현들이 의식에게 또 의식을 위해 재현되고 있는 한 하나의 물자체로서의 의식은 재현될 수 없다는 뜻이 된다. 여기서부터 라깡적인 주체(지젝은 이를 "나를 밖에 넣어줘!"라는 극적 표현으로 나타낸다)[30]까지는 단 한걸음일 뿐이다. 그리고 라깡이 우리에게 일러준 대로 기투(企投, Entwurf)를 폐기한 이후 프로이트는 의식이라는 문제를 단호하게 괄호 속에 넣고 체계적으로 자신의 문제틀에서 배제한 바 있다.[31]

이 문제는 다른 각도에서 접근할 수도 있다. 위와 같은 주장들이 아무리 강력하더라도 어쨌든 코기토는 대체로 재현이라고 받아들여지고 재현 자체는 또 대체로 크기나 연장(extension)이 없다는 의미에서 하나의 점(point)으로 묘사된다.[32] 사실 이런 설명에 위치(location)를 포함시켜보면, 점의 공간에 있는 탈육화된 위치는 의식

● 콜린 맥긴(Colin McGinn, 1950~), 신 신비론으로 알려진 현대 영국철학자.

이 세계 속에 자리잡고 있음을 포착하는 듯하면서 동시에 스스로에 대해 일말의 상징적 물화도, 이런저런 속성이나 특징을 부여할 수 있는 어떤 유형의 실재성도 거부한다. 그러나 이렇게 되면 하나의 변증법적 결과와 맞닥뜨리게 된다. 즉 주체는 어쨌든 객관세계의 공간에서 발생하지만 객관세계의 공간이 순수한 동질적 연장으로 재조직될 때만 (순수한 위치로서) 묘사가 가능해진다. 달리 말하면, 의식과 주체는 객관세계라는 간접성을 통해서만 재현될 수 있고 그것도 객관세계 그 자체가 역사적으로 객관세계로서 생산되는 순간에만 재현될 수 있다. 이제 코기토에서 근대적인 것은 주관성이 아니라 연장임이 밝혀진다. 근대의 절대적 기원을 표시하려는 이런 시도에 어떤 원인작용을 하는 것이 있다면 그것은 주체를 스스로에 대항하도록 구성하는, 그리고 주체로부터 거리를 유지하고 주체도 그로부터 거리를 유지하는 (그 유명한 주객 분리된) 객체지만, 그 객체는 어쨌든 특정한 역사적 과정(동질적인 공간이 보편적으로 만들어지는 과정)의 산물이다. 그렇다면 이런 동질적 공간의 생산은 어디서부터 비롯하는가? 그리고 주체와 객체가 인과성에서 동등한 권리를 갖는 어떤 절대적 시작, 일종의 원초적 단절은 어떻게 상상할 수 있는가? 독일 '관념론' 철학자들(피히테와 셸링)이 만든 신화들은 기원을 재개념화하려는 시도였는데[33] 확실히 그런 기원에 관해서라면 원초적 신화들만이 어떤 재현적인 실마리를 제공해줄 수 있다. 그런데 그리스에서 신화는 서사나 이야기를 뜻한다. 따라서 여기서는 근대성의 절대적 시작에 관한 이 판본을 두고 단순히 신화일 뿐이라는 회의적이고 비생산적인 공식에 기대기보다는 그것 역시 하나의 서사라는 결론을 택하고자 한다.

그러나 이 지점에서, 주체와 객체 어느 쪽에도 우선권을 줄 수 없는, 그리고 양측이 스스로를 만들어내는 동시에 상대방을 만들어내는, 또 분리됨으로써 존재한다고 가정되고 존재한다고 가정됨으로써 분리되는 시원적 행위의 결과로서 주체와 객체가 만들어지는 이 특별한 시작에 관한 하이데거의 견해를 들여다볼 필요가 있다. 사실 이 시작은 관계 일반이 제기하는 서사적 문제라고 할 수 있다. 즉 관계라는 것은 정의상 아무리 순간적이고 덧없다 하더라도 관계되어 있는 양자 사이의 통일성을 사전에 추인하는 동시에 둘 사이의 차이 또한 마찬가지로 인정해야 한다.

하이데거가 내놓은 해결책은[34] 엄청난 영향력으로 『뗄껠』(Tel Quel)부터 영화 이론까지 1960년대(또는 이른바 탈구조주의)의 새로운 이데올로기 이론 모두에 영향을 미쳤다고 할 수 있는데, 그것은 (악명 높은 그의 민간 어원들과 연관된) 독특한 재담, 다시 말해 재현을 가리키는 독일어(Vorstellung)의 분절에 착목한다. 앞질러 말하면, 재현 개념 자체가 하이데거의 해결책이다. 그에게 재현은 주체/객체 분리와 완전히 같은 의미다. '재현'이라는 단어는 이 두 축의 상호작용을 강조하는 반면, 주객관 분리는 하나는 주관, 다른 하나는 객관이라는 별도의 이름을 각각에 부여함으로써 둘을 분리시킨다.

하지만 재현이 어떻게 데까르뜨적 코기토를 해석하는 열쇠가 되는가? 그건 아주 간단하다. 하이데거는 고전전통의 철학텍스트에 대한 그의 놀라운 독서량에서 뚜렷이 드러나는 고전에 대한 엄청난 해박함을 어휘라는 한 지점에 쏟아 붓는다. 문맥상의 증거를 토대로[35]

그는 '사유'(thinking)가 '코기타레'(cogitare)를 지나치게 편협하고 제한적으로 이해한 것이며 이 중요한 동사는 '재현'으로 번역되어야 마땅하다는 점을 보여주고자 한다. 그렇게 되면 이번에는 '재현', 독일어 포어슈텔룽(Vorstellung)이 자신의 역량을 전개하고 시험받아야 한다. 이 단어에 조합된 부분들은 무언가를 우리 앞에 놓는다는 의미, 인식되기를 중심으로 재조직되도록 어떤 추정상의 대상의 위치를 정한다는 의미를 전달한다. 데까르뜨적인 페르-시페레(per-cipere)의 등가물인 포어슈텔룽은 하이데거에게는 자신의 자아 앞에 어떤 사물을 가져오는 과정, 그럼으로써 그것을 (독일어로는 같은 단어인) 상상하는, 인식하는, 사유하거나 직관하는, 또는 하이데거 식으로 "etwas in Besitz nehmen" 즉 소유하는 과정을 가리킨다.[36] 포어슈텔룽에 대한 이런 해석에서 대상의 존재함(esse)은 그것의 인식됨(percipi)이다. 이 경우에 대상이 미리 대상으로서 존재하는 게 아니라는 단서를 붙인다면 말이다. 하지만 이것이 관념론적 공식은 아니며 여기서 아직은 인식하는 주체가 존재하지 않기 때문에(재현에서 주체라는 축의 출현에 관해서는 곧이어 살펴볼 것이다) 대상은 대상에 대한 나의 '관념'으로 환원되지 않는다는 사실 역시 단서로 붙여야 한다.

구성(construction)이라는 그보다 더 동시대적이고 포스트모던한 슬로건이 이 모든 점을 더 분명하게 해줄 것인데, 하이데거가 재현이라고 부른 것은 대상을 특정한 방식으로 구성하는 것이다. 하이데거의 영향을 오늘날까지 추적해 올라오면 재현에서 일어나는 대상의 구성에 관한 특권적인 사례를 식별할 수 있다. 그것은 원근법으로서

회화에서 나타났고 이후 영화 이론에서 그와 관련된 이데올로기가 분석된 바 있다.[37] 원근법은 분명 대상을 칸트적 의미에서 하나의 현상으로, 우리가 지각하고 개념화할 수 있는 하나의 대상으로 재구성한다. 하이데거가 때로 주장했듯이 재현의 시대를 서구 형이상학적 주관주의가 지배한 시대라고 말한다고 해서, 원근법에서의 대상이 그저 꾸며낸 것, 나를 위한 하나의 관념, 나 자신의 주관성의 투사이거나 그 산물이라는 뜻은 아니다. 그것은 실재(the real)를 구성하는 여러 가능한 방식 중의 하나일 뿐이다(그리고 하이데거에게 회화에서의 원근법적 재현 대상은 또한 근대 과학적 실험의 대상이기도 하다).

그러나 이 구성의 목적은 무엇인가? 하이데거는 그것이 다름 아니라 **확실성**(certainty)의 구성이라고 답하는데,[38] 데까르뜨를 읽은 사람이라면 누구나 알고 있듯이 이는 사전에 **의심**(doubt)을 구성함으로써만 얻을 수 있다. 데까르뜨적 확실성이 갖는 의심의 여지 없음(fundamentum absolutum inconcussum veritatis)은 의심을 체계적으로 제거함으로써만 발생할 수 있고 따라서 먼저 의심을 만들어내고 집결시켜야만 한다. 정확함(correctness)이라는 새로운 진리 개념이 역사적으로 출현한 것은, 달리 말해 '근대성' 같은 것이 출현할 수 있었던 것은, 오직 이 새롭게 성취된 확실성을 통해서다.

하지만 주체와 '주체화'는 이 과정의 어디서 발견되는가? 하이데거의 독법은 텍스트상의 두단계를 더 제시한다. 첫번째는 데까르뜨가 자신의 공식을 달리 표현한 코기토 메 코기타레(cogito me cogitare, 나는 내가 생각한다고 생각한다)[39]라는 것으로서, 이는 자의식(self-consciousness)이라는 다분히 관습적인(하이데거 자신도 인정하고 사용하는) 개념의 자리를 배정해준다. 그러나 재현에 의한 대상의 구성이라는 맥락에서 보면, 코기토에 자동으로 동반하는 이 자아(self), 그리고 재현된 대상에 맞추어진 초점 또한 하나의 구성물로 파악되어야 한다. 이 점을 입증하는 최선의 방법은 '자아' 같은 명사가 만들어내는 망상을 강조하는 것인데, 이 명사는 인식의 전체 과정 내부와 배후에 어떤 인물 또는 '나'가 있음을 암시한다. 하지만 하이데거의 모델이 제시하는 것은 이와 같은 주체의 출현에 대한 순수하게 형식적인 설명이다. 즉 재현의 대상을 지각할 수 있는 것으로 구성하는 것은 형식적으로 그런 지각이 발생한다고 되어 있는 하나의 장소를 여는바, 여하한 실체나 본질이 아니라 이 구조적 내지 형식적 공간이야말로 주체라는 것이다. 사실상 재현에 대한 후대의 비판이 원근법 및 관련 구조들을 어떤 개인의 주관적 견해의 발명이나 이데올로기적 '입장'이 없더라도 그 자체로 이데올로기적이라고 비난한 것도 바로 이런 의미에서다. 그러나 하이데거의 서사에서 대상이 주체를 만들어낸다고(피히테나 셸링이 정한 대로 그 반대가 아니라) 말할 수 있는 것 또한 이런 의미다.

그 다음으로는 말썽 많은 '에르고'의 문제가 있다. 이에 대해서는 데까르뜨 자신이 이미 아리스토텔레스적 논리학에서의 논리적 결론이나 삼단논법의 운동과 무관하다고 주장한 바 있다. 이 새로운 형이상학이 바로 우리가 가진 존재(Being)범주들 자체를 재조직하므로 하이데거가 지적하듯이 존재한다고 주장하는 것은 이미 재현과정과 동일하다. 이제 존재는 재현으로 확인된다. Sein ist

Vorgestelltheit.[40] 그럴 경우 에르고는 논리적 결론에서처럼 '따라서'를 뜻하기보다 '바꿔 말하면' 같은 것을 뜻한다.

이처럼 근대성의 출현을 재현으로 설명하는 것은 확실히 '주체나 텔로스 없는 역사'[41]를 제공해주는 듯 보이고 그런 의미에서 휴머니즘적인 잘 정돈된 시시한 이야기들보다 선호되는 것도 무리가 아니다. (하이데거적 서사, 즉 지배(Herrschaft)로서의 재현(Vorstellung)과 프랑크푸르트 학파의 '도구적 이성' 개념이 하나로 수렴된다는 주장은 이런 기준을 떨어뜨리고 더 관습적인 '문화비평'을 만들어내는 경향이 있다.) 그러나 근대성의 교리에 관한 더 구체적인 교훈을 끌어내기에 앞서, 이 설명을 하나의 서사로서 따져볼 필요가 있다. 다시 말해, 자기창조(self-creation)가 서사인가? 이 독특하면서도 어쨌든 자기창조적인 사건, 즉 대상에 의한 주체 생산과 그에 상응하는 주체에 의한 대상 생산이 정말로 이야기, 일종의 역사적 서사인가, 아니면 서사적 맥락과 원인이 없는 사건이라는 결핍의 의미에서 하나의 신화에 불과한가?

실은 지금까지 그런 맥락을 보류했을 뿐이다. 이 맥락이야말로 데까르뜨적 코기토의 핵심적 근대성을 보장해주는바, 그것만이 절대적인 행위처럼 보이는 이것을 해방의 제스처로, 더군다나 바로 그 맥락으로부터의 해방으로 읽을 수 있게 해주기 때문이다. 여기서 참조점은 데까르뜨적 순간을 중세 스콜라철학과의 단절이자 사실상 신학적 세계 일반(하이데거는 이를 '세계상' 또는 '세계관'으로 규정하는 것은 잘못이라고 같은 제목의 에세이에서 주장하는데 왜냐하면 이런 세속적 용어는 실제로 근대성 그 자체에만 적용되기 때문이다)[42]과의 단절이라 보는 관습적 입장이다.

　그러나 하이데거에게 단절서사는 말하자면 확실성 모티프의 전사(前史)를 배치할 수 있게 해주고, 데까르뜨에게서 확실성이 담당한 용도를 그것이 이전 체계에서 했던 기능, 즉 구원의 확실성으로 특정할 수 있게 해준다. 그렇게 되면 데까르뜨적인 해방의 제스처를 서사적인 방식으로 읽을 수 있게 된다.

(…) 부지불식간에 이 해방은 인간에게 영혼의 구원을 확실하게 보장해주는 계시적 진실에 얽매이는 것으로부터 언제나 스스로 벗어나고자 한다. 따라서 구원의 계시적 확실성으로부터의 해방은 내재적으로 인간이 진실을 스스로가 알아낸(Wissens) 앎으로 확보하는 확실성(Gewissheit)으로의 자유로움이어야 한다. 이는 자기해방적인 인간이 알 수 있는 것의 확실성을 스스로에게 보장하는 것을 통해서만 가능하다. 하지만 그런 일은 인간이 스스로 또 스스로의 힘으로, 어떤 것이 그에게 '알 수 있는' 것인지, 그리고 안다는 것과 앎을 확보하는 것, 곧 확실성이 무엇을 의미하는지 결정하는 한에서만 일어날 수 있다. 데까르뜨의 형이상학적 작업은 다음과 같은 것이 된다. 스스로를 확신하는 자기결정으로서의 자유로 인간을 자유롭게 해줄 형이상학적 토대를 만들어내는 것. 그러나 이 토대는 그 자체로 확실한 것이어야 할 뿐 아니라, 다른 영역에서 가져온 어떤 측정기준도 쓸 수 없으므로 여기서 자유라 주장된 것의 핵심이 그런 토대를 통해 자기확실성으로 상정될 수 있어야 한다. 하지만 자체적으로 확실한 모든 것은 동시에,

'그런 확실한 앎이 어떤 존재에게 확실해지는가'라고 할 때의 그 존재, 알 수 있는 모든 것이 그 존재를 통해 확보되는 바로 그 존재 역시 동시에 확실한 것으로 만들어주어야 마땅하다. 푼다멘툼 (fundamentum), 즉 그 자유의 근본, 그 토대에 놓여있는 것, 수비 엑툼(subiectum)은 방금 언급한 이 핵심 요구를 만족시키는 확실한 것이어야 한다. 이 모든 면에서 차별화된 수비엑툼이 필요해진다.[43]

이제 우리는 하이데거의 근대성 서사의 두 양식을 특정할 수 있다. 첫번째 양식에서는, 앞선 역사적 체제에서 특정한 기능, 즉 이 경우에는 구원의 '확실성'이라는 기능을 가졌던 특징이 자신에게 그 기능적 내용을 가질 수 있게 해준 맥락으로부터 떨어져 나와 새로운 체제로 전이되고 거기서 완전히 다른 기능을 부여받는다. 이는 이후 (푸꼬와 알뛰세르에서) 하나의 생산양식에서 다른 생산양식으로의 이행을 설명하는 한층 공공연한 시도로서 다시금 등장하는 모델이다. 하이데거는 (그가 의미심장하게 '세속화'[44]라는 불만스러운 관념으로 지목한) 단순한 연속성을 상정하는 서사들의 불충분성도 강조하며, 또한 여기서 근대성 서사의 두번째 양식으로 부르는 것, 즉 옛 체제에 속하는 잔여적 요소들의 생존과 지속을 주장하고자 한다. 데까르뜨의 언어에 여전히 남아 있는 잘 알려진 중세적 특징들이 그런 경우다.

이전의 형이상학이 형이상학적 사유의 새로운 출발을 방해하는 가장 뚜렷한 사례가 여기에 있다. 데까르뜨 학설의 의미와 성격에 관한 역사학적 보고서라면 그런 결과를 확증하지 않을 수 없다. 하지만 제대로 된 연구를 추구하는 역사적 사유라면 데까르뜨의 원칙과 개념들을 데까르뜨 스스로가 의도했던 의미대로 생각하려고 해야 한다. 그렇게 하려다가 데까르뜨의 주장들을 다른 '언어'로 번역할 필요가 있음을 증명하게 되더라도 말이다.[45]

데까르뜨의 사유가 갖는 체계적 성격(이는 데까르뜨와 그의 신학적 '선배들' 사이의 근본적인 차이이면서 새로운 데까르뜨적 체계와 그에 대한 니체의 공공연한 단절 사이의 상대적 연속성이기도 하다)에 대한 이와 같은 강조는 하이데거가 시대구분의 사상가임을 나타낸다. 시대구분적 서사가 갖는 구조적 문제에 관해서는 곧 살펴보겠다.

이 지점에서는 코기토 및 코기토의 근대성에 대한 이 탐구의 어떤 결론을 끌어낼 필요가 있다. 그러나 하이데거의 독특한 언어 때문에 처음부터 몇가지 문제와 혼란이 빚어진다. 영어로는 전통적으로 재현이라 옮겨지는 단어(포어슈텔룽)를 가지고 그가 의미한 바는 앞서 살핀 것처럼 세계를 재조직하고 인식론의 간판 아래 새로운 존재범주를 만들어내는 (형이상학적) 과정 전체다. 그렇다면 데까르뜨의 코기토는 하이데거의 근대성 이론의 핵심을 구성하는 이런 전지구적 전환을 알리는 최초의 징후다. 그것은 주체와 대상을 서로를 향한 앎(그리고 심지어 지배)이라는 특정한 관계 속에 새롭게 배열하는 것을 말하는 단어다. 그 관계에서 대상은 알려지거나 재현되는 한에서만 존재하고, 주체는 그런 재현의 장소이자 수단이 되는 한에서만 존재한다.

그러나 코기토에 대한 전통적인 독법은 그것이 의식 그 자체의 핵심이라고 보는, 즉 연극적이고 장면적이라는 함의를 갖는 상당히 다른 독일어 단어 다슈텔룽(Darstellung)이라는 의미에서 의식의 재현이라고 보는 것이었다. 내 주장은 의식은 재현될 수 없으므로 그런 의미에서의 코기토란 실패작이라는 것이다. 코기토를 연장(extension)을 갖지 않는 빛나는 점(dots)으로 보는 설명이 그 비유적 척박함을 통해 이 점을 입증하는 데 크게 이바지한다. 따라서 하나의 기능이자 구성물로서 무엇을 의미하든, 코기토는 의식 그 자체를 (미적 재현을 가리키는 헨리 제임스의 용어를 빌리면) 그려내는(render), 그리고 이 독특한 대상을 순수한 상태로 전달하는, 최초의 그리고 여전히 타의 추종을 불허하는 시도로 읽어야 한다. 그렇다면 그것은 필연적으로 그와 같은 모든 시도들의 실패, 그 시도들의 불가능성이라는 의미 역시 갖는다. 이로부터 끌어내야 하는 또다른 교훈은 하나의 경험으로서의 의식, 매 순간의 우리 자신으로서의 의식이 다슈텔룽이라는 의미에서 재현될 수 없다는 것, 재현의 대상일 수 없다는 것이다. 의식은 주관성 그 자체에 대한 체험과 마찬가지로 재현불가능하다(그렇다고 해서 자아나 개인 정체성이 재현될 수 없다는 말은 아니다. 어떤 경우든 그것들은 이미 하나의 대상이고 재현이다. 프로이트와 그 추종자들이 알레고리적으로 기록했던 무의식의 구조 또한 마찬가지다).

그러나 근대성 이론이라는 분야에서는 이 모든 것으로부터 중대한 결과가 뒤따라나온다. 즉 이제는 주관성이라는 견지에서 개진되는 어떤 근대성 이론도 받아들여질 수 없다. 의식의 재현이 가능하지 않다면 근대성을 의식의 변경과 변화라는 면에서 발견하거나 묘사하는 이론들도 마찬가지로 무효가 될 것이 분명하기 때문이다. 물론 대개 그 이론들은 스스로를 폐기 통고하며, 문화적 변화에 대한 통속심리학적 설명들(나르시시즘, 오이디푸스 콤플렉스의 약화, 모친중심주의, 신 또는 부친 권위의 죽음 등)이 이데올로기의 먹잇감일 뿐임을 알아보는 건 어렵지 않다. 그러나 모더니즘과 그 주관성 개념 중에서 세가지는 비교적 위엄을 갖추고 여전히 확고하게 자리잡고 있는 듯 보이는데, 그렇다면 그것들을 지목해서 비판하는 일이 유용할 것이다. 특히 근대성이 어떤 독특한 유형의 서구적 자유와 동일하다는 생각은 여전히 강하게 남아 있는 듯하다. 하지만 이 자유 개념은 확실히 어떤 주관적인 것을 의미하며 의식 자체의 어떤 근본적 변화를 말한다. 이전에 자유가 어떤 것이었는가 하는 데 대해서는 그다지 이야기되지 않으며, 다만 전근대의 타자성이 부자유, 복종, 노예적 심성의 굴종과 구제불능의 하위주체적 삶의 자세를 필연적으로 동반한다고 가정된다. (이렇게 해서 '자유'는 부지불각에 '부르주아적인 것'으로 변조된다.)

하지만 근대성에 대한 고전적 찬양에서는 이 지점에 일반적으로 두번째 특징이 개입하는데 그것은 개인성(individuality)이라는 관념이다. 근대적 인간은 개인이고 따라서 비근대적 타자가 자유롭지 못한 건 당연히 개인성의 결핍 때문이라는 것이다. 그러나 개인성 또한 의식 그 자체에 대한 하나의 편법적 재현이다. 개인성은 해방된 개인의 내면 풍경과 그(통상 '그'라고 지칭되므로)가 다른 사람들뿐 아니라 그 자신의 존재와 그 자신의 죽음과 맺는 관계의 특징이다. 이 두번째 특징이 붕괴하기 시작하면(의식처럼 형상을 특정할 수 없는 것의 내적 풍경을 그럴듯하게 묘사하는 작업은 쉬운 일이 아니다) 세번째 선택지에 매달리게 된다.

이 선택지는 자의식 또는 반영성(reflexivity)이라는 견지에서 근대성을 환기하는 것이다. 그렇게 하면 돌연 자유와 개인성 둘 다의 속성을 아우를 수 있는, 철학적으로 더 작동가능한 개념에 도달하는 듯 보인다. 왜냐하면 '전근대적 인물'은 의식은 하지만 서구철학의 의미에서 자의식적이지는 않다고 말하는 편이 그가 개인이 아니라고 단언하기보다는 쉽기 때문이다. 자유로 말할 것 같으면, 그 통상적 의미가 형이상학적 속성에서 사회적이거나 정치적인 속성으로 흘러들어간다면 그것을 비(非)이데올로기적으로 전개하는 작업이 특별히 정밀해질 수 있다.

하지만 의식이 재현될 수 없는 것이라면 자의식의 경우는 더더욱 그러하다. 자의식이란 대체로 의식 자체가 두겹이 되는 것이라고 상상되기 때문이다(하지만 이 새로운 실체에 대한 비유들, 가령 거울, 등식, 반사된 빛 등은 애초에 코기토의 비유였던 '점'보다 한층 더 허술하다). 사실상 (데까르뜨 자신의 자동인형의 경우만 봐도 알 수 있듯이)⁴⁶ 다른 사람들이 의식하느냐 아니냐를 알 수 있는지 여부가 전통적으로 철학의 근본 문제라고 생각되었다면, 자의식이라는 속성이 그들에게 확실히 부여될 수 있는지 여부를 결정하는 것은 그보다 훨씬 더 어려운 일일 것이다. 따라서 다음과 같은 세번째 격언을 만들어도 무방할 것이다.

3. 근대성의 서사는 주관성 범주들을 중심으로 구성될 수 없다(의
   식과 주관성은 재현불가능하다).

이 명제는 1960년대의 반(反)휴머니즘과 주체(또는 중심화된 주
체, 이는 우리의 오랜 벗인 코기토나 의식에 다름 아니다) 비판이라
는 '탈구조주의적' 정신을 상당 부분 담고 있다. 하지만 흔히 일컫듯
이 이런 언어로의 선회(linguistic turn) 이후에도, 그리고 주관성과 의
식의 급진적 탈중심화에 대한 다양한 이론적·철학적 제안이 나온
이후에도, 오랜 습관을 떨쳐내고 그런 범주들을 포기하기란 극히 어
려운 일임이 드러났다. 따라서 도처에서 등장하는 반영성이라는 관
념은 (제아무리 인간적인 맥락과 거리가 멀어보일지라도) 자의식을
나타내는 약호에 지나지 않는다는 점을 밝힐 필요가 있다. 앞으로
살피겠지만 실상 자기참조나 자기지시라는 주제는 우리 시대의 가
장 야심찬 철학적·사회학적 작업인 니클라스 루만(Niklas Luhmann)의
저작의 핵심을 이룬다. 오늘날 무수한 언어와 소통 이론이 대개 과
학이라는 외피 아래 그와 같은 낡은 주관성의 철학을 되풀이하고 있
으니, 언제든 상호주관성(intersubjectivity)이라는 슬로건이 나오면 여
전히 본질적으로 휴머니즘적인 담론장 속에 있다고 보면 된다.

그럼에도 위의 격언이 어떤 지위를 갖는지에 관해서는 특별히 설
명이 필요하다. 그것을 존재론적 명제로 이해해서는 안 된다. 다시
말해 주관성 같은 것이 존재하지 않는다는 주장이 아니다. 그보다는

재현의 한계에 관한 명제이며, 비유를 통하지 않고서는 우리가 주관성이나 의식에 관해 이야기할 방도가 없다는 것이다. 니체가 강조했다시피 역사적으로 충분히 거슬러 추적한다면 사실상 주관성이나 의식 같은 단어들은 그 자체가 현저하게 비유적 표현이며 묻히거나 잊힌 은유다.[47] 그런데 비유란 언제나 재현의 실패를 환기한다고, 하나의 비유는 언제나 필연적으로 대체물, 차선책, 언어와 표현에서의 패배 인정(분명 이 패배로부터 시적 언어가 출현한다)일 뿐이라고 이야기된다. 하지만 이런 실패의 진단이 그와 같은 주관성의 비유들 전부가 부적합한(심지어 부정확한) 것일 뿐 아니라 반드시 허위라는 부가적인 결론을 수반하는 것으로 이해되지 않기를 바란다. 문자 그대로 표현할 언어가 없고 애초부터 비유적인 가능성만 있는 상황에서 그런 결론은 의미가 없다.

실제로 이 비관적인 세번째 격언이 아무것도 더는 말해질 수 없다는 식의 어떤 헤어날 수 없는 비트겐슈타인적 침묵에 이르게 하는 건 아니다. 오히려 그것은 몇가지(아니 상당수의!) '문화비평'을 작동시키는데, 이것들은 철저히 이데올로기적이며 더 자세히 살펴보면 거의 언제나 매우 수상쩍은 의도를 갖는다. 그렇다고 해서 우리가 근대성의 서사를 일체 말할 수 없다는 뜻은 아니다.

실제로 하이데거의 근대성 서사는 그 자체로는 아무리 이데올로기적이라 판명되더라도 우리에게 몇몇 방법론적 교훈을 제공한다. 특히 그 서사에 두가지 시간성이 공존하고 있다는 점을 유의할 필요가 있다. 재현의 내적 시간성, 즉 주객분리(또는 차이와 동일성)가 자기원인적 사건인 듯 발생할 때의 내적 시간성이 한편에 있고, 다른 한편 구원의 확실성이라는 신학적 내지 중세적 개념이 새로운 체계의 출현과 잠시 겹치고 공존하면서 확실성의 기능이 외향적 구조에서 완전히 다른 형식의 새로운 구조로 넘어가게 해주는 외적 시간성(확실성이라는 주제의 시간성)이 있다. 여기서 자기원인적인 사건이라는 다분히 신화적인 서사가, 그 사건의 출현을 서사의 형태로 그럴싸하게 만들어줄 전제조건이 되는 서사적 상황 내지 배경에 토대를 두는 일이 생긴다. 이는 낡은 인과율 문제, 다시 말해 선조와 계보, 전례와 친족유사성을 결정하려고 할 때 낡은 지성사를 괴롭힌 것과 같은 식의 인과율 문제가 더는 아니다. 어쩌면 알뛰세르의 구조적 인과성 개념이 더 적절할지 모른다(이후 다시 살필 것이다). 이런 움직임은 헤겔의 『논리학』에서는 대립물의 변증법에서 '근거' 또는 그룬트(Grund, '원인' 또는 '이유'를 의미하기도 함)의 출현으로 옮겨가는 움직임으로 나타난다.[48] 뒤에서 이 독특한 구조의 다른 버전들도 살필 기회가 있을 것인데, 여기서는 근대성에 대한 어떤 이론이든 하나의 단절로서 근대성의 절대적 새로움을 주장하는 동시에, 단절을 상정할 수 있는 하나의 맥락으로의 근대성의 통합 역시 주장할 수밖에 없다는 정도만 지적해두자.

이런 구조에 알맞은 단어이자 처음에는 야스퍼스, 이후에는 싸르트르에 의해 본격적인 철학 담론으로 승격된 단어는 '상황'(situation)이다. 상황은 이 특별한 난제를 붙잡아, 소속되면서도 혁신한다는 그 모순적 특징을 한데 묶어두려고 시도한 서사적 용어다. 그렇다면 근대성의 서사는 그것의 상황이라는 견지에서만 가능하다고 단언함으로써 앞의 격언을 부연하거나 그 공식을 완성할 수 있을 것이다.

3. 근대성의 서사는 주관성 범주들을 중심으로 구성될 수 없다. 의
   식과 주관성은 재현불가능하기 때문이다. 오직 근대성의 상황
   들만이 서술될 수 있다.

5

불행히도 하이데거를 그리 간단히 떨어낼 수는 없다. 더 면밀히 살피면 앞선 논의에서 알아보지 못한 개념적 내지는 형식적 곤혹이 발견된다. 하이데거가 최소한 두개의 근대성 이론을 갖고 있다는 점이다. 여차하면 그의 사유에서 진화가 있었다거나 다양한 '전환'이나 다수의 모델이 있었다는 식으로 이 문제를 해소할 수도 있다. 여기서는 다른 식으로, 즉 하이데거에게 근대적 단절은 하나가 아니라 적어도 두개라고 말하고자 한다.

실제로 주체와 대상 사이의 극명한 대립을 동반하는 재현과 인식론적 '세계상'의 출현이라는 데까르뜨적 단절과 더불어, 로마적 또는 제국적 단절이라 부를 직한 더 오래된 단절이 존속한다. 이 단절은 그리스적 존재(Being) 경험의 상실과 관련되는데, 그리스식 사유가 라틴어로의 번역을 통해 로마의 사고방식으로 전유될 때 일어나는 물화(reification)에서 잘 나타난다(그리고 하이데거에게 그리스어와 독일어는, 다른 언어들의 오염에서 자유롭고 어떤 본원의 존재 경험에 어원적으로 근접했다는 정통성 면에서 서로 견줄 만한 언어 였음을 기억해야 한다). 이때 물화는 (비록 이 용어 자체가 그것이 지시하는 바를 정확히 보여주는 사례라 해도) 이 번역과정에 대한 부적절한 또는 시대착오적인 단어처럼 생각될지 몰라도 실은 그렇 지 않다. 하이데거의 첫번째 예시가, 존재자들의 현전이 로마제국에 서 '물화된 사물'이라 해도 무방할 것들로 변형되는 과정을 추적해 보여주기 때문이다.

이 이름들은 자의적인 것이 아니다. 더는 보여질 수 없는 어떤 것 이, 곧 현전(Anwesenheit)이라는 의미에서의 실재들(entities)의 존재(being)에 관한 그리스적 근본 경험이, 이 이름들을 통해 말 하고 있다. 이런 명명을 통해 사물의 사물성(thingness)에 대한 표준적인 해석의 토대가 세워지고 실재들의 존재에 대한 서구 적 해석이 확립된다. 이 과정은 로마-라틴적 사유가 그리스 단어 들을 전유하는 것으로 시작된다. 'Hypokeimenon'은 subiectum, 'hypostasis'는 substantia, 'symbebēkos'는 accidens가 된다. 그리 스 이름들의 이런 라틴어 번역은 심지어 오늘날까지 받아들여지 듯이 결코 사소한 과정이 아니다. 겉보기에 문자 그대로이고 따라 서 충실한 것 같은 번역 아래 그리스적 경험이 다른 종류의 사유 로 번역되는 과정이 숨어 있다. 로마인의 사유는 그리스 단어들을 전 유하지만, 그 단어들이 말하는 바에 대한 본원적인 경험은 없는 채로, 그 경험을 가리키는 그리스 단어는 없는 채로 전유한다. 서구적 사유의 근

거 없음(groundlessness)은 이 번역에서 시작된다.[49]

하이데거에게 로마의 개념적 물화는 (유럽 여러 나라의 언어에 라틴어 용어들이 남아 있는 데서 알 수 있듯이) 여전히 우리에게 강하게 남아 있는 '형이상학적' 과정의 출발점이다. 어떤 근대성이 로마식 전유나 변형과 더불어 시작되었고 이 전유와 변형 자체에 지배의 위압이 스며 있어서 근대 서구 역사의 재앙들에 이르게 했다는 것이다.[50] 이 특정한 역사서사에 의해 '서구 형이상학'에 대한 매우 개괄적인 시대구분(이것이 어쩌면 매혹과 혐오를 동시에 불러일으킨 이 인물에게 데리다가 진 가장 큰 철학적 빚일지 모른다)이 설정된다. 이것이 앞서 살펴본 데까르뜨 중심의 재현으로서의 근대성 이론과 어긋나는가? 그보다는 하나의 해석적 선택으로서, 물화라는 측면에서 이야기한다면 하이데거의 데까르뜨가 한 일은 물화된 로마적 대상 세계에 물화된 주체를 더한 것뿐이라고 주장할 수 있다. 그렇다 해도 어쨌든 하나가 아닌 두개의 단절이 생기는 셈이므로 근대성 이론 전반을 어떤 흥미로운 의심을 품은 채 다시 살펴볼 수 있게 해준다.

(이 문제는 전후의 또다른 가능한 단절, 곧 세번째 단절의 출현으로 단순화되지 않는다. 하이데거의 기술 개념은 분명 앞선 두개의 철학적 이론보다 훨씬 더 이데올로기적이지만, 근대성과 그 출현에 관한 한층 더 극적인 판본으로 보일 것이다. 비관론적이고 거의 종말론적인 울림 때문에 그런 것만이 아니라 바로 그 전제 때문에 그러한데, 게슈텔(Gestell, 몰아세움)이라는 불가사의한 하나의 새로운 중

계관계를 더하는 방식으로 앞선 이론에 있는 주체와 객체 사이의 재현이라는 관계를 더욱 복잡하게 만드는 것이 그 전제다. 게슈텔에서는 일종의 '상비자원'(standing reserve)으로 번역될 만한 무언가가 추후 사용되기 위해 에너지를 저장한다.[51] 재사용할 수 있는 이 (애초의 교환행위의) 과잉 또는 잔여는 정치권력의 최초 형태가 파생되는 원초적 잉여와도 같고, 심지어 자본 그 자체에 대한 (훨씬 복잡한) 맑스적 분석에도 비견할 만하다. 하지만 문화 비판이자 철학 개념으로서 그것은 이전의 재현 비판과 (분명 친족유사성은 있지만) 즉각적으로 조화롭게 맞아떨어지는 것은 아니며, 하이데거가 그와 같은 조화를 시도하는 것도 아니다. 그럴 경우 이제 하나가 아니라 세개의 단절, 근대성 출현의 세개의 계기, 그 과정에 대한 세개의 서사를 갖게 된다.)

하이데거가 보여준 단절의 증식은 유일무이한 사례가 아니다. 이렇게 되면 그와 같은 시대구분의 이상한 확산을 (하이데거에게 먼 영향을 받은) 다른 저자에서도 찾아보고 싶어지는데, 이 다른 저자에게는 시대구분 행위가 이제 핵심적 관심사이자 근본적인 해석적 제스처가 된다. 여기서 말하는 저자는 미셸 푸꼬, 특히 『사물의 질서』를 쓴 푸꼬다. 이 책도 확실히 근대성 이론뿐 아니라 근대성의 역사까지 제시한다고 할 수 있다.

푸꼬의 기념비적 고고학이 네개의 역사적 계기를 중심으로 조직되어 있다는 점을 기억할 필요가 있다. 첫번째는 일종의 전근대적 계기로, 중세적 요소들이 르네상스의 미신적인 특징들과 결합해 현실이 해석자들에게 읽히는 책이나 텍스트가 되는 무시간적인 신화적 세계를 전달한다. 이 텍스트는 미시적이고 거시적인 유사성들(근접(conventia), 경합(aemulatio), 유비(analogy), 공감(sympathy))[52]을 중심으로 구성되며, 거기서 그로테스크한 목록과 백과사전, 동물우화, 환상적 역사들이 우세하다는 점은 근대적인 의미의 오류나 미신이 아니라 다만 전적으로 다른 종류의 흥미와 초점과 관심을 반영한다고 간주되어야 한다. 즉 "보이거나 들리는 모든 것, 자연에 의해서든 사람에 의해서든, 세상의 언어에서든 전통에서든 아니면 시인들에 의해서든 이야기된 모든 것"[53]에 대한 관심인 것이다. 이 빛나는 페이지들은 본격적인 역사로 가는 일종의 대기실을 이루는데, 본격 역사는 이후 살펴겠지만 근대성과 더불어 즉각 시작된다. 비유와 유사성, 메아리와 인장(signature)들의 세계에선 아직 (근대적 의미의) '진짜' 역사는 없고 따라서 인과율이나 시작과 범위를 둘러싼 질문들은 여기서 별다른 의미가 없다. 이후의 서사를 유럽중심적이라고 배격하고 나면 그에 선행하는 이 신화적이고 거의 아프리카적인 우주를 간과하게 된다. 고전 그리스나 중국이나 인도가 여기에 들어맞는지 묻는 것은 잘못된 질문이다.

그런 질문은 서구적 근대성이 시작되고서야 제기될 수 있다. 가령 두번째 시기 또는 계기, 푸꼬가 (전혀 하이데거적이지 않은 의미로) '재현'의 시기라 부르기도 하고 (다른 국가의 전통에 비추어보면 다분히 편협하게 보일 수 있는 프랑스적 어법을 따라) '고전시대'라 부르는 17세기와 18세기에 말이다. 그렇다면 세번째 시기, 즉 19세기와 20세기는 근대 역사 자체가 발명된 시기, 역사주의와 생기론(vitalism)과 휴머니즘의 시기이자 이른바 인문과학(Geisteswissenschaften)

이 조성된 시기이므로 역사적인 질문을 아주 당당하게 제기할 수 있다. 네번째 시기라고 부르는 시대에 관해서 말하자면, 이 시대는 잘 알려져 있지 않은 예언적인 영역, 언어와 죽음의 영역으로서, 근대성의 틈새에 근대성의 부정이자 거부로서 거주한다. 구조주의가 양분을 준 영역이지만 정의상 별도의 역사적 시기로 인정될 수는 없으므로 포스트모더니즘의 전조는 아니다. 그렇지만 그것이 주는 유토피아적 약속은 하이데거의 약속처럼 의인관(anthropomorphism)과 휴머니즘, 그리고 하이데거적 '재현'의 소멸로서 잘 알려진 표현대로 "바닷가 모래에 그린 얼굴처럼 인간이 지워지리라"[54]는 데 있다.

그러므로 첫번째 시기나 네번째 시기는 엄밀히 말해 역사적 시기라고 부를 수 없다. 바로 그렇기 때문에 이 두 계기는 시대구분이란 필연적으로 스스로를 중심으로 어떤 프레임을 만들어내고 두가지 부정의 형태인 대조와 모순, 구별과 직접적 대립, 국지적인 차이와 절대적 부정, 적대와 비적대, 비(非)와 반(反) 사이의 미묘한 상호작용의 토대 위에 만들어진다는 점을 가장 분명하게 보여준다. 그런 의미에서 첫번째 르네상스 세계는 비(非)근대의 우주를 구성하는 듯 보이는 반면, 휴머니즘의 이면인 네번째는 근대의 가장 급진적인 부정이나 두드러진 반(反)근대로 생각될 수 있다(포스트모던과 달리 부정과 저항이라는 점에서 아무래도 여전히 근대적이며 그것의 미학은 사실상 모더니즘과의 단절이기보다 모더니즘의 핵심 정수로 보인다). 어쨌든 근대성을 제시 또는 단언하는 데 핵심이 되는 비(非)근대와 반(反)근대의 공간들이 처음으로 만들어지는 것을 이 계기들에서 보게 된다.

하지만 여기서 우리의 기본적인 관심사는 근대의 두 시기, 즉 역사적 시대라고 합당하게 묘사될 수 있는 유일한 시기인 두번째와 세번째와 관련된다. 이것들은 전통적인 프랑스식 시대구분이긴 하지만 다른 나라 전통들도 (데까르뜨를 독일전통에서는 루터로, 영국전통에서는 베이컨으로 대체하면서) 대략 그에 상응하는 시대구분을 하는 것으로 보이며, 17세기의 과학적 근대성, 18세기 후반과 19세기의 산업적 근대성으로 나뉘는 근대성의 두 계기 또는 두 판본이라는 이중잣대가 널리 퍼져서 대체로 상식적인 것으로 여겨지며 어떤 이의도 제기되지 않는다. 하지만 그런 이데올로기적 해이는 경험적 역사로의 퇴행을 나타낼 뿐이다. 어쨌든 갈릴레오를 증기엔진보다 앞에 놓거나 상인자본과 무역이 먼저고 산업자본은 그 다음으로 치는, 다시 말해 수많은 시기들을 동일한 과정의 다른 단계나 연쇄로 보는 것보다 더 정상적인 역사가 무엇이랴 하는 식이다. 그렇게 보면 푸꼬의 장점(과 이 맥락에서 그의 흥미로운 점)은 명백하게 이런 시기들을 완전히 서로 다른 역사적 체제로 귀속시키고, 연속이나 연쇄 자체를 역사서술상의 문제, 그리고 심지어 철학적인 문제로 바꾼 점이다.

푸꼬적 단절에 관해 몇마디 할 때가 되었다. 이 단절은 그의 전체 철학적 이데올로기의 핵심으로, 비연속성의 메시지를 강조하고 ('사상사'에서의 연속성이든 푸꼬가 너무 자주 맑스주의 자체와 혼동하는 스딸린식 변증법적 유물론이나 진화론의 '단계들'에서의 연속성이든) 휴머니즘적 역사서술의 연속성을 공격한다. 바슐라르의 유명한 '인식론적 단절'(coupure épistémologique)을 계승한 알뛰세르로부터 푸꼬가 물려받은 이 단절들은 푸꼬의 (비난받을 만한 휴머니즘적 표현을 또 하나 빌리면) 역사에 대한 비전의 내용을 구성하며, 공식적으로 상정된 각각의 단절은 말기(그리고 자아에 관한 겉보기에 더 휴머니즘적이고 원숙한 성찰들)에 이르기까지 마치 궁극적인 총체화를 두려워하기라도 하듯이 새로운 단절들의 일진광풍을 끌고 나오는 것처럼 보인다. 연구대상이 부분적이고 불완전하다는, 결코 완성되거나 총체화되지 않는다는 강조가 단절들과 더불어 따라 나오기 때문이다. 예컨대 여기서 푸꼬는 그의 표면적인 연구대상들, 즉 언어, 삶, 노동(예전 체계에서는 기호, 자연사, 부(富)), 또는 현재의 어떤 학술적 관점에서 보면 언어학, 생물학, 경제학이라는 대상들이 무작위적이고 임의로 선택된 것임을 강조하고 싶어 한다. (이렇게 불완전한 세트임을 강조하면 이런 선택을 통해 푸꼬가 끌어낼 교묘한 형식적 대칭과 결과들을 간과하게 만들기가 용이해진다.)

그러나 마찬가지로 강조되어야 할 것은 푸꼬가 여기서 표면적으로는 반(反)총체화의 제스처를 보이면서도 완전히 변증법적인 방식으로 논의를 진행한다는 점이다. 변증법에 관한 한가지 정의는 그것이 통약불가능한 것들에 대한 개념적 정합이라는 것이다. 초기 단계의 추상과정은 비슷하거나 심지어 동일한 동학과 법칙을 보이는 현상들을 배열한 보편들을 만들어내는데, 전통적인 논리에 따른 추상이 그런 것이다. 전통적으로 보편과 특수, 유(類)와 종(種), 개념과 본보기 사이의 관계는 이런 식으로 동일한 것들의 모음이나 집합으로 생각되어왔다. 하지만 헤겔에 와서 전적으로 다른 내적 동학과 법칙을 갖는 유사한 현상들의 정합이라는 문제가 제기된다. 이와 관련한 근본적인 개념적 충격은 18세기 스코틀랜드 계몽주의가 생산양식을 발견하면서 비롯된다.[55] 사회구성체의 조직과 재생산으로서의 생산양식은 하나의 추상 또는 보편인데, 그것의 개별 구현체들 각각은 자체의 독특한 내적 동학과 구조를 갖고 있으며 그것들은 서로 양립 불가능하다. 예를 들어 부족사회나 봉건제의 내적 법칙은 자본주의의 내적 법칙과 완전히 다른 방식으로 작동한다. 다른 한편, 각 생산양식의 구조적 요소 또는 구성성분들은 기능에 따라 결정되기 때문에 각각의 생산양식에서 떼어내어 추상화할 수 없으며 하나의 양식과 다른 양식 사이에 단순한 등가요소들이 있다고 가정할 수도 없다. 이런저런 기술이나 금과 통화, 또는 재산법 같은 개별 요소를 파악하기 위해서는 먼저 그것들이 기능적 일부를 이루고 있는 총체를 다시 참조해야 한다. 이렇게 해서 변증법은 일종의 새로운 언어전략, 즉 동일성과 차이가 모두 미리 자기 몫을 부여받아 (비(非)변증법적 사유나 변증법 이전의 사유에서 볼 때는 모순율을 깨는 것 같아 보이는 방식으로) 체계적으로 서로에 대항해 결전을 치르는 언어전략으로서 제시된다. 따라서 '생산양식'이라는 용어조차 하나의 남용인데, 왜냐하면 그 용어 아래 배열된 현상들은 그 정의상 서로 완전히 다르고 실제로 통약불가능하기 때문이다. 그러나 변증법은 구조적 유비가 갖는 이런 모순적 특징들, 또는 동학과 역사적 인과율에서의 급진적인 내적 차이들을 단일한 사유나 언어의 프레임 안에 묶으려는 시도로서 생겨났다.

푸꼬는 자신이 바로 이런 일을 매우 자의식적으로 하고 있음을 발견한다. 실제로 그의 계기들, 또는 지식으로 인정되는 것의 역사적 체계를 가리킨다는 에피스테메들은, 예전의 의미에서의 생산양식과 매우 흡사하게 기능한다. 이는 고전적 계기와 휴머니즘 시기, 즉 17, 18세기의 재현이라는 시기와 19, 20세기의 생기론과 진화론의 시기가 완전히 다르고 실상 양립불가능한 내적 구조를 가질 뿐 아니라 전적으로 상이한 인과율을 따른다는 것을 뜻한다. 지금 우리가 다루는 주제의 맥락에서 말한다면, 이는 두 계기의 단절, 이행과 재구성, 새로운 체계로의 변화 역시 비교불가능하다는 뜻이다. 그런 단절 각각에 다른 종류의 역사적 인과율을 주장하기 위해서는 변증법만이 제시할 수 있는 종류의 사유가 필요하다.

하지만 앞서 얼핏 살핀 대로, 푸꼬가 자신의 절묘한 솜씨를 발휘하기 위해 살짝 속임수를 쓴다는 점도 알아차려야 한다. 실상 그가 말하는 현실의 세가지 층위 또는 지대(zone), 즉 그가 '요소들의 체계들' '문화의 코드들' 또는 '질서'의 형식들이라 부르는 것은[56] 급진적인 역사적 변화들이 거기에 끼워 맞춰지는, 혹은 하나의 계기에서 다른 계기로의 이행을 등록해주는 지침 또는 정체성을 구성한다. 그런 식으로 푸꼬의 두번째 또는 고전적인 계기에 해당하는 첫번째 '근대성'으로부터 '부' '자연사' 그리고 '기호'라는 용어로 지칭되는 세가지 지식 부문 또는 형태들이 추출된다. 그런 다음, 현실을 구성하는 이 세 부문이 상동적인 것이라고 제시되는데, 다양한 동물학적 종 분류표가 단적으로 보여주듯이 이 세가지가 고정된 표를 중심으로 조직된다는 점에서 유사하다는 것이다. 여기서 시간과 역사는, 어원학이 중심을 차지하는 데서 알 수 있듯이 기원에 대한 고찰의 형태를 취하며, 지식이 하는 핵심적 행위는 언어적 명제에서 발견되는바 이 명제는 명사 또는 이름(프랑스어에서는 같은 단어가 이 둘을 다 포괄한다)과 사물 사이의 관계를 추인한다.

이런 독특한 설명과 관련해서, 이제 먼저 그런 체계가 어떻게 존재하게 되는지를 질문해야 한다. 다시 말하면 전근대와 근대(갈릴레오와 데까르뜨, 포르루아얄 문법, 뉴턴, 그리고 실로 『백과전서』의 시대) 사이의 이 첫번째 단절은 어떻게 개념화(혹은 서사화)되어야 하는가? 『돈 끼호떼』에 관한 논고가 이 질문에 대한 답으로 제시되는데, 이는 명백히 "기호에서 유사성을 떼어내는"데 좌우된다.[57]

17세기 초, 정확히든 아니든 바로크로 규정되는 그 시대에, 사유는 유사성이라는 요소에서 움직이기를 그만둔다. 비슷함은 더는 지식의 형식이 아니라 오류의 사례이며 불명료한 혼돈스러운 영역을 자세히 조사하지 않는 사람이 빠지는 위험이 된다. 데까르뜨는 『규칙』(Ragulae)의 첫머리에서 "두가지 사물 사이에 몇몇 유사성을 발견할 때 우리가 흔히 저지르는 습관은 실제로는 다른 점에 대해서도, 그것들 중 하나에만 적용된다고 인정되는 것조차도 둘다에 똑같이 귀속시키는 것이다"라고 말한다. 유사성의 시대는 저물어가고 있다. 그것이 남긴 것이라고는 게임밖에 없다.[58]

따라서 편재하던 유사성의 힘이 약화되면서 그때까지 묶여 있던 요소들, 가령 '기호' 같은 요소들이 풀려나고 그 주위로 하나의 완전한 새로운 체계가 형성되는 것으로 이 이행을 상상할 수 있다. 푸꼬의 다른 단절이나 이행들이 훨씬 풍부하게 묘사되지만 그럼에도 이 단절이 『사물의 질서』에 나타난 이행과정 일반에 관한 예비적인 관찰을 제공해준다. 푸꼬에게 그런 단절 또는 이행은 개념화되어 있지도, 재현되어 있지도 않다고 말하고 싶은 유혹을 느낀다. 낡은 체계가 무너지고 (고전 로마에 관한 삐라네시*의 18세기적 관점처럼) 그 폐허에서 선행 체계와 아무 관련 없는 새로운 체계가 만들어진다는 기본적인 도식은 있다. 하지만 예전 체계는 새 체계의 계보에 등장하지 않으며, 새 체계는 예전 체계의 몰락에 어떤 역할도 하지 않는다. 실상 이런 순전히 구조적인 기술(記述)에서 인과율은 부재하는 것처럼 보이며, 그렇기 때문에 그것들이 개념화되어 있지 않고 푸꼬가 엄밀히 변화나 이행에 관한 이론을 제시하지 않는다고 판단하는 것이다. 내가 보기에 오히려 그는 그 과정들을 우리 스스로 (앞서 내가 대체로 '상상한다'라는, 경고성의 동사를 사용해서 했던 대로) 재현하게 해줄 요소들을 제시해주는 것 같다. 그 스스로는 완전한 재현 결과를 제시하지 않으며, 그 특유의 수많은 비유들은 우리를 그 방향으로 슬쩍 밀지만 그 자신은 어떤 분명한 비유도 만들어내기를 삼간다. 확실히 이런 처리방식은 급진적인 구조적 변화, 단절 또는 이행이라는 계기들에는 애초에 어떤 근본적으로 재현불가능한 면이 있지 않을까 하는 의구심을 갖게 만든다.

근대성의 이 첫번째 또는 고전적 시기에 관해 두어가지 더 지적해두자. 이 시기의 에피스테메는 (물리학과 천문학 같은) 다른 영역에

• 지오반니 바띠스따 삐라네시(Giovanni Battista Piranesi, 1720~1778), 18세기 이딸리아의 예술가이자 건축가.

서 분명 현재 우리가 지식으로 인정하는 것으로 여겨지지만 이제는 시대에 뒤떨어지게 된 문제의 세 영역(가치, 동물종, 문법)에서도, 특히 그 이전 상황과 대비하면, 적어도 '최초로' 의미 그 자체가 출현하는 틀을 구성한다고 말할 수 있다.

또 한가지는 고전적 체계에서 의식이 차지할 자리가 없다는 점이다(여기서 푸꼬가 데까르뜨를 각주로 강등시켰다는 데 주목할 필요가 있는데, 그 다음 역사체계에서는 맑스 역시 '리카도 학파의 주변 인물'로서 각주에 넣어버렸다). 이 체계는 인간성을 이루는 요소들이 여기저기 배분되어 있는 도표지만 그 다음번 역사적 시기와는 달리 '인간'을 모든 사물의 척도로 만들지는 않는다(여기서 푸꼬는 앞서 개괄한 하이데거의 설명과 확연히 갈린다).

그러나 체계상의 이 부재야말로 푸꼬의 서사에 논쟁적 힘을 부여한다. 세번째 계기, 즉 대문자 역사가 발명되고 생물학의 진화론, 경제학의 맑스주의, 보프(Bopp)와 그림(Grimm)의 위대한 언어학적 전통의 시기는 풍부한 학문적 세부에도 불구하고 뭔가 반(反)휴머니즘적 팸플릿 같은 것이다. 하지만 여기서 이행(또는 고전적 계기와 역사주의적 계기 사이의 단절)의 성격이 훨씬 뚜렷이 나타나고 푸꼬의 비유적 표현도 한층 분명하다. 간단히 요약해보자. 재현의 체계를 엄습한 재앙은 상동성의 약화와 소멸, 달리 말하면 세가지 층위를 아우르는 구조적 평행론의 약화와 소멸이다. 어떤 의미에서는 이 소멸이 단순히 첫번째 이행에서 일어난 일이 강화된 것이라고 할 수 있다. 거기서 약화된(그런 다음 논리적으로 다양한 국지적 작용들에 흡수된) 것은 유사성이었다. 이제 상동성이라 불리는 구조적 유사성의 형태가 갖는 결속력이 느슨해지고 신빙성을 잃는다. 그런 점에서 마치 역사적 서사의 움직임이 정체성, 유사성, 동일성, 연속성 등과 대비되는 단절, 곧 급진적 차이(그리고 어쩌면 심지어 타나토스의 용해력)의 비연속성에 대한 푸꼬의 가치 부여를 뒷받침해주는 듯하다.

이런 소멸과 동시에, 엄밀히 이 소멸의 결과로 파악되어야 하는지는 몰라도, 그 세 영역의 자율화가 일어난다. 각각은 그 자체로 하나의 체계로 발전하기 시작하고, 셋은 서서히 서로에게서 멀어지기 시작한다. 이는 거의 지질학적 과정이고 구조지질학의 이미지로 전달된다. 오래된 대륙의 층들이 움직이고 떨어져나가 새로운 거대한 땅덩어리가 되고 불안정한 판들이 겹쳐지는데, 이것들은 다시 합법칙적이지만 아직은 이해할 수 없고 예측불가능한 미끄러짐을 겪게 된다. 그러면서도 이 세 땅덩어리 사이의 거리는 19세기의 새로운 발전양상에 중요한 역할을 한다.

하지만 여기서 차이와 자율성에 관한 푸꼬의 수사에는 뭔가 교묘한 속임수가 있다. 왜냐하면 언어학과 경제학과 생물학이라는 이 세 가지 새로운 영역은 많은 것을 공유하며 (그것들 사이의 상동관계로 남아 있는) 그 '많은 것'이란 '역사주의', 특히 (경제위기와 발전에 관해서든, 언어의 역사에서의 음변화에 관해서든, 아니면 다윈주의 그 자체든) 다양한 진화론적 이론으로 구체화된 역사주의로 요약될 수 있음이 분명하고 푸꼬 자신도 그렇게 설명하기 때문이다. 하지만 이상하게도 푸꼬는 역사주의를 직접 다루지는 않고(그것을 특정한 역사적 체계에 배정하는 것 자체가 이미 그것의 진리주장을 박탈하는 것이다) 그것의 다른 얼굴인 휴머니즘과 '인간' 또는 인간 본성 개념의 출현에 초점을 맞춘다.

그러나 이 개념은 엄밀히 말해 지식의 형태가 아니며 여기서 검토되고 있는 세가지 실정적 형태의 지식 사이의 틈에서 출현한다. 인간본성(과 그에 동반하는 다양한 인문학과 휴머니즘 이데올로기)은 그것들 사이의 간극이자 그 간극을 메우고 완벽한 형이상학적 체계를 구축하려는 시도다. 다른 방식으로 말한다면, 경제학, 생물학, 언어학, 이 세가지 실정적 영역에 관한 한에서 지식 그 자체의 본성에 변화가 일어났다고 강조할 수 있다. 고전시대의 지식이 언제나 이런 저런 방식으로 '왜?'라는 질문에 답하고 기원을 찾으려 했다면, 이 세번째 역사적 계기에서는 그 질문은 사라지고 단지 경험적 사실과 임의적이고 우연적인 법칙들만 남기 때문이다. 따라서 삶, 노동, 그리고 언어 같은 실정적인 것들은 또한 미스터리기도 하다. 더욱이 그것들은 비인간적 미스터리들이어서, (구조)인류학이나 민속지학과 정신분석 같은 새로운 반(反)휴머니즘적 '방법들'이나 학문들이 그런 미스터리에 조응한다(푸꼬가 실정성의 이면에 관련된 '경제학적' 접근은 못 찾는 점이 의미심장하다).

이런 설명 전체가 나타내고 강조하는 바는 근대의 이 두번째 시기에 경험적인 것과 초월적인 것 사이에 놓인 근본적 간극 또는 틈이다. 간극에 대한 이론화는, 역사서도 철학서도 딱히 아니지만 팸플릿이면서 동시에 미학서인 이 밀도 높고 분류될 수 없는 책을 쓴 푸꼬의 포부를 이해할 실마리를 준다. 이 책에서 칸트가 맡은, 특히 역사라고 적절히 칭할 수 있는 시대(재현에서 역사로의 이행)에 칸트가 담당한 잘 보이지 않지만 핵심적이고 심지어 압도적인 역할은, 근대 후기의 어떤 거대한 변화에서 푸꼬 스스로가 그와 비슷한 역사적 위치에 있다고 상상하고 있음을 암시한다. 따라서 만일 고전시대가 의미가 출현한 시기였다면, 이 새로운 역사주의적 또는 휴머니즘적 시기는 의미의 한계가 출현하기 시작한 시기라고, 인간으로서 생각할 수 있는 것의 경계와 사실상 지식 그 자체의 경계가 지식의 내용만큼이나 강박적이고 문제적이 되는 시기라고 말하고 싶다. 그렇다면 푸꼬가 한 작업은 칸트의 작업과 마찬가지로 그런 경계들을 추적하고 사유로 간주될 수 있는 것과 없는 것을 나누는 데 있다. 그러나 칸트와 마찬가지로 푸꼬의 성취도 그런 표적을 넘어가버리며, 조심스럽게 그어진 한계와 주의사항과 분별 있게 작성된 명확한 것들의 목록을 가진 이 매우 겸허하고도 합리적인 프로그램에서 멀리 벗어난다. 한계 표시가 도리어 한계를 넘어서고 금지된 영역으로 들어가려는 의지를 격화시킨다.

앞서 네번째 역사적 시기라고 한 것의 특징이 바로 비(非)지식의 영역이다. 물론 또다른 의미에서 이 시기는 역사주의와 인문과학이라는 한낮의 세계의 음화(陰畫)로서 그 세계와 공존하지만 말이다. 그러므로 여기서 세번째 유형의 '이행', 또는 여전히 이렇게 부를 수 있다면 세번째 종류의 재현(또는 심지어 변증법) 문제와 맞닥뜨리게 된다. 이 네번째 시기가 이따금 예언의 방식으로 환기되기는 해도(그 유명한 '모래에서 지워지는 인간'이라든지, 사유와 삶의 어떤 새로운 원(原)구조주의적인 변화에 관한, 그리고 레비스트로스와 데리다에서 잠시 반향되기도 했던[59], 1960년대의 일시적 희망과 편린이라든지), 이 시기가 주는 약속은 대개 현재의 체계 안에 있는 구석진 곳과 갈라진 틈에서 찾아지기(그리고 발견되기) 때문이다. 가령 횔덜린(Hölderlin)과 아르또(Artaud)가 재발견한 위대한 광인에서, 그리고 부르주아적 의식 너머의 언어, 실존의 밀도를 갖는 언어, 의미하기를 원치 않고 의미의 한계 또는 너머에서 지속하길 원하는 언어의 미적 전경화(前景化)에서 말이다. 여기서는 (이런 환기들의 엄숙성에도 불구하고) 하이데거보다는 모리스 블랑쇼(Maurice Blanchot)의 미학(여기에 관해서는 2부에서 다시 살펴겠다)과의 근친성이 뚜렷하다. 왜냐하면 하이데거적 존재론과 시학이 약속한 밝고 환한 개간지가 여기서는 블랙홀처럼 어둡고 음산해지기 때문이다. 하이데거에서처럼 분명 여기서 절박한 요구이자 유토피아적 비전으로서 예언적으로 요청되는 것은 휴머니즘의 극복이다. 하지만 이것이 2차대전이 절정에 달한 시기에 일본인들이 운명적으로 '근대초극'[60]이라 부른 것과 동일한 것인지는 따져보아야 한다.

이 질문은 우리를 푸꼬와 하이데거 둘 다에 있는, 그리고 두개의 근대성의 미스터리에 있는, 두개의 단절이라는 문제로 되돌아가게 한다. 사실 푸꼬의 구도는, 우리 시대(그리고 그 자신)에 이르기까지의 서구 형이상학의 발전 전체가 이미 데까르뜨의 최초의 제스처 안에 함축되어 있었다는 하이데거의 주장이 가리고 있는 것을 분명히 드러내준다. 푸꼬에서는 마치 하이데거의 이런 역사서사가 두개의 시기로 나눠진 것 같다. 첫번째 시기는 단순한 재현의 근대성, 말하자면 세계를 수학적 도표와 기호로 옮기는 첫번째 근대적 또는 '과학적' 세계 번역을 제시한다. 주체가(또는 우리가 통상 자의식이라 부르는 것이) 등장하는 것은 두번째 시기에 와서다. 충실한 라깡적인 의미에서는, 그리고 심지어 칸트적인 의미에서는, 존재가 실정적인 것(휴머니즘, 인간본성, 개인성 등)으로 주장될 수 없으며 오직 (뒤늦은 미적 현상으로서의 '네번째 계기'라는 논리에서든, 아니면 거슬러 올라가 17세기 벨라스께스의 「시녀들」(Las Meninas)에서의 비어 있는 주체 위치에서든) 불가능한 부재로서만 기재될 수 있다. 그러나 푸꼬와 하이데거에서 미학은 짐작건대 근대성과의 한층 근본적이고 결정적인 단절을 주장할 포스트모던한 것보다는 모더니즘 그 자체와(또는 그와는 약간 다른 모더니즘 미학과) 더 많은 것을 공유한다. 문제는 근대성의 엄숙성에 대한 진정한 거부가 이 근대 철학자들에게는 참으로 엄숙한 제스처였으나 실은 엄숙의 정반대, 또는 어쩌면 경박성, 진부화, 경망, 허세, 장식 같은 것들을 요구하는 것처럼 보인다는 데 있다. 그러나 이 문제는 2부의 미학적 검토에서 다루는 편이 낫겠다.

　여기서는 결론적으로 두가지를 지적할 필요가 있다. 첫번째는 푸꼬의 근대분석의 특징 중 적어도 한가지는 또다른 이론적 전통에서 계속 유지되면서 훨씬 풍부하게 발전되리라는 것이다. 적어도 두번째 근대성은 분리(separation)의 논리(삶, 노동, 언어라는 세 영역이 지질학적으로 서로에게서 떨어져나가 상대적으로 자율적으로 되기 시작할 때 가장 현저해진다)가 그 특징이라는 생각 말이다. 단절이나 간극을 분리로 해석하는 것이 다른 근대 이론을 사유하기에 좋은 출발점이라는 점을 뒤에서 살피겠다.

　두개의 단절 및 그 두 단절이 약속하는 (네번째 역사적 시기가 실제로 올 것인가 하는 점은 불확실하지만) 어떤 세번째 단절과 관련해서 말하자면, 이와 같은 단절들의 확산은 근대성 자체라 불리는 서사범주의 독특한 내적 동학에 관해 중요한 교훈을 준다. 즉 근대성에 대한 관심의 증대가 자체 증폭하면서 근대성에서 다소 덜 근대적인 것의 세부를 더 근대적인 것과 구분하기 시작하고 그럼으로써 근대성 내부에 일종의 전근대적 시기를 만들어낸다. 이렇게 해서 부르주아 이전의 (17, 18세기) 근대성은 이미 근대적이면서도 동시에 아직은 근대적이지 않은 것이 되고, 고전시대의 사상가들은 더는 전통세계의 일부가 아니지만 그러면서도 19세기와 20세기가 살아내고 경험한 만개한 근대성의 백주대낮으로 온전히 인정되지는 않는다. 하지만 더 근대적인 근대성으로 시선을 돌리더라도, 그것은 또 그것대로 이상하게 뒤떨어진 구식이라는(그리고 시간적으로 우리와 가까울수록 스타일상 훨씬 낡았다는) 인상을 주기 시작한다. 근대성에 관한 사유가 시간성 자체를 사유하려는 시도로 접혀 들어가면서 시간성이 갖는 온갖 이율배반과 개념적 모순에 맞부딪치게 된다고 말할 수 있을 것이다.

그러나 이렇게 되면 근대라는 관념이 갖는 특유의 구조적 특징들을 다 내다버리는 셈이 된다. 특히 근대적 사유의 독특한 리듬을 간과하게 되는데, 근대적 사유란 고고학자들처럼 가장 오래된 사실과 데이터로부터 시작하는 게 아니라 지금-여기라는 틀에 근대라는 전지구적 개념을 끼워 넣은 다음, 단절의 확산에서 체현되는 연대기적 의심과 구별이 미처 생겨나기 전에 그것을 통째로 과거에 전이한다.

달리 말하면, 헤겔의 그 악명 높은 '부정의 부정'에 상응하는 것이 바로 이런 숱한 단절들이지만 엥겔스와 스딸린이 생각했던 것처럼 그것은 미래가 아니라 과거를 관장하면서 끊임없이 과거를 세분해 타자의 타자들을 만들어낸다. 이는 단절에도 해당되고 시대 자체에도 해당되는 과정으로서, 앞서 살핀 대로 단절과 시대는 어쨌든 동일한 리듬의 힘으로 상호교차된다.

6

더 진행하기 전에 이 시점에서 생산양식들의 연쇄에 관한 가장 체계적이고 엄밀한 모델에 적절한 자리를 내주어야 한다. 이 모델의 이론화는 알뛰세르, 특히 에띠엔 발리바르에 힘입은 것이다. 알뛰세르를 (그 자신의 항의에도 불구하고) 구조주의자로 간주하려면 그에게는 단 하나의 구조, 이름하여 생산양식이라는 구조만 있다고 상정해야 한다는 말이 있다. 따라서 생산양식은 요소들과 관계들의 하나의 보편적 묶음으로서 그 역사적 변화는 생생하게 묘사될 수 있어야 하지만, 동시에 앞서 변증법과 연결시킨 바 있는 용어상의 그리고 개념상의 문제들은 피할 수 있어야 한다. 사실 알뛰세르주의자들은 자신들의 분석대상이 갖는 바로 이런 변증법적 성격을 강조하려고 애쓴다. "하나의 변형체에서 그 다음 변형체로 옮겨갈 때 '구체적' 요소들이 동일하게 유지되는 것은 아니다. 그렇다고 그것들의 특수성이 그저 어디에 위치하느냐에 따라 정의되는 것도 아니며, 오히려 매순간 달라지는 구조의 효과로서, 즉 생산양식을 구성하는 조합의 효과로서 정의된다."[61] 사실 알뛰세르주의자들의 수사가 어려움에 봉착하는 것은 그들이 두개의 전선에서 동시에 싸우고 있다는 사실에서 기인한다. 하나는 (그들의 맑스주의적 분석을 흔적도 없이 삼킬 위협이 있는) '구조주의'에 대항하는 싸움이고, 다른 하나는 (그들이 핵심적으로 스딸린과 쏘비에뜨 맑스주의와 연결시키는) 헤겔식 변증법과의 싸움이다. 그 때문에 여기서 발리바르는 '구조주의적'인 단어인 '구조' 대신에 '조합'(combination)이라는 단어를 체계적으로 사용하는데, 이를 하나의 변증법적 총체성으로 전개하는 그의 방식은 구조주의 내부에 있는 변증법적 경향들을 드러내주는 부수적 이점도 갖는다.

생산양식이라는 맑스주의적 설명이 제기하는 가장 명백한 변증법적 문제는 다름 아니라 생산 그 자체와 관련된다. 생산은 (분배와 소비와 더불어) 세가지로 이루어진 생산양식의 구조 중의 한 요소지만 동시에 모든 생산양식 일반의 근본적인 핵심을 이룬다고 이야기된다.[62] 뒤의 주장은 생산을 수많은 서로 다른 구체적 현상들을 두루 포괄하는 낡은 보편처럼, 일반적 추상처럼 보이게 만든다. 반면 첫번째 주장은 바로 앞에서 인용한 대목에서 발리바르가 강조한 바와 같은 변증법적 다양성을 허락해준다. 또한 경직되어 보이는 토대/상부구조 구분(어쨌든 맑스는 이를 단 한차례 언급했을 뿐이며 더구나 그리 핵심적인 대목에서도 아니었다)[63]이 '결정적인' 것(언제나 생산 그 자체)과 '지배적인' 것 사이의 대립작용에 의해 느슨해진다. 지배적인 것은 종교가 될 수도 있고 시민정치, 친족관계 등이 될 수도 있으므로 각각의 생산양식에 고유한 문화적·이데올로기적 특정성을 부여해주며 어쩌면 심지어 고유한 법칙성과 내적 동학마저 부여해준다.

그러나 맑스에서 가장 난감한 대목은 새로운 생산양식의 등장, 달리 말하면 우리가 1부 전체에서 논의해온 이행의 문제와 특히 관련된다. 여기에 관해서는 잘 알려진, 그러나 절대적으로 필수불가결한 건 아닌 출산의 비유가 있다. "새로운, 더 고도의 생산관계는 낡은 사회의 자궁에서 그것이 존재하기 위한 물질적 조건들이 성숙하기 전까지는 결코 나타나지 않는다."[64] 유기체를 연상시키는 이 함축은 자주 당혹감을 불러일으키는데 특히 산모는 출산 이후에도 살아 있지만 낡은 생산양식은 그렇지 않다고 가정되기 때문이다.

그럼에도 발리바르는 맑스의 통찰에 담긴 한층 엄밀한 이론적 공식을 제시하고자 시도하면서 사회적 재생산 일반에 대한 알뛰세르의 분석을 이행이라는 특정한 문제와 결부시킨다(이와 관련해 "사실상 이행의 형식이 생산양식 그 자체일 수밖에 없다"[65]는 발리바르의 주장은 딱히 옳은 것 같지는 않다). 간단히 말하면 이 복잡한 분석의 결과를 다음의 인용으로 요약할 수 있겠다.

이행기는 (…) 이런 형태의 불일치와 함께 몇가지 생산양식의 공존을 특징으로 한다. (…) 이렇게 보면 이행기에서 보이는 연결관계와 개별 사례 사이의 단층은 그저 하나의 '동시성' 속에 있는 두개의(또는 그 이상의) 생산양식의 공존과 그중 하나가 다른 하나에 행사하는 지배력을 반영한 것에 다름 아니다.[66]

이런 식으로 하나가 다른 하나에 지배력을 행사하던 것에서 서서히 그 다른 하나가 먼저 것에 지배력을 행사하는 것으로 뒤집히는 방식으로 두개의 체제(생산수단, 생산력, 재산범주들 등)가 공존한다는 것이다. 이 도식이 연속성과 '진화론'을 배제할 의도에서 비롯되었음은 분명하다. 여기서 낡은 체제의 요소들은 서서히 진화해 새로운 체제의 요소들로 '전환'되지 않는다. 오히려 그것들은 처음부터 공존하며, 그저 하나의 묶음이나 조합이 다른 것에 대해 갖는 우세함이 바뀌는 것이다.

하지만 이제 푸꼬의 이행 이미지가 어디서부터 왔는지 한층 분명해진다. 알뛰세르가 『자본론 읽기』(Reading Capital)의 영어판 주석에서 조심스레 "푸꼬는 (…) 나의 제자이며 내 글에 있는 '어떤 것'이 그의 글로 전해졌다"[67]고 밝힌 그대로다. 실제로 맑스주의적 언어와 개념을 제거하면 발리바르의 이행 모델은 푸꼬식 단절이 갖는 한층 파국적인 비유, 즉 낡은 체제의 폐허에서 새로운 체제가 형성된다는 것과 매우 일치한다.

형성과정의 시간에 관해서는 레비스트로스가 체제의 한 조각은 나머지가 없는 상태에서 생기지 않는다고 이미 지적한 바 있다. 즉 체제란 한꺼번에, 완전히 형성된 상태로 출현한다. 심지어 언어조차 하나의 동시성으로서 완전한 상태로 출현하지 어떤 '진화적' 방식으로 야금야금 출현하는 게 아니라고 가정되어야 한다. (하나의 체제에 내포된 것, 그래서 나중에 발전되거나 펼쳐지게 될 것에 관한 다양한 인식이, 출현에 관한 이런 다소 삭막하고 신화적인 그림을 더 복합적인 것으로 만드는 데 유용할 것이다.) 여기서 전제가 되는 것은 동시성이란 시간적 범주가 아니라는 것이다. 그리고 만일 통시성(diachrony)이 시간적 범주로 간주된다면, 개념상 논리적으로 그보다 선행하는 동시성과 체제라는 관념 뒤에 따라나오는 것이며 또 거기에 의존한다는 점이 드러날 것이다.

이 모든 것을 역사와 사회적인 것이라는 견지에서 분명히 설명해준 점이 알뛰세르주의자들의 또다른 큰 미덕이다. 실존적 현상으로서의, 체험된 경험양식으로서의 시간성은 생산양식 자체가 만들어낸 것이다. 각각의 생산양식은 고유한 시간성 체제를 갖는다. 실제로 "역사의 구조가 시간의 구조에 의존하는 게 아니라 시간성의 구조가 역사의 구조에 의존한다."[68] 그리고 사실상 공시적인 것은 전혀 시간적이거나 경험적인 게 아니라는 점이 드러난다. 그것은 특정한 분석양식으로서 공시적 분석양식과 구분된다. 따라서 궁극적으로 알뛰세르주의자들은 형세를 역전시키고 문제 그 자체를 의제에서 빼버린다. 즉 공시성은 이제 생산과 재생산 양식에 관한 분석양식이 되는 한편, "통시성 개념은 별도로 (⋯) 하나의 생산양식에서 다른 양식으로의 이행기, 즉 구조의 이중적 분절을 이루는 생산관계들의 대체와 이행에 의해 결정되는 시기를 분석하는 데 사용될 것이다."[69]

이 중 어떤 것도 아직은 근대성 이론과 직접적인 관계는 없다. '맑스에게 근대성이란 자본주의 그 자체다'라는 뻔한 명제를 제시하지 않는다면 말이다. 물론 이렇게 대체해보면 앞선 논의과정에서 직면했던 수많은 이론적 이슈들이 폐기되는 한편으로 근대성 '개념'이 해결하는 문제보다 제기하는 문제가 더 많다는 느낌이 강화된다. 하지만 근대성이라는 단어의 용법과 이데올로기적 기능이 갖는 역사는 충분히 실재하며 그렇듯 간단히 처분될 수는 없다.

그러나 이제 푸꼬의 '모델'을 발리바르의 모델과 병치할 때 독특하고 놀라운 일치가 눈에 띤다는 점을 지적해야겠다.[70] 즉 이행에 관한 발리바르의 설명에서 새로운 체제의 출현은 푸꼬의 에피스테메가 그랬듯이 신화적이고 설명불가능하며 원인도 없고 전례도 없다. 결국 둘 다 여전히 역사주의와 진화론에 대항해 논쟁하고 있는 셈이며 두 사람의 공식은 서로 다른 방식이지만 연속적인 변화의 가능성을 배제하려고 고심한다.

하지만 발리바르의 공식이 이런 서사의 기제를 더 잘 파악할 수 있게 해준다. 즉 신화적 서사, 곧 무로부터의 새로운 것의 출현 또는 일종의 자기원인으로서의 새로운 것의 출현이, 거기에 서사형식과 연속성이라는 외양을 빌려주는 토대에 깊이 들어가 있다는 점 말이다. 이 '토대' 또는 맥락은 러시아 형식주의자들이 '장치의 동기'라 부른 것으로서 설명이 불가능했을 언어학적 사실에 서사적 합리화를 마련해주는 방식이다. 하이데거에서는 중세적 구원이 그런 맥락이었다. 푸꼬에서는 붕괴하고 있는 이전의 역사적 시기가 사건이 일어나는 틀로 기능한다. 마지막으로 여기 발리바르에서는 낡은 생산양식이 그런 역할을 하는데, 새로운 출현은 그 자체로 새로운 생산양식과 결합하게 된다. 이것이 출현 그 자체를 개념화해주는 건 아니지만, 시대구분이 각자의 취향과 의도에 따라 넣을 수도 있고 뺄 수도 있는 서사적 선택사항이 아니라 서사과정 자체의 핵심적 특징임을 시사한다.

7

앞의 논의(또는 삽입대목)에서는 두번째 근대성에 대한 푸꼬의 분석이 갖는 특징, 즉 그가 두번째 근대성을 첫번째 근대성의 상동성과 완전히 다른 것으로 제시할 뿐 아니라 맑스주의적 구조분석, 즉 분리라는 관념과의 또다른 연관성을 투사하고 있다는 점을 본격적으로 다루지는 않았다. 푸꼬에게 분리는 이제부터 삶, 노동, 언어로 자율화될 다양한 분야의 운동을 규정하기 위해 등장한다. 하지만 그는 유한성과 죽음이 이런 전개의 핵심임을 강조하고 이 분야들이 한층 부담이 큰 새로운 노동형태들과 맺는 관계를 강조했다.[71] 맑스에게 분리 개념은 물론 자본주의적 근대성의 특징을 설명하고 생산수단에서 '자유로워지고' 토지와 도구로부터 분리되어 하나의 상품(이제부터 판매가능해진 그의 노동력)으로 자유시장에 내던져진 노동자의 새로운 처지의 특징을 설명하는 데 사용된다. 사실 분리라는 비유는 맑스에게 도처에서 작동하며 이 장에서 검토할 근대성의 마지막 전통에서도 감지된다.

하지만 이런 전통에서 주제를 요약한 슬로건 가운데 분리의 중심적 역할을 그대로 반영하고 있는 것은 거의 없다. 막스 베버의 합리화 개념은 계획과 조직화를 강조하는 듯 보이며, 루카치의 물화라는 주제는 맑스의 상품 물신화로 되돌아간 듯하다. 루만의 분화(differentiation) 개념만이 공식적으로 분리라는 비유를 중심으로 조직되어 있으나 언뜻 보기에는 일상 현실보다 개별 분과학문의 출현과 더 관련이 있는 것처럼 보인다.

하지만 베버가 종종 19세기 후반의 자본주의 회사조직을 연구대상으로 취하고 또 흔히 관료주의를 분석한 탁월한 이론가로 간주됨에도 그의 작업이 테일러주의나 '합리적' 조립공정에 따른 노동과정의 재조직과 갖는 친연성도 그에 못지않게 의미심장하다.[72] 베버에게 '합리화'라는 과정의 근본적인 전제조건은 전통적 활동의 해체, 특히 전통적 형식의 수공예기술의 붕괴에 있으며, 이 가운데 살아남은 것들은 공장적 과정으로 흡수되어간다. 베버의 이론에서 분리란 테일러나 과학적 경영에서 제시하는 어원상의 의미의 분석(analysis)으로 기재되어 있다. 즉 부분들을 서로 '헐겁게 하여' 예전에는 자연스럽게 보였고 일반적으로 한 사람이 수행했던 전통적 작업단위들을 구성하는 조각들로 갈라놓는 것이다. 이제 의미없는 부분들이 효율성의 기준에 따라 개편된다. 그리하여 포드식 조립라인이 등장하고, 그와 더불어 더는 자신의 작업과정을 하나의 의미있는 전체 또는 루카치가 말했듯 하나의 '총체성'으로 보지 못하게 된 노동자가 자기 작업에 대한 통제를 잃는 대신 관리자에게는 상당한 보너스가 주어지게 된다. 이제 육체노동과 정신노동의 '분리'가 관리자와 '과학적' 전문가에게 통제와 계획이 주어지는 방식으로 완성되며, 노동자에게 남겨진 것은 프랭크 길브레스*가 '서블리그'(therblig)라고 부른 파편적이고 반복적인 움직임, 「모던 타임즈」(Modern Times)에서 채플린이 풍자한 그 유명한 가장 작은 운동의 개별 단위뿐이다. 이 과정은 아리스토텔레스적 최종원인(final cause)을 고려대상에서 제외한 채 형상적이고 물질적인 원인이라는 차원에서 노동과정을 재조직화하는 것이라고 설명할 수 있다. 이런 식의 끝 잘라내기를 프랑크푸르트 학파에서는 '도구적 이성'이라고 인상적으로 재명명한 바 있는데, 이는 목적이 아니라 수단에만 지향이 맞춰진 이성이다(이는 Vernunft, 즉 '이성'과 대립하는 헤겔의 Verstand, 즉 '오성' 개념에 이미 변증법적으로 예시되어 있다).

일단 이 과정을 따로 포착해 현대의 사회생활이라고 지칭하게 되면, 그리고 그 사회생활에서 이 과정이 과거와의 근본적인 단절로 기능하며 기술적이고 산업적인 과정에 관해 이른바 산업혁명에 관한 서술로 통용되는 것들보다 한층 복잡하고 철학적인 이론으로 기능할 수 있게 되면, 이제 그것의 계보를 과거에서 찾을 수 있다. 특히 베버에게는 수도원이나 어떤 종교 교단의 규칙들이 핵심 영역의 분리를 나타내는데, 거기서(농업에서부터 하루의 시간적 조직화에 이르는 모든 면에서) '합리화'가 배양된다.[73] 하지만 베버에게 합리화

● 프랭크 길브레스(Frank Bunker Gilbreth, 1868~1924), 20세기 초 과학적 경영법을 주창한 미국의 엔지니어.

는 또한 매개적 개념이며 그 형식적 특징 덕분에 공장이나 노동과정에 관한 연구만큼이나 문화분석에도 적합하다. 그렇게 해서 서구 음악의 조성(調聲)이 유럽과 서구에서 일어난, 하지만 세계의 다른 곳에서는 일어나지 않은 '위대한 전환'의 근본적인 징후가 되는 것이다.[74]

사실 상대적으로 형식적인 이 개념은 거시적 층위와 미시적 층위 둘 다에서 기능할 수 있어서 베버의 사유에 알레고리적인 틀을 제공해준다. 따라서 노동과정의 분해가, 낡은 또는 전통적인 유기적 공동체가 분해되어 거대한 산업도시의 순전히 양적인 집합으로 '도구적'으로 재조직되는 현상에 대한 알레고리로 보일 수도 있게 된다.

루카치의 물화(Verdinglichung) 관념은 원래의 맑스주의적 개념보다 베버와 더 공통점이 많다. 원래의 맑스주의적 개념은 본질적으로 사람들의 관계가 사물들의 관계로 대체되는 것(상품의 '물신주의'와 광범위한 '현금 연쇄'(cash nexus)의 발전)을 지칭했다. 루카치에서 베버적 합리화과정은 노동과정을 경유해 이제 총체화하는 능력의 상실, 노동의 미시적 과정만이 아니라 자본주의 그 자체라는 거시현상의 의미있는 총체성을 파악하는 능력의 상실로 파악되는바, 이 과정은 주관성에 미치는 영향이라는 측면에서 이론화된다. 루카치는 그것을 누구도 피할 수 없는 전지구적 과정이라고 보며, 철학 저작을 통해 물화가 부르주아의 의식에 들어가 현실을 이론화하고 직면하는 역량을 제약하는 방식을 보여준다.[75] 여기서 제시된 부르주아 의식의 물화라는 거대한 증상은 부르주아 철학의 역사와 그 '봉쇄'작용, 즉 헤겔 이후 자본주의라는 궁극적 현실을 대면하고 개념화하지 못한 점에 있는데, 맑스가 보여주었다시피 자본주의라는 현실은 변증법적으로 하나의 총체성으로서만 파악될 수 있고 그런 다음에야 그것을 구성하는 운동과 경향들이 확인된다. 역설적으로 다른 편의 의식, 곧 수공업적 기량과 생산에 관한 앎마저 계속 박탈당해온 노동계급의 의식에 대한 루카치의 진단이 훨씬 긍정적이다. 순전히 노동력이라는 상품으로 환원된 이 황폐화된 프롤레타리아트들이 이제 자본주의사회의 모든 계급 또는 집단 중에서 유일하게 맑스주의라는 이론과 실천의 통일체에서 자본주의사회를 하나의 전체로서 파악할 수 있는 구조적인 역량을 갖는다.

앞선 논의에서 유추해 말하자면, 루카치는 이런 식으로 베버적 전통에서의 일종의 '두번째 근대성'을 표시했으며 합리화하는 과정의 근대성에 더해 주체의 상황의 근대성(하지만 앞서 말한 의미에서 '주관성'의 근대성은 아닌)을 덧붙였다고 할 수 있다(푸꼬의 역사주의가 그 자신이 이전에 이야기한 재현 시기의 근대성에 더해 부르주아 주체의 출현을 덧붙였던 것과 거의 동일한 방식으로 말이다).

그러나 수많은 단절과 단계를 갖는 이 더 큰 역사는 다른 방식으로도 설정될 수 있으며, 이 시점에서 베버식의 합리화 개념과 우리가 데까르뜨와 연결시켜온 '애초의' 근대성의 계기 간의 유사성을 보여줄 필요가 있겠다. 하지만 여기서 봐야 할 것은 코기토가 아니라 데까르뜨의 작업이 갖는 다른 면모다. 의식, 토대를 이루는 증거, 즉 의심과 의심의 여지 없음이 이제 지침이 아니라 방법이 되어 데까르뜨의『성찰』에 담긴 실험으로 이끌어줄 뿐 아니라 그의 숱한 다른 과학적·공학적 탐구로도 이끌어준다. 그리고 여기서 핵심적인 것은 데까르뜨의 네가지 작업수칙 또는 방법적 수칙 가운데 두번째다. "더 나은 해결책을 위해 살피고자 하는 어려운 문제들 각각을 가능한 한 가장 작은 단위로 나누기."[76] 여기서 데까르뜨 자신이 무엇을 염두에 두었는지는 괘념치 말자(이런 단위들의 가장 작은 것들의 통일성도 분명 '명석과 판명'이라는 기준으로 평가될 것이다). 널리 이해되어왔듯이 이 수칙은 변증법적 사유와 대비되는 경험주의의 토대 역할을 한다. 그것은 전체에서 출발하고 그 다음에 부분으로 내려가는 변증법적 방식과 대비되어, 어떤 문제의 부분에 대한 해결책들을 궁극적 전체로 쌓아 올라가도록 권고한다.

하지만 데까르뜨에게 이 수칙의 의미는 그 맥락을 봐야만 명확해지며, 내가 보기에 그와 같은 행동수칙이 가능해지는 조건에 관한 역사주의적인 질문이 여전히 유용한 지침이다. 여기서 우리에게 필요한 답변의 요소를 가진 인물은 예상외로 앤서니 기든스다. 그는 의심의 여지 없이 푸꼬식의 학술적 역사서술을 따르면서도 역사에서 일종의 군사적 규정력을(또는 적어도 전쟁과 군대를 근대의 어떤 새로운 종류의 '궁극적으로 규정하는 층위'로서) 중시하는 최근의 유행에 영향을 받아 역사적 연구조사를 수행한다. 데까르뜨는 인생의 중요한 형성기를 30년전쟁을 앞둔 프로테스탄트 군대와 카톨릭 군대 둘 다에서 보낸 바 있다. 사실 그의 유명한 철학적 깨달음(과 운명적인 세가지 꿈)은 1619년 11월 울름의 막시밀리안 대공 진영에서 일어난 일이다. 이 사실들은 모두 단순히 17세기의 지역적 색채를 띤 사건이거나 어쩌면 순전한 우연으로 받아들여질 수도 있다. 그러나 22세의 데까르뜨는 군대생활이라는 이 여담이 필요한 이유가 있었고 분명 호기심과 관심을 갖고 그것을 관찰했다. 아무튼 데까르뜨가 대학 졸업 후 다녔던 여행의 첫해를 보낸 군대에 관해 기든스는 다음과 같이 이야기했다.

〔행정권력의 확장에서〕 군대조직은 으뜸가는 역할을 하며 국가기구나 이후 기업들까지 포함하는 다른 조직들 모두에 영향을 끼쳤다. 근대적 외양을 갖는 행정권력이 선구적으로 만들어진 곳이 대체로 군사부문이기 때문이다. 오렌지 공(公)인 나사우의 모리스(Maurice)가 이룬 혁신들이 이를 보여주는 가장 두드러진 사례인 동시에 군대조직상의 더 장기적인 추세를 예시해준다. 모리스는 이후 더 관료화된 조직 전부에서 보이게 될 두가지 상호연결된 행정적 변화를 개시했다. 즉 어떤 핵심적인 행정적 기술에 관한 배타적 지식을 갖는 전문가집단의 형성 및 그와 동시에 이루어진 '기술 없는' 일반 병사집단의 구성 말이다. 사실상 모리스의 개입을 통해 테일러주의의 테크닉이 바로 그 이름을 달고 산업생산에 알려지기 수백년 전에 벌써 군사영역에 자리를 잡게 된 것이다. 반 도른(Van Doorn)이 일견 상당히 대조적인 이 두 인물을 비교하면서 말한 바 있듯이 "두 사람을 보면 자기 분야의 실무에 관한 견고한 지식, 날카로운 분석력, 인간행위의 조직가능성과 조작가능성에 관한 확고한 믿음으로 뒷받침되는 실험을 향한 욕망을 가졌다는 인상을 받게 된다." 테일러가 장차 그렇게 하듯이, 모리스도 사병의 작업이 갖는 기술적인 면을 개별 활동들의 특정하고 규칙적인 연속으로 나눈다. 그런 식으로 스페인의 사령관들이 이미

달성했던 것을 구축하면서 그는 소총과 창을 다루는 작업 일람표를 만들었고 거기에는 관련된 연속행동의 각 부분이 분명하게 명시되어 있었다. 병사들은 자동적으로 '올바른' 절차를 따를 수 있을 때까지 여기에 따라 훈련하도록 요구받았다. 신병들은 무기 사용에 숙련된 '장인' 대우를 받는 대신 군사장비를 다루는 데 익숙해지도록 훈련받아야 했다. 한 단위의 구성원들은 각 개인의 움직임을 집단 전체와 조율하게끔 명령 지시에 동시에 응답하도록 배웠다.[77]

상대적으로 형식화된 이런 묘사가 단절에서 시대로의 변화를 보여주는데, '전문가' '개별 활동들의 연속' '명령' '조율' 등과 같은 추상 수준에서라면 이런 묘사는 이제 특정 유형의 내용에서 다른 유형의 내용으로 옮겨갈 수 있다(그리고 그 과정에서 문화적 현상에도 적용될 수 있게 되는데, 물론 그것이 본성상 텅 빈 형식으로서도 이미 매우 문화적이라는 점을 감안하면 적용이라 할 필요도 없다). 하지만 단절과 시작이라는 다른 범주도 모리스 공을 행위자이자 '사라지는 매개'로 소환한 데서 희미하게 존속한다.

그것은 분리라는 범주의 최종 형식을 보여주는 니클라스 루만의 한층 더 형식화된 분화 개념에 이르러서야 완전히 사라진다. 국가, 사랑 같은 주관적 감정, 사회집단, 시장, 사회학 이론 그 자체 등 온갖 종류의 다양한 물질로의 다중적인 알레고리적 전이가능성이 가져다준 것은 원인 또는 시작이라는 자리의 말소, 심지어 변증법적이거나 구조적인 재조직화라는 자리의 말소라는 대가를 치른다. 갈릴레오적인 운동이나 뉴턴적인 운동처럼 분화는 어떤 외적인 장애물을 만날 때까지 그저 계속된다. 하지만 그 과정의 본성은 (자본과 마찬가지로) 끊임없는 확장 없이는 스스로를 재생산할 수 없다는 것이다. 분화는 종결은 안중에 두지 않은 채 더 큰 분화로 향하는 경향을 갖는다.

한편 분화에 자체적인 어떤 시작도 할당할 수 없는 이유도 이것이다. 분화에 선행하는 것은 그저 다른 사회적 재생산 양식 또는 논리일 따름으로, 초기에는 '분절적 분화'였고 이후에는 '계층화'였다가 현재 우리 사회와 근대성에서는 '기능적 분화'가 된다.[78] 그러나 이런 것들은 인간사회에 대한 가장 기초적인, 심지어 맑스 이전 식의 분류다. 즉 종족사회, (권력을 중심으로 조직되고 일반적으로 느슨하게 '봉건적'이라 통칭된) 전(前)자본주의 국가, 그리고 마지막으로 자본주의 그 자체. 따라서 '분화'는 그 뿌리가 강렬하고 인기 있는 정치적 기표가 된 현상황에서 매력적인 이데올로기적 슬로건일지는 몰라도, 다른 사회체계들의 논리를 같은 범주들로 사유할 수 있는 단일한 장(field) 이론을 제공해주지는 않는다. 그러나 바로 이런 점이야말로 가장 초기 형태의 근대성 이론을 단순한 사회학적 분류, 검토되지 않은 상태의 분류에 그치게 한다. 루만의 사유가 갖는 새로움이란 그전까지는 '근대성'의 경험적 특징이었던 것을 (엄청난 양의 저작을 통해 루만이 새로 썼던, 계속해서 확장되는 다양한 자료들의 놀라운 방대함과 더불어) 추상적인 형식적 과정의 언어로 변형시킨 데 있다.

세가지 사회유형 모두 분화과정에 일정량의 강렬도를 수반하지만, 증가요인이 어떤 순간에 양질전화를 촉발해 완전히 새로운 유형의 분화를 만들어내게 하는 변증법이 반드시 상정되어야 한다. 그러나 분화 개념은 비변증법적인(루만 자신은 '분화'를 예고하는 초기의 단순화된 형태로 변증법을 분화 계보에 포함하기는 하지만)[79] 단순화된 획일적 개념이므로 그런 급진적 비약과 단절을 수용할 수 없다. 그럼에도 기원의 문제는 사라지지 않으며, 르네상스를 분화(와 그것의 근대성)의 일반적인 출발점으로 지목하는 앞서 언급한 시대구분이 표준적인 시대구분이다. 그러나 그 이전 단계들에 관한 개념은 사회학적이라기보다는 인류학적이며 생산양식에 관한 맑스적 이론화가 갖는 정교함에 분명 미치지 못한다.

내가 보기에 루만 이론의 장점은 다른 데 있다. 즉 더 오래된 주제인 분리(특히 푸꼬식 용법)를 상기시킴으로써 한층 예리하게 끌어낸 함축들에 있다. 왜냐하면 루만의 설명에서 분화는 사실상 사회생활의 여러 분야가 서로 점차 분리되는 현상, 그것들이 어떤 전지구적이고 신화적으로(하지만 더 흔하게는 종교적으로) 보이는 전체적인 동학에서 풀려나가 서로 다른 법칙과 동학을 갖는 분리된 분야로 재구성되는 현상이기 때문이다. 그렇게 시장이 국가로부터 상대적인 독립성을 얻으면서 경제는 정치에서 분리되기 시작한다(그 반대도 마찬가지다). 똑같은 과정이 재판과 사법체계에서도 일어나면서 점차 독자적인 인력과 국지적 역사와 판례와 전통들을 갖게 된다. 이 과정은 분명 근대성의 과정이다. 루만의 설명은 쓸모가 많은 형식적인 방식으로 세속화의 본성을 알려주는데, 예를 들어 이제 사유화된 종교가 전체로서의 사회생활에서 분화되어 자체의 분리된 지위와 공간을 배정받는다는 것을 보여준다. 실제로 이 이론 자체가 푸꼬의 (19세기에 삶, 노동, 언어의 지질학적 판과 모형이 서로에게서 떨어져나가는 움직임을 설명한 데서 나타나는) 한층 거창한 이론을 세속화한 것이라 볼 수도 있다.

그렇지만 여기서 한걸음 더 나아가 분화 대신 (사이사이에 반(半)자율화 단계가 있는) 자율화 과정을 이야기하는 것이 최선이라 본다. 자율화에서 강조되는 것은 분리의 순간 자체가 아니라, 그전에는 부분이었다가 이제 독자적으로 새로운 실체이자 소규모 전체이자 총체가 된 것이 유사분열이라는 사건이 일어난 후에 어떻게 되었는가 하는 점이다. (따라서 새로운 공식은 단절범주의 귀환을 허용한다. 비록 이때 단절은 과정 자체의 무한한 반복에 지나지 않는 것으로서 내재화되기는 하지만 말이다.) 어쨌든 이 새로운 공식은 뒤에서 미학이 문제가 될 때 그 유용성이 증명될 것이다(다른 층위나 활동으로부터의 미학의 '자율화'는 본격적인 미적 '근대성' 이야기의 일부가 된다).

그러나 근대성에 관한 예전의 서술을 다시 쓰려는 계획에 여러 함축적 의미가 있다는 사실 자체가 그 계획이 실용적이고 미래지향적인 프로그램 또는 심지어 현재에 관한 판단에 동원될 때 이데올로기적 성격을 갖는다는 점을 환기시킨다. 왜냐하면 근대성 이론들에서 흔히 그렇듯이(근대성에 관한 서술은 대개 향후 규범적 목적을 위해 재전유된다) 근대라는 본질적으로 퇴행적인 개념은 있음 직한 체제적 변화들에 저항과 타성으로 맞서기 십상이다. 근대성은 주어진 역사적 순간에 주어진 체제 안에서 얻어진 것을 기술하므로 그

체제를 부인하는 것에 관한 신뢰할 만한 분석을 내놓으리라고 기대될 수 없다. 따라서 때때로 사실상 현재와 시장과 이른바 자본주의의 승리와 탈규제에 관한 정파적 정치선언에 지나지 않는 역사적 고찰들과 마주치게 된다.

여기서 분명한 위험은 경제체제의 고전적인 내적 분화가 갖는 상대적으로 큰 개방성과 다양성을, 선택권이 지나치게 적고 습관적이며 경직된 전제를 가진 의사결정 과정으로 대체해버릴 수 있다는 점이다. 그렇게 되면 경제가 사회의 나머지 것들로부터 외적으로 분화된 이후에 활용할 수 있게 된 기동성을 희생시키게 될 것이다.[80]

즉 사회주의는 말할 것도 없고 복지국가도 위험하다는 것이다. 특별히 루만을 비판하려는 것은 아니며 그는 어떤 경우에도 좌파로 여겨진 적이 거의 없다. 하지만 이 대목은 그의 흥미롭고 복잡한 체계가 순전한 이데올로기로 넘어가버리는 지점을 표시해준다.

왜냐하면 이 대목은 '사회주의'에 대한 경고일 뿐 아니라 복지국가식 기제의 지속가능성이나 자유시장 시기에 최악의 과잉을 겪은 이후 분별 있는 것으로 보이게 된 좀더 유화된 형태의 정부규제로 돌아가는 것의 지속가능성마저 배제하고 있기 때문이다. 그렇다면 이런 대목들에서 표면상으로 사회학적인 루만의 근대성 이론은 관습적인 자유시장 수사와 탈규제 이데올로기로서의 면목을 드러낸다고 할 수 있다.

그리고 마저 이야기하자면 이제는 고릿적 범주가 된 자의식이 그의 작업에 끈덕지게 남아 있다는 점도 지적하고 싶다. 그는 그것을 '체제의 반영성(reflexivity)'이 취하는 형식으로 탈의인화하고 있지만, 근대에 관한 모든 이론에서 그것은 일종의 '기계 속의 유령'(ghost in the machine)으로 남아 있다. 아마도 이것이 모던*과 포스트모던을 가르는 적어도 한가지 구분선일 것이다. 포스트모던 미학, 그리고, 그런 것이 있다고 말할 수 있다면, 포스트모던한 가치와 철학에는 자의식, 반영성, 아이러니 또는 자기지시성 개념에 대한 거부가 있다. 이는 또한 부르주아적 의미든 무정부주의적 의미든 자유라는 슬로건의 실종과 상응한다. 생물학적 개인이 더는 기업가적 단계의 자본주의에서처럼 개인주의를 누릴 수 없고 더 큰 집단적 또는 제도적 구조에 통합되어 들어간다는 느낌은 오늘날의 (온갖 종류의) 보수적 심리학이나 맑스주의 전통 둘 다에 공통된 것으로 보인다. 그렇다면 루만이 그토록 강하게 주장한 체제 자체의 반영성은 예전 식의 개인의식의 반영성과는 매우 다른 방식으로 상상되어야 할 것이다. 어쨌든 개인의식의 반영성이 갖는 개념적 자가당착에 대해서도 이미 언급한 바 있다.

하지만 이와 같은 기능적 과실은 더 저변에 있는 개념적 문제점의 증상에 불과한 것으로 받아들여져야 한다. 즉 숱한 변화를 수반하는 포스트모더니티의 상황을 마주하고도 여전히 낡은 근대성 개념

• 여기서는 포스트모던과 대비하기 위해 'modern'을 '근대'가 아닌 '모던'으로 옮긴다.

들을 고집하는 문제 말이다. 여기서 사용한 용어는 조심스럽게 선택된 것인데, 상황 자체가 변화했고 이에 따라 수정된 이론적 반응이 요구되기 때문이다. 변화된 상황은 포스트모더니티에 대한 어떤 특정 '개념'을 반드시 요구하지는 않으며 심지어 모든 지표를 묵살하면서 그런 변화가 없었고 우리가 여전히 근대성 안에 있다는 주장조차 배제하지 않는다. 우리의 네번째 논제가 포스트모던 개념의 부재를 비난하지 않고 대신 포스트모더니티라는 상황을 (궁극적인 결정이 무엇이 되든) 받아들일 시도를 하지 않는 걸 비난하는 이유가 여기에 있다.[81] 그런 시도가 없다는 점이 루만을 근대에 관한 또 한명의 이데올로기적 사상가로 확증해준다.

분명한 사실은 루만의 개념이 적대적 모순, 즉 자본주의적 근대성과 근본적으로 다른 체제의 가능성도, 또 비적대적 모순, 즉 더는 전통적인 방식으로 '근대적'이지 않고 따라서 사람들이 포스트모던이라고 부르기 시작한 자본주의 단계의 존재도 적절하게 다룰 수 없다는 점이다. 하지만 이 문제점은 '근대성'이라는 용어의 '표준 용법'을 위한 마지막(네번째) 격언을 제안해준다.

4. 모던과 포스트모던의 단절이라는 가정을 인정하지 못하는 근대성 '이론'은 오늘날 성립할 수 없다.

하지만 만약 그것을 인정한다면 스스로가 순전히 역사기술적인 범주임을 드러내게 될 것이며 그럼으로써 시간적 범주이며 혁신의 전위 개념이라는 자기주장을 무너뜨리게 된다.

이제 근대성의 네가지 테제를 다시 요약해보자.

1. 시대구분을 하지 않을 수는 없다.
2. 근대성은 개념이 아니라 서사범주다.
3. 주관성을 통해서는 근대성을 서술할 수 없다. (테제: 주관성은 재현불가능하다.) 오직 근대성의 상황들만이 서술될 수 있다.
4. 모던과 포스트모던의 단절이라는 가정을 인정하지 못하는 근대성 '이론'은 오늘날 성립할 수 없다.

하지만 근대의 용법 중에서 한가지는 (아무리 복잡하고 역설적이라도) 현재에 대해 부인할 수 없는 즉각적인 관련성을 여전히 갖는다. 그것은 미학적 범주 내지 적용으로서, 작품의 역사적 기원이 무엇이든 간에 작품에 대한 현재적 경험을 필연적으로 상정한다. 따라서 이제 미적 모더니즘에 주의를 기울여야 한다.

이
행
양
식
들

TRANSITIONAL
MODES

1

너무 다양한 모더니즘이 있기 때문에 다시 한번 개념화의 유혹을 느끼게 된다. 그것들이 어떤 것을 의미하도록, 가급적이면 탈역사적이고 상대적으로 초문화적인(transcultural) 어떤 것이 되도록 만들고 싶은 것이다. 그래서 우리는 다시금 철학과 역사의 접경, 체계와 존재의 접경에 도달하고, 이 모든 말들에 어떤 질서를 불어넣는 것이, 또는 아예 애초부터 거기에 어떤 심오한 질서와 논리가 있음을 보여주는 것이 간단치는 않아도 어려운 일 또한 아니라고 느낀다. 그냥 근대성이란 새로운 역사적 상황이고, 근대화란 근대성에 도달하게 되는 과정이며, 모더니즘은 이 상황과 과정 둘 다에 대한 반응, 긍정적일 수도 부정적일 수도 있고 미학적일 수도 철학적-이데올로기적일 수도 있는 반응이라고 하면 안 될까? 좋은 생각처럼 보이지만 불행히도 그건 우리 생각이지 다양한 여러 나라의 전통으로 보면 받아들이기 힘들다. "프랑스에서 근대는 보들레르와 니체에서 시작하고 따라서 허무주의를 포함하는 근대성이라는 의미로 이해된다. 그것이 근대화나 특히 역사와 맺는 관계는 처음부터 양가적이었고 진보에 대한 의혹과 의심을 동반하고 있었고…. 하지만 독일에서 근대는 계몽과 더불어 시작하며 그것을 포기하는 것은 문명화의 이상을 폐기한다는 의미다."[1]

여기서 움찔 놀라게 되는 이유는 갑자기 역사라는 차가운 물결에 다시 잠기게 되었기 때문만이 아니라 새로운 행위자, 새로운 참가자가 예기치 않게 등장했기 때문으로, 모던*(the modern, le moderne, die Moderne)이라는 형용어구가 바로 그것이다. 이 새로운 용어에 응당 주어야 할 자기충족성을 부여하는 순간, 모더니즘 자체의 위상이 갑자기 변화한다. "'모더니즘'이라는 용어를 미국문학과 관련한 전문적인 용법에 한정하면 우리는 이 용어가 1960년 또는 1970년까지도 그것의 친척인 '모던'이라는 용어와 비교했을 때 극히 드물게 사용되었다고 말할 수밖에 없는데 후자는 그 자체로 도처에서 사용된다."[2] 이 점은 1930년대 초 르 꼬르뷔지에(Le Corbusier)의 CIAM(근대

---

* 이 대목에서는 '모더니즘'과 묶여 있기 때문에 'modern'을 '근대/근대적인'이라고 옮기는 대신 '모던'으로 남겨둔다. 이후 대체로 문학/예술의 모더니즘과 관련해 등장하는 'modern'은 '모던'으로 번역하는데, 이 분야의 '모더니즘'이 내용상 근대주의보다는 현대주의를 지칭한다는 사실을 감안한 것이다. 그밖에도 이후 '근대'보다는 '현대'에 가깝고 문맥이 허락할 경우에 '모던'으로 번역한다. 우리말과의 차이는 '모더니티'의 경우에도 마찬가지로 나타나며 따라서 '근대성'보다는 '현대성'이 더 적절한 번역어인 경우도 간혹 있다. 하지만 앞서 말한 대로 근대와 현대의 구분 자체도 선명한 것이 아니므로 특별한 경우가 아니면 '모더니티'는 대체로 '근대성'으로 옮긴다. 한편 명사적으로 쓰인 'the modern'은 경우에 따라 '모던함' 또는 '모던한 것'으로 옮긴다.

건축국제회의, Congrès international de l'architecture moderne)에서 보이는 '모던'이라는 단어의 전략적 활용이나[3] 1920년대 앨런 테이트(Allen Tate)에 의한 미국 시의 발전과 프로그램화에서[4] 잘 확인된다. 세가지로 이루어진 우리의 도식은 서로 구조적으로 대립하는 명사들로 구성되었는데 이제 모던이라는 형용사가 이 구도를 망쳐놓는다.[5] (다양한 종교적인 판본과 더불어 스위프트(Swift)와 루쏘가 최초로 사용했을 당시 '모더니스트'라는 용어는 대체로 비난의 용도로 쓰였다.)

그렇다면 다양한 국가적 전통들을 분리시켜서 각각의 특정한 질서와 논리를 식별하는 것이 가능하거나 심지어 바람직하지 않을까? 그렇게 되면 설사 보들레르의 최초의 근대성 개념이 프랑스전통에서는 단순히 미적 모더니즘을 뜻한다는 데 동의하기로 하더라도, 스페인식 용법이 갖는 스캔들은 남는다. 실상 1988년 모데르니시모(modernisimo)란 용어를 처음 유포한 것은 니까라과의 시인 루벤 다리오(Rubén Darío)였고, 거기서 이 용어는 다른 곳에서는 상징주의 또는 유겐트 양식으로 일컬어질 스타일과 확실히 동의어였다. 스페인어 사용자들은 그런 식으로 다른 언어권보다 한층 가시적으로 첫번째 단절을 표시했지만, (미래파, 혁명의 해인 1913년, 기계시대 등과 다양하게 관련된) '두번째' 단절을 식별할 때는 스스로의 역사적 조숙함이 제약으로 작용했다. 뒤이어 스페인어권 비평 내부에서 격한 논쟁이 벌어지는데, 스페인어권 비평계는 이제 낡은 것이 된 최초의 그리고 더 엄밀히 역사적인 다리오식 용법과 더 근대적이어서 본질적으로 근대적인 것으로 보이게 된 모든 것을 포함하는 의미로 자의적으로 확장된 의미 사이에서 동요하고 있었다.[6] (새로운 단어인 방가르디스모(vanguardismo)를 도입하는 선택지는 이런 선택이 '본격 모더니즘'과 아방가르드 사이의 긴장을 뚝 끊어버리고 그럼으로써 흥미롭고 생산적인 문제를 미리 차단해버리기 때문에 제약을 받는다.)

다른 한편 이 서사는 '비교문학'의 고전시대 또는 황금시대에 지정학적인 것의 이론화가 갖는 약점을 드러내준다. '영향'은 사실 허약한 개념이며, '교차-문화'라는 것은 다양한 '국가전통'들을 부가한다고 해서 얻어지지는 않는다. 지금 다루고 있는 사례로 말한다면, 스페인어권에서 98세대들이* 모데르니시모를 받아들인 것은(모던과 모더니스트라는 미국의 관념이 1927년 그레이브즈(Graves)와 라이딩(Riding)이 쓴 『모더니즘 시 연구』(*A Survey of Modernist Poetry*)를 통해 영국에 전달된 것만큼이나 놀라운 사건인데) 근대 제국주의라는 새로운 세력장에서 마지막 제국이 처한 세계사적 상황을 나타내주며, 부상하는 미국의 역할을 암시하는 것만큼이나 꾸바독립전쟁의 온전한 징후기도 하다. (한편 애초 다리오의 개념에서 프랑스문화가 맡은 역할은 다른 나라의 문화를 전유하는 것이 식민전통에 대항하는 문학혁명에 기여한 바를 시사해준다.) 이 모든 것은 오늘날처럼 문화적 진화가 세계 자본주의체제의 동학의 징후로 인식되는 때는 문학적 '영향'이 다르게 보인다는 점을 암시한다. 하지만 (앞서 언급한 형용사 '모던'의 출현만큼이나 구조적으로 문제적인 장애요

• 1898년 스페인-미국전쟁기에 활동하면서 스페인문학의 위상을 높인 일군의 작가들을 가리킨다.

소인) 국민문학적인 것과 국제적인 것이라는 통약불가능한 두 개념을 조율할 수 있는 변증법은 아직 존재하지 않는다.

개별 국가전통 내부의 이런 고려사항들은 이들 새로운 문학 체제와 지형에서 감지되는 사회적 현실들을 보게 해준다. 맑스가 말한 '존재의 사회적 결정'이란 ('결정론'이 아님은 말할 것도 없고) 원인이 아니라 전제조건에 관한 이야기였다는 사실을 여전히 상기할 필요가 있다. 실상 모더니즘 같은 문화적이고 예술적인 현상의 전제조건을 찾다보면 토대와 상부구조라는 낡은 반영 모델(그런 게 있기는 했을까!)을 통해서는 미처 짐작할 수 없던 뜻밖의 사실이나 역설들과 대면하게 된다. (이 과정은 예술적 체계나 담론의 충위라는 맥락에서 외재적인 '현실들'로 보이는 것이 그 체계가 하나의 이데올로기로 파악되는 충위에 가면 내재적이며 담론적인 것이 된다는 사실로 인해 한층 더 복잡해진다.)

이렇듯 외재적인 역사는 때로 이런저런 개별 국가적 전통이라는 관념들이 자족적으로 암시하는 내재적 진화 모델에 난폭하게 개입한다. 그래서 독일의 모더니즘들은 나치에 의해 단절되고 (역사적으로나 형식적으로 한층 더 흥미로운) 1920년대 쏘비에뜨 문화혁명은 스딸린주의와 그 관제 미학으로 단절된다. 이 두 운동이 서로 다른 방식이지만 압축적(intensified) 근대화라는 특징을 갖고 있었음을 기억하면 역설은 더욱 날카로워진다. 다른 한편으로 두 나라의 최근 역사학자들은 그와 같은 모더니즘들이 지하에서 연명해나가면서 취한 방향성을 시사해주는, 이제껏 주목받지 않았던 흐름들을 고고학적으로 탐지하고 발굴해왔다.[7] 이 책 2부에서 제시할 주장, 즉 (하버마스의 유명한 공식을 빌린다면) 여기서 '빠진 것'은 다양한 미적 모더니즘의 실천이 아니라 그런 실천에 대한 이론화, 혹은 모더니즘 그 자체의 이데올로기가 출현하는 순간이라는 주장도 이 역설을 완전히 해소하지는 못한다.

그러나 역사가 가하는 충격은 측면으로 넓게 퍼져 있는, 공시적이라는 표현이 더 적절한 발전양상에서도 감지되는데, 그런 발전들이야말로 모던에 관한 이론을 구성하는 데 더 큰 스캔들이자 장애물이다. 모던 개념이 스페인의 메트로폴리스가 아니라 과거 식민지인 라틴아메리카에서 출현했음은 이미 언급한 바 있다. 스페인은 다른 이웃 유럽나라들의 근대화와 비교하면 '후진적'이었다고 할 수 있지만 분명 니까라과보다는 아니었다. 반면 비록 과거 식민지였던 미국이 과거 제국의 중심에 비해 딱히 후진적이지는 않았지만(오히려 이 과거 제국이 어떤 이유로 인해 발전시키지 못한 모던이라는 어휘를 전달해준 것으로 보인다), (이 어휘가 출현한) 미국 남부는 확실히 산업화된 북부보다 '후진적'이고 저개발된 상태였다. 워털루에서 영국과 벌인 세계사적 경쟁에서 패배한 이후 프랑스는 의심의 여지 없이 문화적 혁신과 수출이라는 진로를 택했고, 그럼으로써 유럽 대륙의 다른 '선진적인' 나라들을 능가하는 영향력을 행사할 수 있었으며 이 영향력은 예전의 라이벌 국가에까지 미치게 되었다. 그러나 미적 모더니즘은 어떻게 해서 스코틀랜드보다도 잉글랜드에서 덜 발전된 것일까? 그것이 영국의 '다른 섬'*에서 훨씬 발전했다는

• 아일랜드를 말한다.

점은 말할 필요조차 없는데, 그곳의 탁월한 모더니즘들은 런던이나 케임브리지의 상식적이고 경험적인 지성계와 날카롭게 대비되며 사실상 본격적인 탈식민성을 특징으로 한다.『율리시스』의 서사시가 외국 군대에 점령된 도시를 배경으로 한다는 것은 굳이 상기시키는 것이 불필요할 정도로 외면할 수 없는 사실이다. 그런 상황에서 모더니즘이 더 발전된 것은 어째서일까. 다른 글에서 나는 모더니즘이 본질적으로 불완전한 근대화의 부산물이라는 실정적 가설을 제안한 바 있다.[8] 그 점에 관해서는 2부에서 다른 형식으로 다시 살펴볼 것이다. 그러나 이 책은 공식적으로 이데올로기 분석이라는 관점을 택하고 있는 만큼 그와 같은 실정적 명제를 다룰 여력은 없다(그리고 이 명제는 어쨌든 경향적으로 더 완전한 근대화가 사실상 모더니즘이 아니라 포스트모더니즘을 발생시킨다는 결론을 끌어내기 위한 논의에서만 유의미하다).

여하튼 일견 영국의 문화적 삶과 발전을 폄하하는 듯한 이 발언들은 버지니아 울프의 놀라운 자격증명, 즉 "1910년 12월, 혹은 그 즈음 인간의 본성이 바뀌었다"[9]는 문구 앞에서 완전히 무장해제된다. 하지만 트라우마 이론으로 발전한 페미니즘의 영향으로 울프의 글에 대한 관심이 되살아난 것은 울프가 영국 '모더니스트'의 정수라는 관점을 상당히 약화시킨다. 이는 단순히 우리 시대의 명목주의의 징후만은 아니고, 그런 식의 통칭적인 시대구분 범주의 전개를 대할 때 느끼는 불편함을 나타낸다. 나는 이를 푸꼬가 초월적-경험적 간극이라 명명한[10] 더 일반적인 철학적 위기의 한 사례로 본다. 이 위기는 가령 울프나 조이스의 모더니즘에 관한 어떤 논의라도 알레고리적 독법으로 만들어버리는데 그런 독법은 쉽게 반박당할 수 있다. 『율리시스』를 '한줄 한줄' 꼼꼼히 읽는 일이 비생산적이라는 건 말할 필요도 없지만 바예호*나 비옐리**나 지드(Gide)나 브루노 슐츠***는 논외로 하더라도, 예이츠나 프루스뜨를 조이스와 나란히 포괄할 수 있을 만큼 용량이 큰 모더니즘 이론은 모호하고 공허하기 때문에 지적으로 무가치하다. 역사로서도 좋은 게 아니고 문학사로서는 더 좋지 않으며 비평으로서는 당연히 부적절하다. 하지만 암묵적으로 통칭적-시대구분적 유형이라는 어떤 보편범주에 놓지 않고서 울프나 조이스의 텍스트를 생산적으로 읽을 수 있을 것인가? 푸꼬적인 '간극'이라는 게 예컨대 조이스의 텍스트가 그 자체를 넘어선 어떤 다른 것도 의미하지 않는다는 직접적 경험주의(또는 실증주의)를 택함으로써 단번에 해결될 성질이라면 위기가 아닐 것이다. 그렇다면 위기란 조이스가 무언가 다른 어떤 것을 의미하지 않을 수 없는, 그저 무언가 다른 것의 사례이거나 어떻든 그 무언가에 대해 '은유적'이거나[11] '알레고리적'이지 않을 수 없는 상황에 있다. 우리가 그런 더 큰 일반 개념의 거침없는 전개에 아무리 거부감을 느끼든 간에 말이다.[12] (1부에서 제안한 시대구분에 관한 첫번째 격언이 이 공식에서 새로운 맥락과 상이한 형태로 재출현했음을 알 수 있다.)

---

* 세자르 바예호(César Vallejo, 1892~1938), 뻬루 작가.
** 안드레이 비옐리(Andrey Biely, 1931~2007), 러시아 작가.
*** 브루노 슐츠(Bruno Schulz, 1892~1942), 뽈란드 작가.

2

이런 명제는 부정을 경유하는 간접적인 방식으로 논하게 된다. 그러니 현대 이론의 말라르메로 일컬어졌을 뿐 아니라 서사형식으로된 '문학사'에 대한 가차없는 비판으로 잘 알려진 사상가*의 증언을 들어보는 것도 적절하리라 본다. 서사형식의 문학사는 운동과 경향, 숱한 주의(-ism)로 이루어지고 특징적인 대목들은 종종 그런 것들을 대변하는, 이제는 유령이 된 화신들 사이에 유사-중세적인 대결이 벌어지는 것처럼 읽힌다.[13] 엄청난 영향력을 미친 후고 프리드리히(Hugo Friedrich)의 책 『현대 서정시의 구조』(*The Structure of the Modern Lyric*)**에 대한 폴 드 만의 공격은 실로 그런 문학사에 대한 비판의 표준적 전거이며, 이후 (『독서의 알레고리』(*Allogories of Reading*)에서)

---

* 폴 드 만을 말한다.
** 여기서 'modern lyric'은 모더니즘 시를 지칭하므로 '근대시'가 아닌 '현대시'로 옮긴다.

본격적으로 전개될 그의 독특한 알레고리 이론을 예기하면서 데리다식 해체와의 동일시에 근접한 최초 지점을 표시해주는(그리고 어쩌면 그런 밀착의 동기에 대한 실마리도 제공해주는)『맹목과 통찰』(*Blindness and Insight*)의 일련의 에세이들의 핵심을 이룬다.[14]

그 에세이들은 다양한 이론적·이데올로기적 진술에 있기 마련인 방계적 함축을 풍부하게 담고 있으나,[15] 그럴싸하지만 평면적이고 단순화된 오독(또는 아마도 맨 먼저 오기 마련이고 있음 직한, 그러나 덜 흥미롭다고 해야 할 독법)의 대상이 되기 일쑤였다. 뒤에서 길게 다루게 될 주제인 미적 자율성 구성의 또다른 사례라는 식으로 읽어내는 오독 말이다. 그런 오독은 상징과 알레고리 사이의 드 만식 대립을 단순한 이항대립으로 받아들이는데, 이 이항대립에 따르면 텍스트에 대한 '상징적' 독법은 '직접성'에 토대를 두고 있으며 (근대 또는 리얼리즘 텍스트에는) 재현적인 해석을 지정하거나 아니면 (낭만주의시대에는) 관습적 상징주의를 지정한다. 드 만의 새로운 알레고리 개념이 그와 같은 독법을 '올바른' 독법으로 바꿔준다고 가정되는 것이다.

다른 한편 드 만이 '알레고리'라는 대체로 수수께끼 같은 용어에 부여한 의미에 관해서는 예이츠를 두고 했던 발언, 즉 "현대시는 상징이기도 하고 알레고리기도 한 심상, 자연의 대상이면서도 실제로는 순전히 문학적인 출전을 갖는 대상을 재현한 심상을 사용한다"[16]는 발언을 가져다 붙여 억지해석을 하면서 드 만이 실은 여기서 문학언어의 자율성을 옹호하고 있다는 걸 보여주려고 한다. 그렇게 해서 상징을 알레고리로 대체하는 것이 ("시는 자연에 관한 것이다"

라는 식의) 초보 단계의 나이브하고 재현적인 직접성을, 그 직접성을 탈신비화하고 그것의 구성요소가 순전히 문학적이고 언어적인 현실임을 밝히는 반영성으로 극복하는 과정으로 극화된다. 실제로 최초의 특징적인 드 만의 에세이는 그런 식으로 되어 있다. 「시간성의 수사」(The Rhetoric of Temporality)는 이런저런 '전(前)낭만주의'를 설정하는 시대구분 범주의 틀로 루쏘를 읽는 방식이 시대구분 취향으로 보든 (유혹, 절제, 박탈 등) 루쏘 내면의 심리적 긴장으로 보든 간에 피상적인 독법이라는 점을 보여주고자 했던 것이다.[17] 여기서는 두개의 풍경, 즉 메이어리(Meillerie)의 거칠고 정념적인 성격과 쥘리의 엘리시움이 갖는 거칠고 정념적인 성격이 병치되는데,● 후자가 숱한 문학적 인유들로 이루어진다는(따라서 알레고리적이라는) 점을 보여주는 것은 사실상 전자를 상징적으로 읽는 독법으로 다시 돌아가 그것까지도 와해시킨다. 역사적이고 어쨌든 '사실적' 내지는 지시적이라고 생각되어온 것이 실제로는 문학적이고 수사적이거나 언어적인 것일 따름이라는 결론이 여기서는 불가피해 보인다. 나 역시 드 만을 미학화하는 이런 식의 오독이 전적으로 틀렸다고 보지는 않는다. 미국 신비평과 문학적 자율성에 대한 신비평의 독특하고 복잡한 주장에서 권위를 획득한 반(反)지시적 입장이라는 역사적 맥락에 드 만을 놓는 것은 더없이 적절하다고 보기 때문이다.

이로부터 종종 뒤따라 나오는 두번째 이데올로기적 결론은 드 만

● 쥘리는 루쏘의 소설 『신 엘로이즈』의 주인공으로 루쏘적 미덕을 체현한 인물이며, 메이어리는 또다른 주인공이자 쥘리의 연인인 쌩쁘뢰가 한때 은신하는 황량하고 음울한 지역이다.

이 역사에 반대했다는, 다시 말해 그가 문학텍스트에 대한 역사적이고 정치적인 해석이나 어쩌면 거대범주로서의 대문자 역사 자체에 반대했다는 것이다. 여기에는 가령 "역사적이기의 불가능함"[18] 같은 또다른 인용들이 덧붙여지기도 하는데, 이런 대목들은 (그가 다른 곳에서 "고통스러운 앎"이라 부른)[19] 이율배반과 딜레마의 표현이 아니라 존재론적 명제로 받아들여질 때가 많다. 여기에 더해 「문학사와 문학적 근대성」(Literary History and Literary Modernity)의 마지막 문장에 담긴 대담하고 망측한 비약도 감안해야 한다. "이 개념을 문학 너머로 확장시키면 역사적 지식의 토대가 경험적 사실이 아니라 적힌 텍스트라는 점이 확증될 것이다. 설사 그런 텍스트들이 전쟁이나 혁명의 모습을 가장하고 있을지라도 말이다."[20] 결정불가능한 것을 결정하는 일이 불필요하듯이, 앞서 간략히 살핀 '오독'이 드 만의 이데올로기가 형식주의적(또는 문학-자율주의적이라고 하는 게 더 낫겠는데)이고 반(反)역사적임을 입증한다고 결론을 내리는 일도 불필요하다. 드 만의 이런 텍스트들이 그런 취지로 활용되었고 그렇게 활용될 정도까지는 이 해석이 어떤 객관적 정당성을 갖는다고만 해두자.

그러나 실제로는 사태가 이보다 훨씬 복잡하다. 앞서 환기한 후고 프리드리히의 역사주의에 대한 공격으로 되돌아가보자. 『현대 서정시의 구조』는 모더니즘, 더 정확히는 다양한 모더니즘들을 하나의 과정으로 파악하고자 했는데, 이런 모델은 발전서사(텔로스)를 구성할 수 있게 해주며 이 서사에서는 앞선 단계가 이후의 단계에 가서야 더 충분히 밝혀지고 예시될(따라서 정체가 확인될) 경향이었음이 소급적으로 드러난다. 하지만 이것이 딱히 계보는 아니다. 보들레르가 탁월하게 보여주다시피 앞선 순간들은 과정의 기원을 형성하는 한에서 어떤 선차성을 되찾아오기 때문이다. 실제로 19세기 프랑스에서 시작해 20세기 스페인과 이딸리아와 독일에 걸쳐 펼쳐지는 이 이야기는 가역성이 있다. 즉 어떤 특정한 역사적–시적 순간을, 전체 서사를 재조직할 수 있고 그런 의미에서 일종의 만능 목적론의 특징을 갖는 하나의 중심으로 만들 수 있다. 협소한 규모지만 꼼빠뇽(Compagnon)이 표준적 또는 정통적 모더니즘 서사로 부른 것, 즉 모더니즘을 "점진적 과정으로 해석"하는 서사가 여기에 해당한다. 계속해서 드 만은 이 과정에 관한 프리드리히의 설명을 다음과 같이 요약한다. "보들레르는 디드로(Diderot)에 내재했던 경향을 이어나가고, 말라르메는 (그 스스로 진술한 바와 같이) 보들레르가 멈춘 곳에서 출발해야 한다고 느끼며, 랭보는 한걸음 더 나아가 초현실주의자들의 실험을 개시한다. 요컨대 시의 근대성*은 지속적인 역사적 운동으로서 발생한다는 것이다."[21]

그러나 이 과정의 내용이나 논리나 역학은 무엇인가? 서정시에서의 근대성은 "자아(self-hood) 감각의 상실에 병행하는 시의 재현적 기능의 상실"[22]로 이루어진다는 명제가 바로 그것이다. (여기서 나는

---

* 이 맥락에서 'modernity'는 특히 모더니즘의 모던함을 가리키고 따라서 '현대성'이라 옮기는 편이 나을 수도 있다. 하지만 이 경우도 여전히 이 책 1부에서 논한 근대성과 무관하지 않으며 현대성이라는 별도의 용어를 들여오려면 근대성과의 개념적 차이를 명시해야 하는 어려움이 생긴다. 이 책에서 제임슨이 일러주고 있다시피 실제로 엄밀할 수 없는 두 개념(근대성과 현대성)의 차이를 규명하는 작업은 또다른 이데올로기적 행위가 되기 십상이다.

드 만의 설명을 따르고 있다. 뒤에서 보겠지만 그의 설명은 프리드리히에게서는 대개 특성과 특징, 기법과 우수성의 경험적 나열 이상이 아니었던 것을 체계화하고 재조직한다.) 드 만은 "재현적 현실의 상실(Entrealisierung)과 자아의 상실(Entpersonalisierung)은 나란히 간다"고 말하고 이어 다음과 같이 의미심장하게 덧붙인다. "프리드리히는 재현의 상실과 (…) 자아의 상실이 (…) 어째서 이렇듯 연결되어 있는지를 설명해줄 어떤 이론적인 이유도 제시하지 않는다." 하지만 이 지점에서 드 만은 콘스탄츠(Konstanz) 학파(야우스와 스티엘레(Stierle))*가 같은 역사서술 패러다임 안에서 수행한, 특히 말라르메에 나타난 재현적 현실의 상실을 보들레르가 시작한 과정의 이후 단계로 제시하는 에세이의 한층 더 복잡한 분석들로 초점을 이동한다.

드 만에게 프리드리히(와 그의 패러다임을 받아들인 사람들)의 전반적인 입장이란 현대시가 더는 재현적이거나 모방적이지 않아서 이해불가능하다는 널리 퍼진 범속한 태도를 반영하며 그런 입장이 조심스럽게 품고 있는 역사적 페이소스(아래를 보라) 역시 받아들일 수 없는 것이었다고 가정해도 무방하리라 본다. 하지만 그는 이런 판단들을 아이러니한 과소진술로만 한정한 채 시종 상대편의 표현방식으로 자기 논지를 전개한다.

그의 논지는 (앞서) 루쏘 논의와 보들레르의 유명한 근대성 정의에 관한 분석[23]에서 이미 살핀 바 있듯이 두가지 계기를 병치하는 형

---

* 독일 콘스탄츠대학을 중심으로 모인 일군의 학자들을 가리키며 수용이론으로 널리 알려져 있다.

식을 취하며 그 두 계기는 상징과 알레고리 사이의 (추정된) 대립에 상응한다고 예상할 수 있다. 그런 식으로 스티엘레의 '첫번째 읽기' 또는 오독, 즉 말레르메의 시적 항목들 하나하나가 재현적이고 상당히 사실적이라는 오독에 뒤이어, 그것들 각각이 "재현될 수 없는 움직임에 의해 비현실로 넘어가는" 두번째 계기가 나온다. 그러나 드 만은 뜻밖의 결론을 내린다. "이런 다의적 과정은 재현이라는 자연스러운 논리에 기꺼이 머무르는 독자에 의해서만 인식될 수 있다"는 것이다.[24] 그는 다음과 같이 못박는다. "재현적인 의미 층위가 지속적으로 존재한다는 점을 받아들일 때만 이런 주제에 도달할 수 있다는 사실이 나의 주장에 중요하다."[25] 그러나 이런 입장이 프리드리히 이전으로의, 재현적 현실의 상실이라는 명제 전체를 거부하고 폐기해버리는 지점으로의 회귀를 의미하지는 않는다. 반대로 프리드리히(와 스티엘레) 너머의 제3의 입장으로 나온 것으로서, 여기서는 첫번째 오독 내지 반(反)재현적 오독이 그 오독을 교정해 폐지하는 것 안에 포함된다. '알레고리적'이라는 단어의 의미를 잠시 제쳐두고 이제 드 만의 포괄적인 결론을 인용해보자. "모든 알레고리적인 시는 이해를 요청하고 허용하는 재현적 요소를 담고 있어야 하지만, 그렇게 해서 도달한 이해는 필연적으로 오류라는 것이 발견된다."[26] 이런 역설은 "모든 재현적인 시는 또한 알레고리적"이라는 (앞에 나오는) 추가문구로 인해 한층 강화된다.

이 결론을 보면 드 만의 주제인 상징(또는 재현)과 알레고리의 대립은 단순한 정태적 이항대립보다 한층 복잡한 것이며, 그의 분석에서 이 대립은 올바른 읽기와 그릇된 읽기 사이의 선택보다 훨씬 난해하게 뒤엉킨 시간적인 어떤 것임을 알 수 있다. 실상 애초의 망상 또는 오류의 순간은 필수적인 계기로서, 진실로 가는 도정에서 읽기가 마땅히 거쳐야 하는 것이다. "문학은 오류와 진실의 양식 둘 다로 동시에 존재한다. 그것은 자신의 존재양식을 배반하기도 하고 따르기도 한다."[27] 그리고 이는 문학이 생산과 수용이라는 한쌍의 형식을 갖기에, 시인의 이데올로기와 독자나 비평가의 이데올로기 둘 다에서 영향을 받기에 성립하는 명제다.

하지만 이것은 변증법 그 자체에 다름 아니다. 변증법은 사유의 시간성을 단언하면서도 곧이어 진리를 위해서는 그에 앞서 오류, 망상, 외양(그리고 '첫번째' 읽기)이 필수적이라고 주장한다. 이는 헤겔의 『논리학』(Logic) 전반에서 필수조건으로 거듭 주장된바, 가령 이성 또는 진리(Vernunft)에 더 빨리 도달하려고 오성(Verstand)의 물화를 간단히 건너뛰어선 안 된다. 헤겔 철학 전반에 나오는 직접성에 대한 비판은 오류를 통해서만 진리에 도달할 수 있다는 이런 주장과 일치한다. 따라서 모든 오류가 '진실의 순간'을 포함한다고 주장하려면, 폐기되어 진리 안으로 포괄된 오류가 진리의 필수적 계기(양상)일 뿐 아니라 진리의 출현에도 필수적 계기 또는 단계임을 인정해야 한다. 드 만을 변증법적 사상가로 밝히는 게 역설적이고 심지어 도착적으로 보이지만, 이런 통찰을 끝까지 밀고 가서 해체(적어도 그 고전적인 '부정적' 형식) 그 자체가 변증법적이라고 주장해야 한다. 여기서 우리가 추적해온 움직임은 데리다가 관념이나 용어를 '삭제표시 아래'(under erasure) 둔다고 부른 작업과 대체로 일치한다. 이는 이데올로기 이론의 출현을 넘어선 변증법이다(따라서 현대적

이데올로기 개념을 갖고 있지 못했던 헤겔이 수행한 것보다 상대적으로 더 복잡한 종류의 분석이다). 더욱이 데리다가 '차연'(différance)과 역사 그 자체 사이의 등가성을 주장할 때 함축했다시피[28] 변증법과 관련된 헤겔의 언어는 지나치게 익숙하고 구식이며 여러 세대의 역사적 오해를 축적하고 있어서 오늘날 필요한 작업을 수행하지 못한다. 어쨌거나 데리다와 드 만의 일반적인 독자들을 그토록 자주 좌절시키는 혼란은 그간 변증법 자체가 불러일으킨 스캔들과 깊이 관련되어 있다.

이 지점에 멈춰서 이 상세하고 긴 부정적 실증, 즉 일반적 또는 포괄적 시대구분 개념들의 필연성을 그에 반대하는 탁월한 이론적 적수 한 사람의 주장을 살핌으로써 점검해본 이 실증을 통해 내가 끌어내려 한 결론을 이야기해보겠다. 그와 같은 개념들에 대한 ('문학사'라는 겉으로 보기에 중립적인 용어를 붙여 특유의 아이러니를 구사한) 드 만의 경멸은 비난할 수 없다. 하지만 놀랍게도 그의 주장은 그런 개념들에 대한 안이하거나 비변증법적인, 상식적인 방식의 비난으로 귀결되지 않는다. 즉 더 마음에 드는 진실을 전달하는 설명적 문학비평과 포괄적이지 않은 방식으로 개별 모더니즘 작품에 초점을 두는 방식을 택하면서 폐기해버려도 좋은 순전한 오류나 잘못된 접근이라고 비난하지는 않는 것이다. 오히려 비평가들의 오류를 텍스트 내부까지 추적해 그 오류가 문학과 문학적 구조 자체의 구성적 특징임을 증명한다. 이렇게 해서 역사주의적 오류는 아무리 많은 논의가 그것을 공격할지라도 모든 읽기의 피할 수 없고 불가결한 계기임이 드러난다. 그런 점에서 우리의 첫번째 격언, 즉 근대성이라는 '관념'의 맥락에서 시대구분은 피할 수 없다고 서술한 격언을 새롭게 적용해도 무방할 것이다. 좋든 싫든 모더니즘 역시 필연적으로 시대구분 범주이며, 최종적인 읽기에서 긍정되든 부정되든 간에 유령 같은 알레고리의 차원으로서 개별 모더니즘 텍스트에 반드시 따라다닌다. 그 차원에서 개별 텍스트는 텍스트 그 자체면서 동시에 모던함(the modern)*에 대한 알레고리로 나타난다.

그러나 여기서 내가 '알레고리'라 한 것은 드 만과는 다른 의미이므로, 이야기를 마무리하기 위해서는 이 시점에서 결론적인 긴 삽입구 내지는 여담을 시작해 드 만에게서 '알레고리'가 어떤 의미인지 이야기하는 게 좋겠다(그러다보면 예기치 않게 우리가 다루는 주제의 다른 차원과 관련이 있다는 게 드러날 것이다).

『독서의 알레고리』의 제목 자체가 알고 보면 상당히 복잡한 철학적 작업으로 밝혀질 것에 대한 첫번째 결정적인 실마리를 제공해준다. 여기서 알레고리는 문학텍스트 같은 어떤 정적인 대상보다는 읽기과정 자체를 지시하며, 종적 범주가 아니라 시간적 범주다. 즉 "알레고리의 세계에서 시간은 근원적인 구성적 범주다."[29] 하지만 그렇다고 그 반대항인 상징이 공간적이란 의미는 아니며,[30] 사실상 (드 만의 텍스트를 두 계기를 내포하는 변증법의 언어로 다시 쓰는 데서 핵심적인 문제인데) 둘은 전혀 반대항이 아니다.

우리가 강조해야 할 점은 그런 것이 아니라 하나의 단어가 전체

---

* 여기서 'the modern'은 근대성(modernity)과 구별하기 위해 (모더니즘이 주창하는) '모던함'으로 옮긴다. 때로 문맥에 따라 '모던한 것'으로 옮긴 경우도 있다.

와 그 전체의 부분, 장르와 그에 속한 여러 종들을 다 가리키는 상황이다.[31] 여기서 알레고리는 첫번째 상징적 읽기와 구분되는 두번째 계기 혹은 읽기를 뜻하지만 동시에 그 과정 전체, 곧 단순 소박한 상징적 내지 재현적 읽기가 자기반영적인 문학적 또는 수사적 읽기로 대체되는 시간성도 지시한다. "알레고리가 되기 위해서는 그 알레고리적 기호가 그에 선행하는 또다른 기호도 지시할 필요가 있"[32]는 것이다. 그리고 명백히 이런 이유 때문에 두개의 계기는 (가령 시간과 공간 같은) 단순한 이분법적 등가관계의 대립물이 아니다. 첫번째 상징적 계기는 그 자체로 두번째 계기와 무관하게 성립한다. 또는 적어도 온전한 의미나 온전한 재현, 하나의 상징적 공시성이 갖는 자족성을 주장할 수 있다. 반면 그런 표면적 외양을 없애버리는 두번째 계기는 필연적으로 매우 다른 종류와 형태를 갖는다.

그러나 더 자세히 들여다볼 때 이 강력한 운동의 기제는 무엇인가? 그것이 어떻게 가능하며 그 안에서 무슨 일이 일어나는가? 이런 질문은 운동이라는 대상 자체를 겨냥하는 만큼이나 그에 대한 드 만의 서술 또는 분석을 겨냥하며, 말하자면 드 만의 약호체계와 그 안에서 한층 특별하고 강화된 의미를 갖게 되는 ('상징'과 '알레고리' 같은) 용어들을 식별하고자 한다. 하지만 우리는 (그의 이후 저작에서는 '화행'(speech acts)이라는 용어가 들어오면서 더 복잡해지므로 이 책에서 수행할 수 없는 심화된 검토를 요구하는) 이 약호체계의 성격에 대해 이미 어느정도는 알고 있다. 그것은 문학과 (루쏘의 텍스트가 『장미 이야기』(Roman de la rose)를 빌려오는 방식인) 문학적 참조, 또는 문학적 체계를 말한다. 하지만 그것은 또한 수사인데, '상징'과 '알레고리'가 (여기서는 다루지 않을 '아이러니'와 마찬가지로) 바로 고전적 수사학에서 취한 용어들이다.

따라서 두 계기의 복잡하고 혼돈스런 시간성(일종의 반복의 시간성이기도 하고 한층 더 자세히 들여다보면 궁극적으로는 시간 그 자체, 시간적 연속 그 자체의 시간성)이 수사적 설명으로 명확해진다는 사실은 놀랄 일이 아니다. 어떻게 해서 알레고리가 두단계의 과정 중 두번째 계기를 가리키는 이름이라는 한정된 의미에서 전체 과정 자체를 포괄하는 한층 일반적인 개념이 되는가? 드 만에 따르면 이는 "그 난관을 은유적으로 주제화"[33]함으로써 이루어진다. 달리 말하면 은유가 분리된 읽기의 두 계기(예비적 오류와 더 확실한 진실이라는 두 계기)를 하나의 단일한 체계와 단일한 운동으로 만들어주는데, 이는 둘 사이의 대립을 더 지속적인 하나의 시간성처럼 보이는 무언가로 변형시키는 과정이다. 그러나 이 지점에서 우리는 이것이 실존적인 의미로 이해되는 시간성이 전혀 아님을, 먼저 하나를 생각하고 그 다음에, 한참 뒤든 바로 뒤이어서든, 또다른 것을 생각하는 읽기의 어떤 사실적 또는 현상적 시간이 아님을 알고 있다. 오히려 "이 움직임은 시간상의 어떤 물리적 연속으로서 발생하는 것이 아니며, 그런 식으로 이야기한다는 건 사실상 하나의 공시적인 병치로서 일어난 일을 연속인 것처럼 만드는 은유에 불과하다."[34] 이렇게 해서 지금까지 진실이 드러나고 분명해지는 두번째 결정적 계기를 따서 알레고리로 불리던 두 계기의 통합은 은유화(metaphorization)로 새롭게 명명된다. 그럼으로써 앞서 제한된 알레고리 개념으로 불렀던 것을 이제 은유로도 불리게 된, 하나의 과정에 대한 일반적 명명과 분리할 가능성이 생긴다. 그러나 이 분리는 절대적으로 또는 명확하게 유지되어서는 안 된다. 왜냐하면 수사는 이 둘을 모두 포함하며, 알레고리와 은유가 깊이 그리고 내적으로 공모하는 방식, 즉 알레고리의 기제가 은유의 계기를 포함하고 은유의 움직임이 알레고리 아래 포섭되는 방식을 명시하기 때문이다.

어쨌든 이런 설명은 드 만이 말한 알레고리가 일종의 개념(또는 문학용어와 비평방법에 관한 개설서에 넣을 수도 있는 용어)임에도 불구하고 그것이 무슨 의미인지 '정의하려는' 시도가 좌절에 부딪히는 이유를 잘 보여준다. 그것은 또한 우리 모두에게 드 만을 읽는 일이 왜 종종 너무나 힘들고 혼란스러운 경험인지, 문제를 논리적으로 분명하고 단순하게 만들려는 재현적 내지는 개념적·철학적 기능(이를 헤겔적 오성 개념과 일치시키고 싶은 유혹을 받는다)에 대해 언어 자체의 어떤 반영성이 끊임없이 저항하는 경험인지도 설명해준다.

그것은 또한 드 만이 한 바를 일반적으로 데리다적 해체라 불리는 것과 쉽게 동일시하기도 어렵게 만든다. 드 만은 해체라는 철학적 권위를 통해 자신의 작업을 이데올로기적으로 정당화했지만, 해체주의 텍스트를 조금이라도 자세히 읽어보면(그렇게 하다가는 지금의 논의에서 많이 벗어나게 될 것이다) 둘 사이의 종별적 유사성보다는 텍스트 내적 차이들을 강조할 수밖에 없다.

하지만 앞서 시작한 설명을 마무리하기 위해서는 오류의 성격을 규명해야 하는데, 오류는 새로운 진실(또는 드 만이 종종 이야기하듯이 '명료함')의 움직임으로 극복되지만 그 움직임에 필요한 계기로 지속하며 앞서 살핀 대로 그것이 필요한 단계로서 긍정되고 심지어 요망되어야만 최종적인 해명이 그 힘을 잃지 않을 수 있다(다시 말해 최종적인 해명은 "재현이라는 자연스러운 논리 안에 기꺼이 남아 있는 독자"를 요구한다).[35] 여기서 우리는 사실상 드 만식 이데올로기론의 진면목과 그것이 폭로하는 문학적 내지 수사적 '허위의식' 또는 자기기만의 작동, 즉 "부정적인 자기인식을 모면하려는 방어전략"[36] "자아가 아닌 것과의 망상적 동일시"[37] "완강한 자기신비화"[38]를 발견하게 된다. 이런 것들의 내용은 문학적·역사적 맥락에 따라 여러 다른 형식과 주제를 갖지만, 더 익숙한 현대용어를 쓴다면 재현의 이데올로기나 완전한 상징적 체현과 의미('자연적 논리')의 가능성이라는 이데올로기로 일반화될 수 있다. 그렇다면 드 만식의 이데올로기 논의에 따르면, 이데올로기를 탈신비화하는 '수사적' 방식은 우리를 문학으로 되돌아가게 하거나 아니면 어떤 더 일반적인 탈구조주의적 철학의 영역으로 데리고 갈 것이다.

이처럼 긴 여담을 늘어놓은 이유는 이 연구의 저변을 이루는 서사적 전제들을 설명하는 데 도움을 주기 때문이다. 사실 나는 드 만의 '은유화'라는 용어 대신 '서사화'라는 용어를 쓰고 싶다. 두 계기의 통합이 성취하는 것은 실상 알레고리의 은유가 아니라, 상징의 계기와 알레고리의 계기가 알레고리라는 명명에 함축된 수단 내지 기제에 힘입어 서로 연결되는 하나의 새로운 서사이기 때문이다. 따라서 전체 과정은 읽기에 대해 알레고리적일 뿐 아니라 알레고리 그 자체에 대해 알레고리적이다. 하지만 나로서는 이 과정을 서사의 작동으로 봐야 한다고 주장하고 싶다.

하지만 이런 식으로 (어떤 '궁극적으로 규정하는 층위' 또는 최후수단이 되는 용어로서) 서사의 우선성에 호소한다면, 진리와 입증 내지 반증에 관한, 상대주의와 이런저런 철학적 체계에서 하나의 명제나 해석에 토대를 세우려는 시도의 순전한 자의성에 관한 온갖 진 빠지는 질문들, 현재 '포스트모던'한 논의들에서 언제나 제기되며 드 만이 자신의 분석의 결과물로 약속하는 그 "고통스러운 앎"[39]으로 우리를 위협하는 질문들을 다시 불러일으키게 될 것이다. 그도 그럴 것이 드 만 자신의 분석도 그런 '궁극적으로 규정하는 층위'나 설명 코드만큼이나 정당화할 수 없는 수사를 상정하는 것이 아닌가? 그리고 맑스주의의 '주인 코드' 역시 마찬가지로 임의적인 생산양식의 연속서사나 자본주의가 인식론적 관점으로서 갖는 특권적 지위의 서사에 토대를 두지 않는가?

드 만식 서사화의 복잡한 기제는 맑스주의의 문제에 관해서도 몇 가지 해답을 제공해준다고 본다. 생산양식의 공시적이고 비서사적인 '계기들'은 사실상 자본주의에 의해 '서사화'되는데, 자본주의는 자체의 공시적 체제라는 특화된 또는 제한된 계기와 역사적 과정 전반으로서의 연속에 관한 일반화된 내지 알레고리적인 '은유화', 이 두가지를 동시에 지시한다. 그렇다면 분명 이 특정한 '알레고리', 즉 자본주의라는 공시적 체제가 갖는 인식론적 특권은 그것의 층위들의 완전함으로 정당화될 것인데, 이 층위들은 차이의 방식으로 서로 관련되며 다른 '철학적 체계들'이 표현하거나 배제하는 것 모두를 포괄한다고 주장할 수 있다. 하지만 이 점은 다른 논증과 다른 이야기를 필요로 한다.

3

예술과 문학(그리고 역사)에서의 모더니즘이라는 문제에서 한참 멀리 와버린 것도 같다. 하지만 실제로는 이 과정에서 문제 자체가 마침맞게 재구성되어 이제 그 필요성을 단언할 수 있는 위치에 서게 되었다. 잘못된 공시적 범주(개별 작품을 종적-시대구분 범주로서의 '모더니즘'의 예시나 상징으로 보는 첫번째 계기)가 두번째 계기의 꼼꼼한 텍스트 읽기에 의해 약화되고 해소되며, 두번째 계기는 첫번째의 일반적 모더니즘 범주를 드 만적 의미의 더 큰 알레고리적 과정 안으로 변형시켜 넣음으로써 특정성을 부여하면서도 그것을 떨쳐내버린다 해도, 그 모두는 필요한 일이다. 이제 시대구분을 안 할 수 없다는, 말뿐인 통찰이 난감한 내용을 획득하게 되는데, 즉 텍스트를 꼼꼼히 읽는 일은 해당 텍스트를 모더니즘이라는 일반적이며 통시적인 개념의 사례나 전형으로 보는 불만스러운 총칭적 작업을 수반하지 않을 수 없음을 암시한다. 그런데 그런 일반적인 통시적 개념은 텍스트 자체에 공시적으로 되돌아가게 만드는 기능만을 갖는다.

이 정도에서 드 만의 어법을 벗어나면, 이제 모더니즘이라는 일반 관념이 어떻게 서사범주로 이해되어야 하고 어떤 식으로 통시적인가라는 질문을 던지고 싶어진다. 대답은 곧바로 나오겠지만 그런만큼 다소 안이하다. 왜냐하면 모더니즘에 선행하는 게 무엇인지는 누구나 알고 있거나, 적어도 알고 있다고 말하기(그리고 알고 있다고 생각하기) 때문이다. 그것은 다름 아닌 리얼리즘인데, 리얼리즘이라는 것이 모더니즘이 취소하고 부가요금을 매기는 원재료임은 분명하다. 리얼리즘을 알아볼 수 있을 정도로 현실적인 세계에 대한 통상적 경험의 표현이라고 이해한다면, '모더니즘적'이라 분류되는 작품들을 경험적으로 검토했을 때 그 모두의 출발점은 관습적 현실세계, 말하자면 리얼리즘적인 핵심임이 드러날 것이다. 뚜렷이 모더니즘적인 다양한 변형과 '비사실주의적' 왜곡, 승화나 조악한 희화화들은 그런 현실세계를 구실과 재료로 삼고 있으며 그 세계가 없다면 그들의 이른바 '모호함'과 '불가해성'도 가능할 수 없다. 이 점은 말레비치의 「검은 사각형」(Black Square)에든 무조주의(atonality)의 파괴된 음악적 재료에든 마찬가지로 적용되고, 따라서 모더니즘적이든 아니든 예술작품에 만물의 내면적 실존과 존재론적 기원이 담겨 있다는 이야기보다 놀라울 것도 없으며, 예술작품과 예술영역 자체가 결코 진정으로 자율적일 수 없는 궁극적인 이유기도 하다. 실제로 폴 드 만이 말라르메의 소네트를 두고 최종산물이 제아무리 복잡하고 '모호'하더라도 애초의 요소는 모두 '재현적'이라고 한 말은 정확히 이 사실을 보여준다.

이렇게 보면 충분히 서사구조라고 일컬을 만한 것이 나타난다. 맨 먼저 단순 소박한 리얼리즘이 상정되는바 모더니즘적 변형이 그것의 폐지나 심지어 완전한 부정이 되는 방식으로 상정된다. 그러나 이 서사에는 서사적 인과성이 빠져 있다. 즉 여기서 변형의 내용은 무엇인가? 그리고 변형을 추동하고 미학적으로 정당화하는 건 무엇인가? 이런 인과관계들은 순전히 미학적이거나 내재적인 층위에서 이론화되는가, 아니면 미학외적 영역과 발전을 끌어오는가? 마지막으로 이것들은 예술적 변화의 한 계기에서만 나타나며 전적으로 거기에 한정된 것인가? 아니면 추상적인 묘사라서 서로 다른 분명한 경험적 변화들 전부(예컨대 새로운 회화와 색채나 새로운 인간관계, 새로운 종류의 스토리, 새로운 종류의 사운드)를 단일한 전지구적 과정 아래 포섭할 수 있게 해주는가?

분명 이 마지막 질문에 긍정적으로 답하지 않는다면 모더니즘 개념을 전혀 사용하지 않게 될 것이다. 그러나 그 앞의 질문들 역시 추상적인 문제들을 제기한다. 가령 재현적 현실의 상실과 자아의 상실이라는 프리드리히의 두 총괄범주는 이 역사적 서사를 적절히 주제화하고 있으며 모더니즘의 서사화에 만족스러운 틀을 제공해주는가? 아니면 여전히 지나치게 소재 중심이고 이런저런 특정한 역사적-미학적 상황과 지나치게 엮여 있어서 총괄적인 모더니즘 개념을 구성하는 데 필요한 일반화를 허용하지 못하는가? 사실 역사적으로 볼 때 모더니즘을 둘러싼 논쟁에서 우위를 차지한 것은 변화라는 매우 추상적인 관념이었다. 이 승리는 너무나 확고해서 새로움을 평범

하고 사실상 자명한 것으로 만들었다. 혁신으로 불리는 잘 알려진 동학이 바로 이런 것이다. '새롭게 하라'(Make it new)는 파운드의 위대한 격언이 이에 대한 불멸의 표현이며 새로움이라는 지고의 가치는 이제 이름값을 제대로 하는 특정한 또는 지역적인 모더니즘까지 모두 관장하는 듯 보인다. 그러나 새로운 것이 어떻게 영속적일 수 있는가 하는 건 다른 문제인데, 최초의 정의에 해당하는 보들레르의 "덧없고 일시적이고 우연적인 것이 예술의 절반이고 나머지 절반은 영원하고 변치 않는 것이다"⁴⁰라는 말에 마찬가지로 영원한 수수께끼가 담긴 것도 그 때문일 것이다. 하지만 혁신은 개념으로서 그리고 과정으로서 자족적인 느긋함을 갖고 있는 듯하다. 시간이 지남에 따라 모든 혁신은 관습이나 습관의 형태로 낡아가고, 어느 쪽이든 스스로의 파괴와 폐기를 요청하는 것이다. 이는 (루만의 분화처럼) 일종의 자가생성 내지 자체영속화의 동학으로서 일단 작동하게 되면 끝을 모르고 더이상의 정당화를 필요로 하지 않는다.

그러나 여기서 더 흥미를 끄는 대목은 시작점이다. 모더니즘의 출현을 두고 리얼리즘이라 불리는 것과의 근본적인 단절에서 시작했다는 관습화된 서사가 널리 퍼져 있기 때문에 특히 그러하다. 문제는 단절의 동기만도 아니고 사실 거기에 있지조차 않다. 애초에 단절이 존재한다는 단언 자체가 문제다. 동기에 관해서라면 다음과 같은 주인서사 속에, 얼마나 요령있게 하는지는 경우마다 다르겠지만, 얼마든지 포함할 수 있기 때문이다. 우리는 리얼리즘을 '표현'으로 묘사해왔지만 여기서는 문학적이고 언어적인 표현이라 부르는 편이 나을 것이니, '알아볼 수 있을 정도로 현실적인 세계에 대한 통상적인 경험의 문학적 표현'이라 하자. 그런데 오늘날 어떤 신참자라도 여기서 즉각 결함을 발견할 것이다. 그 결함은 정의(定義)상의 결함이지만 불행히도 리얼리즘 자체에도 해당하는 결함이다. 왜냐하면 '알아볼 수 있을 정도로 현실적인 세계에 대한 통상적인 경험'이라 불리는 것은 사실 그 자체로 문화적인 패러다임임이 쉽게 드러나기 때문이다. 실상 '알아볼 수 있을 정도로'라는 말은 (라깡적 표현으로는 상징적 질서에서) 이 패러다임을 구성하는 문학적·언어학적 원형으로 향하게 만든다. '경험'은 어떤 주체/객체의 직접성도 지시할 수 없으며 따라서 순전한 재현, 곧 사회적으로 구성되고 전해지는 '삶의 그림'으로서 그 자체로 문학적인 성격을 갖는다는 점이 드러난다. 이렇게 해서 모더니즘적 혁신이 기존의 문학적 패러다임과 재현들을 폐지하는 동력을 확장해 자신의 시작점까지 거슬러 올라가고 거기서 모더니즘은 무엇보다 리얼리즘이라는 이 문학적 패러다임에 맞서고 이를 폐지한다.

문제는 모든 중요한 리얼리즘들 또한 바로 그런 일을 했다는 것이고, 각자의 특정한 맥락에서 떼어내어 자세히 들여다보면 각각의 연이은 리얼리즘들 또한 이런 점에서 그 자체로 모더니즘이었다고 말할 수 있다. 각각의 리얼리즘 역시 새로운 것으로 정의되고 재현을 위해 완전히 새로운 내용의 영역을 정복하고자 한다. 그때까지 재현되지 못하고 이름 붙여지거나 목소리를 찾지 못한 것들을 병합하고자 하는 것이다. (그리고 모더니즘시대 내내 그리고 그 이후까지도 재현이 여태 관통하지 못한 세계 곳곳과 한 사회 내 지역들에서 여전히 새롭고 활력 있는 리얼리즘에 관한 이야기가 들려오고 확인되는 것도 바로 이런 이유다.) 이는 각각의 새로운 리얼리즘이 그에 선행하는 리얼리즘의 한계에 대한 불만에서 나왔다는 이야기만이 아니라, 더 근본적으로는 리얼리즘 일반이 우리가 모더니즘의 독특한 특징으로 귀속시키는 혁신의 역학을 공유하고 있었다는 것이다. 리얼리즘 또한 직전의 것을 폐지하며 이미 존재하는 리얼리즘들을 로맨스와 소망성취적 사유라는 어떤 바깥의 어둠에 귀속시킨다. 종종 최초의 리얼리즘이라 제시되는 스페인어 작품이 증언해주다시피 흔히 기존 패러다임의 폐지라는 제스처가 리얼리즘을 전형적으로 보여준다고 생각되어왔다.[41] 하지만 이런 시작이 모더니즘의 시초 행위에 귀속된 시작과 '동일한' 것으로 보이는 한에서는 그와 마찬가지의 문제점, 똑같이 불충분한 기원서사를 노정한다고 봐야 한다.

그러나 이런 사안 전체를 가짜 문제로 일축할 수도 있다. 어쩌면 모더니즘의 혁신 이론이라는 렌즈를 통해 본다면 기존의 리얼리즘들조차 초기 모더니즘으로 바뀔 거라는 가정을 세울 수 있기 때문이다. 실제로 나는 그런 호의를 되갚아주면서 리얼리즘적 혁신 이론의 프리즘으로 보면 이후의 모든 모더니즘도 실제로는 부지불식간에 리얼리즘으로 드러날 수 있음을 보여주는 일이 흥미로울 거라고 늘 생각해왔다(자신의 누보로망에 대한 로브그리예(Robbe-Grillet)의 옹호가 바로 이런 것 아니었나?).[42] 이런 혼란에는 그만한 이유가 있고 그 때문에 가짜임에도 생산적인 문제가 될 수 있다. 다시 말해 모더니즘과 리얼리즘이라는 두 개념은 서로 대등하지 않다는 것이다. 다른 글에서 제안했다시피[43] 개념으로 간주되든 범주로 간주되든 이 두 용어는 서로 관련이 없는 두개의 시스템에서 나온 것이고, 무한으로 연장되면서도 절대 만나지 않는 잘 알려진 두개의 선분처럼 서로 통약불가능하다. 모더니즘은 미학적 범주고 리얼리즘은 인식론적 범주다. 후자의 진리주장은 전자의 형식적 역학과 화해불가능하다. 따라서 둘을 단일한 주인서사로 결합하려는 시도는 실패할 수밖에 없으나 이 실패는 더 생산적인 문제를 만들어낸다. 즉 양자 모두를 인수한 혁신 모델이라는 문제인데 이제 이 문제를 검토해야 한다.

이 서사 자체가 결정적이고 독특한 것은 아니다. 그것은 과학적 발견이나 기술적 발명의 성공 스토리들, 중력의 법칙이든 전구의 필라멘트든 언뜻 무(無)에서 탄생한 듯한 위대한 아이디어를 둘러싼 찬탄 섞인 순진한(그러나 합당한) 어리둥절함 같은, 변화에 관한 온갖 흔해빠진 이야기와 거의 구분되지 않는다. ('타고난 천재'라는 관념이 이런 절대적 사건에 선행하는 공백을 채울 것이고 나머지 스토리는 자체의 관성에 따라 그 천재가 비즈니스맨으로 바뀐다는 다소 추레한 이야기로 전개되어 나간다.) 그런 서사가 결정적으로 근대성의 표지를 갖게 되는 것은 발명 자체가 물신화되고 기존의 상황이 새로운 것이 존재함에 따라 어떤 식으로든 '혁명적으로 변화'할 때다. 이 새로운 것의 성격을 과학적 발견이나 기술적 장치가 아니라 예술작품으로 재규정하는 것으로는 충분치 않다. 그렇게 해서는 과학적 발견과 기술적 장치를 미학화할 수 없으며 오히려 예술적 혁신이 과학사 또는 기술사적 사실로 바뀔 공산이 크다.

결정적인 것은 서사의 내재화(interiorization)다. 서사는 이제 예술작품 내부에서 도출될 뿐 아니라 작품의 근본 구조가 된다. 통시적이었던 것이 이제 공시적인 것이 되고, 사건들의 시간적 연쇄는 예기치 않게 다양한 요소들의 공존이 되며 이런 요소들이 행하는 재구조화가 마치 영화의 정지화면처럼(벤야민이 말한 '정지상태의 변증법'은 말할 필요도 없다)⁴⁴ 포착되고 정지된다. 이는 드 만이 묘사한 과정을 뒤집어놓은 것이다. 거기서는 공시적 병치가 통시적 서사로 은유화된다. 여기서는 하나의 주의(-ism)가 다른 주의로 진화한다는 상대적으로 평판이 나쁜 공시적인 문학적-역사적 이야기가 갑자기 텍스트 안으로, 모더니즘적이라고 일컬어질 만한 개별 텍스트 안으로 당겨져 들어가며, 그렇게 해서 그 텍스트는 하나의 전체로서의 과정을 압축하고 영속화한다. 이제 각각의 텍스트는 전체로서의 모더니즘에 대한 정지된 알레고리, 누구도 일별하거나 적절하게 재현할 수 없는 거대한 운동으로서의 모더니즘에 대한 정지된 알레고리다. 이런 식으로 텍스트는 각자 다시 '새롭게 하기'를 실행한다. 새로움에 대한 절대적 요구와, 혁신이라는 똑같은 제스처의 불가피한 반복이라는 영원회귀 사이의 뚜렷한 모순은, 이런 특징을 깎아내리기보다 매번 당혹스러우면서도 매혹적인 어떤 마취적인 마력을 부여한다.

명징한 질문과 이데올로기적 검토와 의문들은 모두 이 매력의 불꽃을 더 지피고 이 신비한 명망을 더 키워줄 뿐이다. 한층 획기적인 미적 기술에 의해 낡아진 지 오래인 지난날의 미학적 혁신이 계속 새로운 것으로 남아 있는 건 어찌된 일인가? 고전이 갖는 경이로움의 양식은 이 비슷한 질문에 대해 영원한 또는 변치 않는 가치를 긍정함으로써 답한 바 있는데, 모더니즘은 그런 양식을 뒤집음으로써 고전의 권위를 전유한다. 즉 잡힐 듯 잡히지 않고 영원히 만족을 모르는 지나가는 유행과 현재의 순간을 좇으며 그런 답변과 질문 둘 다를 지연시킴으로써 모더니즘의 닳고 닳은 취향은 모던한 것이 된다.

분명 이 내면화된 서사를 지탱하는 이데올로기가 이런 답변을 내놓는 건 아니다. 모던한 작품이 신선하고 영속적인 듯 보이는 건 새로운 기법을 발명해서가 아니다. 새롭고 아직 탐색되지 않은 내용의 거대한 영역, 가령 상상 너머의 새로운 종류의 느낌과 감정, 새로운 인간관계, 새로운 병리학과 무의식적 욕망이나 환상, 심지어 새로운 세계를 발견해서도 아니다. 이런 것들은 외재적 사실이며 그것들의 새로움에 대한 주장은 작품 바깥에서 입증되어야 하기 때문이다. 더 큰 문제는 불가사의한 방식으로 보존되다가 갑자기 바깥 공기에 노출된 시체처럼 그것들은 일단 바깥으로 나가면 급속하고 돌이킬 수 없는 변질을 겪게 되고 애초에 자신들이 기댄 바 있는 바로 그 시간적 변화의 동학이 주는 충격을 고스란히 받는다.

그렇다면 이 혁신 모델은 너무 실정적(positive)이어서 스스로에게 해가 된다고 결론을 내릴 수 있다. 궁극적으로 미학외적인 실체적 주장을 내놓은 것이다. 미래를 두고 벌이는 도박을 끌어들인 셈인데 미래가 불가피하게 그저 또다른 현재로 변하는 순간 그 미래는 상투적인 것이 될 운명이다. 아도르노의 부정적 역발상(여기에 관해서는 뒤에서 상세히 논하겠다)이 훨씬 설득력 있는 이유가 여기에 있다. 그는 핵심적으로 모던한 제스처란 발견이 아니라 금기라고 생각해야 한다고 주장한다. 더 정확히 말하면 모던한 것에서 혁신으로 보이는 것은 금기시된 것에 대한 대체물을 찾으려는 절박한 시도의 결과라는 주장이다.[45] 이는 증명의 부담을 미래에서 과거로 옮기는 모델이자 구조변경이다. 여기서 모더니즘은 탐구되지 않고 발견되지 않은 것에 대한 모험적 취향이기보다 관습적이고 낡은 것에 대한 한층 날카로운 혐오감에서 유래한 것으로 나타난다. 여기서 강조점은 보들레르가 열렬히 추구한다고 주장하는 '새로움'(nouveau)이 아니라 보들레르의 여행자가 피해 달아나는 '권태'(Ennui)에 있다. 이런 역전은 모더니즘의 조건과 표식이 미학외적인 것으로 빠져들지 않게 해주는 이론적 이점이 있는데, 여기서 금기란 명백히 바로 이전의 재현적 형식과 내용에 대한 금기이기 때문이다. 다시 말해 낡은 정서 그 자체의 낡음이 아니라 그것들의 표현이 갖는 관습성에 대한, 이런저런 인간적 관계의 사라짐이 아니라 그것과 긴밀하게 연관되어 거의 구분할 수 없게 된 참을 수 없는 통속성에 대한 금기다. 바로 그런 구분할 수 없음이야말로 이 모델의 내재적 동학, 즉 어디까지나 미학적인 재현에 대한 금기를 만들어내는 동학을 보장해준다. 발견 내지 탐구의 혁신 모델이 즉각적으로 미끄러지면서 새로운 재현이 슬그머니 새로운 미학외적 현상의 신기함으로 옮겨가 버리는 것과는 대조된다. 그렇다고 해서 미학적 금기라는 가설이 미학외적 견지로도 재규정될 수 없다는 말은 아니다. 이제는 감상성으로 지목되는 낡고 관습화된 문학적 표현도 어떤 정서가 진부해졌음을 가리킨다고 볼 수 있다. 금기를 통한 분석이 특정한 사회적 징후학을 위한 매개도구를 제공해준다고 할 수도 있다. 그러나 종종 낡은 정서들은 모더니즘이 낡았다고 판단을 내린 한참 이후에도 사회생활에서 계속해서 살아남는다. 그래서 이 예술적 프레임에 엘리뜨주의라는 의혹이 강하게 새겨지는 것이며, 모더니즘이 열어놓은 감정과 표현의 새로운 영역이 무엇이든 모더니즘적 재현의 초점이 포괄하는 영역은 사회적·계급적 관계에서 계속 줄어든다는 인식이 생기는 것이다.

아도르노의 모델은 이후 살피게 될 모더니즘 이데올로기에 창의적인 방식으로 접목된다. 모더니즘 이데올로기는 사실상 특정한 작품들을 다른 작품보다 특별히 대접해야 한다고 호소한다. 그것이 얼마나 그럴듯한 주장인지는 문학적 기법들의 발전에 대한 안내서보다 예술작품 내부와 읽기과정 내부에서 작동하는 혁신기제를 감지하는 역량에 의존한다. 다시금 헤겔적 지양을 상기시킬 뿐 아니라 지양 개념이 여기에 대한 일종의 개념적 예기일 법하다. 이전의 기법이나 내용이 어떤 식으로든 폐지되고 덧써지고 변경되고 역전되고 부정되는 것으로서 작품 내에 존속해야만 현재 혁신이라 여겨지는 것의 힘을 느낄 수 있기 때문이다. 그렇다면 문학사 다시쓰기라는 서사적 제스처나 비유는 기껏해야 여기서 하나의 비유가 된 텍스트 내부에서의 작용으로 내재화된다. 텍스트라는 비유는 다시 문학사에 대한 하나의 알레고리로 재외재화(re-externalization)할 수 있게 되는데, 그렇게 모더니즘의 이 부득이한 차원은 이중적으로 서사범주가 된다.

4

앞서의 설명은 모더니즘이 거대한 부정의 과정이고 일종의 무턱대고 나아가기(fuite en avant)라는 인상을 남긴다. 마치 폭풍에 떠밀리는 벤야민의 천사처럼 말이다. 벤야민이 역사 내지 다른 말로 하면 자본주의로 지목한 그 폭풍은 해가 갈수록 그리고 시대가 거듭될수록 강도를 더해간다고 상상된다. 점점 더 급속한 스타일과 유행의 변화, 이미 상품으로 가득한 시장에서 새로운 시장과 새로운 상품으로 향하는 어떤 절박한 움직임의 경기-불경기 순환을 갖는 자본주의의 시간성을 예술적 모더니즘의 동학으로 이렇듯 전이하는 것은 유추로 보면 그럴싸하지만 내용적으로는 상당히 공허하고 두루뭉술하다. 그래서 앞서 언급한 시적 모더니즘에 관한 저작에서 후고 프리드리히가 제기한 불평, 즉 모더니즘을 묘사하는 데는 오직 '부정적인 범주들'만 사용할 수 있는 것 같다는 불평을[46] 확인시켜주는 경향이 있다. 나라별로 다양한 전통이 문제의 이 종잡기 힘든 현상을 포착하고자 할 때 되풀이해서 내놓는 표준적인 특징을 나열하면서 그가 적은 불평 말이다.

방향상실, 익숙한 것들의 해체, 질서의 상실, 앞뒤가 맞지 않음, 쇄말주의〔원문 그대로임〕, 가역성, 첨가해나가는 스타일, 시적인 것에서 탈피한 시, 느닷없는 괴멸, 거슬리는 이미저리, 거친 돌연성, 탈구, 난시, 소외.[47]

시사해주는 바가 더 크고 작고의 차이는 있지만 이런 특징들은 분명 모더니즘적 혁신이 적극적인 성취보다 금기라는 견지에서 부정적으로 가장 잘 묘사된다는 아도르노의 통찰을 상당히 확증해준다. 하지만 이 문제에 관한 프리드리히의 고찰의 수상쩍은 추이 때문에 멈칫하게 된다. 왜냐하면 (적어도 자신의 저작에서는) 그런 부정적인 특징들이 "경멸하려는 게 아니라 정의를 내리려는 것"으로 받아들여져야 한다고 주장하면서도, 그는 이런 시들이 긍정적인 범주들에 "궁극적으로 동화불가능"하다는 점은 스스로가 "비정상적 존재"임을 드러낸다고 결론 내리기 때문이다.[48] 이와 같은 규정은 "이렇듯 현실과 정상성에서 벗어나려는 내적 일관성과 가장 대담한 언어적 비틀기의 독재적 지배"[49]야말로 현실세계와 병행하는 상상과 은유의 어떤 다른 세계를 열어준다고(예술과 시의 자율성이라는 이 특징적 모티프에 관해서는 뒤에서 더 상세히 다루겠다) 이야기하는 마지막 대목으로도 그다지 상쇄되지 않는다. 그러니 그의 긴 리스트의 마지막 항목이 갖는 모호함이 보여주다시피 프리드리히가 원치 않았으나 불가피하게 내놓은 '경멸조'의 대상을 시에서 시를 둘러싼 세계로 옮겨놓았다는 점만 유의하자. '소외'라는 용어의 갑작스런 등장은 수상쩍은데, 소외란 헤겔과 맑스에서 루카치와 프랑크푸르트 학파에 이르기까지 엄밀한 철학적인 층위에서 전개한 개념임에도 후기 자본주의적 '문화비평'의 상용어구이자 사실상 특히 타락한 그 장르와 담론을 한눈에 알아보게 해주는 확실한 표지가 되었다. '소외'라는 이 뻔한 단어는 이제 '근대성'과 그 해악에 대한 전통적인 낭만적 비난에 내재된 파토스의 표현, 근대성과 그 해악을 유일하게 설명할 수 있는 구체적인 사회경제적 분석을 체계적으로 배제하는 기능을 하는 정동적 비난의 표현이 되었다. 거기에 담긴 어조는 프리드리히의 문학사의 안팎을 뒤집어놓을 수 있으며 그 자신의 특별한 시 읽기를 근대세계에 대한 또 하나의 공공연한 비난을 뒷받침하는 증거로 만들어버릴 수 있다.

모던한 예술가는 주변적이거나 이탈한 아웃사이더이자 반역자라는 상투적인 그림은 너무 익숙하고 관습적이라 오늘날 현실에서 정치적 타격을 거의 가하지 못한다. 현재의 맥락에서 더 중요한 것은 그 그림이 주관성(subjectivity)이라는 주제가 근대성 이론들을 편법적으로 오염시키는 경향을 나타내준다는 점이다. 지금까지는 그런 오염 중에서 긍정과 찬양의 형태를 띤 것만을 비판했고 자유, 개별성, 반영성 같은 특징들을 (서구적) 근대성의 구조가 주는 보너스이자 혜택으로 승격시키는 사례를 개탄했다. 그러나 이제 근대성 비판(critique) 또한 동일한 관점에서 문제 삼을 수 있으며, 그런 비판의 파토스 역시 바람직하지 못한 주관화의 신호라는 게 분명해졌다. 주관화의 영웅적 매력 못지않게 주관화의 추정되는 고통 또한 받아들일 수 없는 것이다. 프리드리히는 주관성이라는 모티프가 예술적 모더니즘에 대한 토론에서도 마찬가지로 배제되어야 함을 일러준다. 널리 알려진 '내면으로의 선회'(inward turn)를 모더니즘에 대한 설명의 실마리로 삼는 연구가 많다는 점에서 이는 적잖은 기여다.

그가 주관화라는 주제를 한층 생산적으로 활용할 길로 안내하기도 한다는 점은 아이러니하고 역설적이다. 실상 탈개성(Entpersonalisierung을 나는 이렇게 옮긴다)을 동반하는 재현적 현실의 상실(Entrealisierung에 대한 드 만의 번역)이라는 그의 근본 주제는, 모더니즘의 서사 자체가 그러하듯이 모던한 예술에서도 이제 주관성 재현에 대한 금기가 그 자체로 예술작품 안에 내재되어 있음을 일러주는바, 그것이 내재된 방식은 예술작품의 이른바 텔로스에 대해 새로운 설명을 제공해준다. 지금까지는 이 금기를 주관성의 너무 다양한 역사를 제어하기 위해 권장하는 식이었다면, 이제 예술작품 자체가 주관적인 것에 대한 저 완강한 금기를 영속화해준다는 점이 분명해질 것이다. 예기치 않게도 이는 우리가 작품을 '해체'하는 게 아니라 작품이 이미 스스로를 해체해왔다는 드 만의 주장을 희미하게 상기시킨다. 그와 비슷한 어떤 것이 모더니즘에서 주관성이나 그것의 재현을 다루는 방식의 특징이라고 본다.

그런데 프리드리히의 저작에 관해 이 글이 지금까지 보여주고 이야기해온 바에 비추어보면 우리의 논의가 탈개성이라는 그의 주제를 승인하고 또 채택하는 것으로 귀결되는 점이 터무니없어 보일지도 모르겠다. 탈개성이 프리드리히가 제시한 많은 주제 가운데 하나일 뿐이고 따라서 그것을 어떤 단일한 요인으로 변형한 것이 이쪽 책임이라는 사실을 감안하면 그와 같은 180도 전환은 더더욱 비난받을 만한 것으로 비칠 것이다. 주제의 다양성은 그의 경험주의의 지표로서 그것들 모두를 묶어 어떤 거대한 종합으로 만들고 하나의 '이론'으로 고쳐 부른다고 해서 극복될 수 있는 문제가 아니다. 무언가를 만들어내려 할 때 그처럼 흩어진 경험적 특징은 다른 방향에서, 즉 그것들이 반응한 상황과 그것들이 이제부터 서로 조율해 맞서게 된 딜레마에 의해 통합되기 때문이다. 긍정적인 것이든 부정적인 것이든, 모방하는 것이든 맞서는 것이든 간에, 주어진 하나의 반응이 갖는 다양한 양상의 통일성은 그와 같은 상황의 통일성을 통해서 포착될 수 있다.

이 맥락에서 이야기하자면, 우리의 과제는 흔히 상실과 능력박탈이라는 견지에서 논의되어온 탈개성 경향이 갖는, 활력을 주는 적극적인 면을 보여주는 작업일 것이다. 즉 주관성의 포기가 어쩔 도리 없이 '소외시키는' 조건에 대한 체념이기는커녕 거꾸로 그에 대한 독창적이고 생산적인 반응이라는 점을 보여주어야 한다.

소외라는 조건은 인간적 실천가능성의 경향적 축소라는 견지에서 흔히 묘사되어왔다. 프랑크푸르트 학파는 종종 부르주아 개인주의의 상황을 알레고리적으로, 즉 19세기와 20세기의 새로운 자본주의 경제에서 취할 수 있는 입장들이 줄어든다는 서사로 제시했다. 이 궤도는 토마스 만이 기념비적으로 그려낸 바 있는 자율적인 자치 시민과 상인들부터 시작해 독점기에 접어들 무렵의 영웅적 기업가들을 거쳐, 대공황기의 소기업의 불안정한 상황과 2차대전 이후의

'조직형 인간' 형상의 출현에 이르는 것으로 전개된다.[50] 이 서사에서 구체적인 탈개성과 탈주관을 결정하는 것은 경제로서, 독점의 출현 및 새로운 독점 대기업의 출현이 행위와 창조성을 제약한다.

'주체의 죽음'이라는 탈구조주의적인(그리고 프랑스적인) 슬로건이 강조한 바는 이와는 상당히 달랐다. 이 슬로건은 사실상 부르주아 개인주의의 쇠퇴에 대한 찬양으로서, 그것을 지식인에게는 새로운 자유라고 파악한다. 다시 말해 개인적 지성이라는 치명적인 부담에서 탈출해 정치적 실천의 해방적 제의와 '머리 없음'(l'acéphale)●이 주는 자유로 향하게 해준다는 것이다. 라깡의 정신분석이 역사에 대한 이 두가지 다른 비전(어느 쪽이든 해당 국가의 지식인에 대한 사회학적 분석 없이는 적절히 평가될 수 없다) 사이의 연결점을 제공해줄지도 모른다. 라깡은 빌헬름 라이히●●를 따라 이른바 자아요법에 반대해 '자아'와 에고를 방어기제, 즉 근대적 개인(대개는 부르주아 개인)이 세계와 생산적인 행위로부터 스스로를 단절시키는 동시에 그로부터 자신을 보호하는, 스스로를 둘러싸면서 가두는 방어기제로 파악했다.[51] 이런 좌표로 이루어진 모델은 '중심화된 주체'의 경직화와 주체가 처한 상황의 변덕스러움 둘 다를 포착할 수 있게 해주고, 주체의 탈개성 즉 자아와 에고의 요새가 무너지는 것이 해방일 수도 있다는 점을 처음으로 일별하게 해준다.

하지만 부르주아 주체의 운명은 예술적 모더니즘이 출현한 지구

● Acéphale은 바따이유가 만든 잡지와 비밀결사의 이름으로 어떤 '머리'에도 기여하거나 수렴되지 않는 미학적·정치적 실천을 지향한다.
●● 빌헬름 라이히(Wilhelm Reich, 1897~1957), 오스트리아의 정신분석학자.

적 '근대성의 상황'을 이야기할 적절한 틀이 결코 아니다. 페리 앤더슨(Perry Anderson)의 선구적인 에세이[52]가 제공하는 틀이 우리의 목적에 훨씬 잘 부합한다. 그는 사실상 19세기 후반 유럽사회에 출현한 몇몇 경향이 만들어낸 세력장 속에서 모더니즘을 삼각측량한다. 비록 지리적으로 제한되어 있기는 해도 산업화의 시작은 완전히 새로운 동력을 약속하는 듯했다. 한편 모든 예술분야에서 관습주의와 순수예술 지향의 아카데미즘에 대해서는 질식과 불만의 느낌이 널리 퍼져 있었고 아직 분명히 주제화되지는 않았으나 단절에 대한 갈망이 모든 분야에 걸쳐 존재했다. 마지막으로는 거대한 새로운 사회세력들, 정치적 참정권과 노동조합의 성장, 다양한 사회주의와 무정부주의 운동이 상층 부르주아 문화의 숨 막히는 폐쇄성을 위협하면서 사회적 공간 자체의 임박한 확장을 선포하는 듯했다. 앤더슨의 명제는 모더니즘 예술가들이 그런 새로운 사회세력들과 같은 공간을 차지하고 있다거나[53] 그에 대한 이데올로기적 공감이나 실존적 앎을 표명했다는 게 아니다. 그보다는 그들이 멀리서 그런 중력의 힘을 느꼈고, 미학적 변화와 새로움과 더 급진적인 예술적 실천을 향한 그들의 소명이 바깥의 사회적 세계에서도 대체로 동시에 근본적인 변화가 벌어지고 있다는 확신에 의해 더욱 강화되고 심화되었다는 것이다.

실제로 사회적 삶과 경제적 현실의 영역, 그리고 예술의 영역, 이 두 영역 모두에서 문제가 되는 것은 단순히 변화 그 자체에 대한 감각, 어떤 것은 사라지고 다른 것이 생겨난다는 감각, 새로운 비(非)자연적 형태의 생산보다는 자연적 과정을 연상시키면서 쇠퇴와 성장의 시간을 나타내는 흐름에 대한 감각이 아니다. 19세기 말에 걸쳐 온갖 종류의 유토피아적이고 예언적인 충동에 퍼져 있었던 것은 세계 그 자체의 근본적인 변화였다. 그렇기 때문에 '내면으로의 선회'나 현실에 대한 주관화의 증대를 강조하는 재래의 모더니즘 이데올로기들은 사태를 호도한다고 말할 수 있다. 기껏해야 주관성 그 자체와 자아의 낡은 형식들에 대한 종말적 불만이 여기저기 꿈틀거리고 있었을 뿐이다. 릴케의 훈계하는 천사들을 심리학적으로 이해해서는 안 된다.[54]

그러지 않으면 밤에 그들이 네게 찾아와
더 거칠게 붙잡고 너를 시험할 것이다
그리고 성난 사람처럼 네 집을 돌아다니고
마치 너를 창조했던 양 너를 쥐고
너의 틀을 흔들어 부술 것이다.

텍스트를 조금이라도 자세히 들여다보면 사실상 부르주아 주체의 급진적 탈개성, 그리고 심리학적인 것과 개인적 정체성 자체로부터 벗어나는 체계적 움직임이 드러난다.

내가 아니라, 내가 아니라, 나를 통과해 부는 바람이!
맑은 바람이 시간의 새로운 방향으로 불고 있다.
그것이 나를 실어가도록, 나를 데려가도록 맡기기만 한다면, 그것이 나를 데려가기만 한다면![55]

나는 보았네, 섬처럼 떠 있는 별들을, 항해자들이 바라보며 진로
를 맞추는
혼미한 저 먼 하늘에 뜬 별들의 무리를,
그 끝없는 밤들에, 너는 유배되었는가, 잠들어 있는가?
수만의 황금새들이여, 오 미래의 생명력이여.[56]

　표면상으로만 보아도 여기서 위대한 모더니즘적 주관성의 소환
이 탈개성을 향한 열망, 정확히 말하면 근본적으로 변화하며 희열
을 자아내는 세계에서 자아 바깥의 새로운 존재를 열망하는 목소리
임을 알아보지 못한다면 이상한 일이다. 흔히 새롭고 더 깊고 더 풍
부한 주관성으로 묘사되는 것은 실상 그 안에서 언제나 울려 퍼지
고 있는 변화를 향한 요청이다. 주관성 자체가 아니라 그것의 변모
를 향한 요청 말이다. 내가 모더니즘적 '주관성'을 세계 자체의 변화
에 대한, 따라서 혁명이라 불리는 것에 대한 알레고리로 간주하자고
제안한 것은 바로 이런 의미다. 이 알레고리의 형식은 다양하지만
그것을 구체적으로 표현하는 개별 심리작용들은 스타일이나 문화
나 인물의 성격 면에서의 차이에도 불구하고 공통적으로 자아 내부
에서 해결할 수 없고 실제 세계 자체의 유토피아적이고 혁명적인 변
화에 의해서만 완성되는 어떤 기세를 환기한다. 앤더슨이 상기시키
듯이 혁명적 변화가 이미 현재 속에 머물며 꿈틀거리고 있기 때문에
그와 같은 독특한 심리적 알레고리에서 비유를 찾을 수 있었던 것이
다. 이 알레고리는 단순히 개인적 정서나 능력을 제시하는 게 아니

라 어떤 전면적인 변모가 임박한 세계에 어울리는 전혀 새로운 종류의 인간을 긴급하게 요청한다.

우리가 이 중대한 시기의 흔적들을 주로 모더니즘이 남긴 형식을 통해서만 추적하고 있지만, 그 경향 중의 하나인 기술적인 경향은 1차대전으로 무너졌고 다른 하나인 사회적 동요는 1930년대 말 스딸린주의와 나치즘으로 저지되고 소진되었다. 하지만 상징적 행위로서의 모더니즘적 형식들은 여전히 우리가 역사적 재구성을 통해 다만 소급적으로만 일별할 수 있는 해방과 새로운 건설을 향한 거대한 움직임들을 증언해준다.

그렇다고 미학이 탈개성이 활발히 전개된 유일한 영역은 아니다. 근대 훨씬 이전의 지혜가 이와 관련되며, 대부분의 위대한 종교에서 예를 발견할 수 있다. '자아란 혐오스럽다'(빠스깔)는 말은 그저 교만에 관한 기독교적 교리의 의미를 마지막으로 정확히 재발견한 것이 아니다. 그것은 거듭 되풀이되는 윤리(에피쿠로스)이자 불교에서 가장 종말론적으로 전개된 형이상학적 비전이며 그런 것들이 모더니즘이라는 전적으로 다른 모험을 예견했다고 볼 수도 있다. 종교들은 탈개성의 상태를 회복한 다음 그것이 사회세계에 미치는 결과는 내버려둔 채 그 에너지를 한편으로는 치유기술 쪽으로 다른 한편으로는 내면세계와 관련된 성직의 규범과 제도의 건설 쪽으로 돌리고자 했기 때문이다. 산업자본주의의 세속적 근대성만이 자아의 그런 변화가 약속할 수 있는 새로운 집단적·역사적 현실을 엿볼 수 있게 해주었다.

반면 니체 이래의 모든 새롭고 독창적인 위대한 현대철학은 미적 모더니즘을 밀고 나간 거대한 흐름에 함께 헤엄치고 있었다고 말해도 모순은 아닐 것이다. 프래그머티즘에서 비트겐슈타인까지, 하이데거에서 상징논리까지, 그리고 그 이후의 다양한 구조주의와 탈구조주의까지 아우르는 그 모두가 서로 다른 방식으로 급진적인 탈개성의 방법을 내포하거나 기획했다. 현상학도 마찬가지인데, 판단중지(epochē)라는 실천은 가장 전통적인 심층주관적 형태의 '의식'에 기대는 듯 보이지만 실은 프로이트적 자유연상의 훈련만큼이나 자기처벌적이며 탈개성적이다. 사실 자아와 부르주아적 개성 내지 개인성으로부터 벗어나려는 여러 운동 안에는 명목주의나 보편과 특수의 변증법 같은 더 오래된 논리들이 작동하고 있으리라 확신할 수 있다. 주관성의 물화된 형상들에 대한 금기는 보편이 겪는 난관을 반영한다. 다시 말해 정서와 열정에 대한 낡은 명명들은 그것들이 담고 있는 보편성 때문에 의혹을 산다. 그리고 그것들을 폐기하고 더 객관적이고 특수한 언어를 택해야 한다는 것은 다름 아니라 강화되는 명목주의에 근거한다. 모더니즘적 실천과 현대철학 둘 다에서 나타나는, 언어 자체로 향하는 움직임은 대상세계, 즉 물질과 공간을 통한 이런 강제적 우회의 압력을 드러내준다. 주관성의 내적 모델들이 외적 궤도들로 대체되고, 외적 궤도들은 교묘하게 문장의 구조를 자신의 시간성이라고 옹호한다. 수사와 비유체계의 부활은 이런 식으로, 즉 어떤 비(非)주관의 영역으로 작업공간을 이전시키기 위해 심리학을 거부하는 시도로 이해되어야 하며, 그런 방식으로 이 시도의 내적 공간성(왜냐하면 비유에 관한 이론화 자체가 가능성의 조건 및 스스로의 입지와 관계를 공간의 승화에서 발견하기 때문이다)은 모더니즘적 재현을 담은 외적 형식과 비유의 모델이 될 수 있다. 사실 여기에 이어 현대 문학비평의 형식들조차 탈개성의 동학을 피할 수 없다는 점을 보여주고 싶은 유혹을 느낀다. 하지만 (시대구분, 서사, 탈개성이라는) 세가지 방법론적 교정을 완수했으니, 이제 모더니즘 전체의 모델을 구성하고 그 운명에 관해 이야기할 수 있는 입장이 되었다.

2부

이데올로기로서의

MODERNISM
AS IDEOLOGY

모더니즘

1

원칙적으로 당연히 하나의 궤도 안에 있는 어느 하나의 특징에서 출발해 다른 가능한 특징들과 서로 구분되면서도 어떤 면에서는 동일한, 아니면 적어도 동일하게 재현불가능한 복잡한 현상의 윤곽을 투사하고 표시하고 있는 모든 특징을 두루 아우름으로써 총체적 모델(그리고 그 자체가 하나의 과정인 총체)을 구성할 수 있다. 그러나 앞선 논의들의 전제가 모더니즘의 상황을 재구성하기 위한 예비적인 필수요건이었으므로, 거기서부터 시작해 우리가 예술적 또는 미적 '모더니즘'이라 부르는 것이 본질적으로 미완의 근대화라는 상황에 상응한다는 가정을 제시하는 편이 적절해보인다.

이제 그런 상황을 다루는 역사가들도 등장했던바, 우리들 대다수에게는 무엇보다 아르노 메이어*의 『낡은 체제의 잔존』(*The Persistence*

● 아르노 메이어(Arno Joseph Mayer, 1926~), 근대 유럽사 연구로 알려진 룩셈부

of the Old Regime)[1]이 탁월한 기록이다. 이 책은 몇몇 유럽 나라에서 근대성의 봉건적 맥락이 놀라울 정도로 오랫동안, 2차대전 말까지 살아남았음을 보여준다. 마찬가지로 기술적 근대화와 상품화를 동반한 근대성의 최초의 출현도 사회 내의 제한되고 고립된 지역에 머물렀다. (이 시대에는 독점자본주의 또는 레닌식으로 제국주의로 묘사될) 본격적인 자본주의시대의 새로운 부르주아지는 여전히 농민이 압도적인 전체 인구에서 상대적으로 작은 부분이었다. (훨씬 나중에 가서야 수적으로 줄어들고 오늘날 우리가 본격적으로 산업화된 농업의 농장노동자나 농업 프롤레타리아트라고 부르는 계층으로 변모하게 될) 전통적인 농민층은 여전히 (한층 파편적으로 살아남은, 현재는 대지주로 불리는 이들이면서 아직 농기업으로 대체되지 않은 옛 농촌귀족과 더불어) 하나의 봉건적 신분이었고 엄밀한 의미에서 사회계급이라는 정체성을 갖게 될 두개의 본격 자본주의집단의 하나에 아직은 동화되지 않고 있었다.

이렇게 보면 세계는 여전히 새로운 산업 대도시의 시간과 시골지역의 농민의 시간이라는 두개의 다른 시간성을 중심으로 조직되어 있던 셈이다. 관습적으로 문학적 모더니즘의 지배적 특징으로 지목되는 거대한 주제인 시간성 그 자체, 베르그송이 개념화할 수 있다고 생각했고 수많은 현대 작가들이 심오한 미스터리를 들여다보듯이 응시했던 그 '심층 시간'(deep time)은 다름 아니라 미완의 자본주의가 갖는 이 과도기적 경제구조가 기록되고 식별되는 양식이다. 이

르크 출신의 미국 역사가.

과도기에 사람들은, 아니 지식인과 그 범주에 속하는 작가와 이데올로그들이라고 하는 편이 낫겠는데, 이들은 여전히 두개의 서로 구분되는 세계를 동시에 살고 있었다. 의문의 여지 없이 지금은 이 동시성을 메트로폴리스와 지방 사이의 구분이라는 틀에 넣을 수 있지만, 개인이 대도시라는 매우 다른 세계에서 생계를 도모하면서도 자기가 태어난 어떤 고장, 어떤 마을이나 지방에 정기적으로 돌아가는 상황이라는 틀로 상상하는 편이 나을지도 모른다. 예컨대 프루스뜨나 조이스처럼 대놓고 도시적인 작가들이 자신들의 도시적 경험을 넘어선, 근본적으로 다르면서도 그 경험을 완성시켜주고 어쩌면 부분적으로 그 경험을 결정해주는 무언가의 존재를 느낀다는 점은, 프루스뜨가 프랑스의 뿌리깊은 중세전통을 다분히 인위적이고 '현학적'으로 찬양한 것에서든지, 아니면 조이스가 다양한 형태의 아일랜드 및 게일 민족주의와 대결하며 거슬려했던 데서 나타난다. 조이스에게 그것은 필요한, 사실상 해야만 했던 대결로서 대담한 보편화를 통해 그것을 측면 공격하려는 시도가 『피네건의 밤샘』(*Finnegans Wake*)이라고 볼 수 있다.

하지만 '낡은 체제의 온존'을 사회계급이라는 견지에서 설명하려는 시도는 그 특성상 불가피하게 지리학적이고 지역적인 현상들을 가로질러 공공연하게 기술적인 현상으로 빠져들어가는 경향이 있다. 곧이어 살피겠지만 이 수상쩍은 미끄러짐에 관해서는 더 유의할 필요가 있다.

그러나 애초에 기술, 곧 이른바 산업자본주의의 '산업적' 차원에는 자체의 자율성과 내적 논리가 있는 듯하고, 그에 관해서는 당대의 예술이나 사유에 풍부하게 기록되어 있다. 기계를 사회적 비참과 미학적 치욕의 원천으로 본(물론 대중매체와 그 형식의 확산을 이 기술범주에 포함시키는 것이 중요하다) 러다이트나 러스킨(Ruskin) 의 적대가 특히 그러하다. 이후에 일어난 본격예술과 대중문화의 분리는 더 명백한 초기의 분리에 못지않게 반(反)기술적인 제스처다. (반(反)근대성도 모더니즘의 한 특징이다.)

여기에 기록된 현상적 경험은 다름 아니라 산업적이거나 기술적인 고립영역의 경험이다. 새로운 기술로 만들어진 기계는 자체의 미적 충격을 동반하며 오래된 목가적이고 봉건적인 풍경 속으로 경고 없이 발전한다. 1916년 서부전선에서 최초로 탱크가 출현했을 때 발생한 엄청난 이질성과 두려움처럼 말이다. 반면 예컨대 신화적 힘을 갖는 거대한 동물로 지뢰를 묘사한 졸라의 소설이나 1차대전의 치명적이고 유독한 포탄에 대한 아뽈리네르의 찬양처럼, 그것을 신화화하려는 시적 시도들은 (비록 1930년대 쏘비에뜨와 미국에서 있었던 공장 찬양까지는 이어졌지만) 예술가들이 생산적으로 뒤따를 수 있을 만한 긴 전통을 만들진 못했다.

이 과정을 가장 잘 드러내주는 설명은 여전히 뒤늦게 등장한 하이데거의 기술론이라고 보는데, 이는 철학적이고 개념적인 해결이기보다는 이데올로기적이고 시적인 해결이다. 하이데거는 기술적 출현이 그와 매우 상이한 예술작품의 출현을 형식적으로 반향하면서도 부정한다는 점을 공들여 묘사한다. 말하자면 예술작품은 풍경과 세계가 그것을 둘러싸고 조직되는 사원(temple)인 반면 기술은 그런 것들이 교란되는 지점이다.[2] 하이데거는 기술의 출현을 단순히 하나의 고립된 영역의 문제가 아닌 새로운 형태의 에너지 저장(Bestand 또는 '상비자원')으로 이론화하며, 그럼으로써 새로운 힘의 원천들이 갖는 '신비'를 신화적이지 않은 방식으로 나타낸다. 그의 이론은 잉여가치와 곡창지대에서 국가권력의 기원을 보는 최근의 담론들이나 자본 자체의 층위에서 일어나는 본원적 축적에 관한 맑스의 변증법적 이론과 희미하게 닮아 있다. 하지만 이런 이론들보다 더 나은 점으로, 하이데거의 이론은 확실히 근대적이지 않은 풍경 안에서 기술적 근대성이 출현하는 것을 이해하기에 유용한 관점을 제공해 준다. 이 관점은 통상적으로 전통은 불가피하게 새로운 것에 자리를 내주고 새로운 것은 전통을 극복하고 대체할 운명이라는 식으로 불균등발전을 이해하는 관점을 뒤집는다. 그의 이론에 따르면 미래파의 이딸리아에서처럼 시대착오적으로 전근대라거나 저개발로 불리는 것의 친숙함이야말로 새로움이 주는 폭력성에 두려움이나 흥분을 불러일으키는 역량을 부여해준다. 앞의 논의에서 추론할 수 있다시피 이런 반작용이 긍정적 가치를 갖는지 부정적 가치를 갖는지가 아니라 충격 그 자체에 대한 미적 인식론이 중요한데, 기계가 이미 익숙하고 길이 든 상황이라면 그런 충격은 나올 수 없다.

이제 기술의 역사적 출현이 갖는 두가지 특징에 관해 논평할 필요가 있겠다. 첫번째는 그런 기술적 발전들이 우리가 근대성이라는 비유로 부르는 것, 특히 단절, '최초', 시작을 향한 근대성의 억누를 수 없는 추구라는 비유의 긴 그림자 아래서 일어난다는 것이다. 이미 살폈다시피 근대성의 '진정한' 시작을 정하기란 불가능하다. 그런 영광을 둘러싸고 다투는 후보자가 너무 많기 때문만이 아니다. 이른바 단절이라는 것 자체가 다만 서사적 효과일 뿐이며, 역사가가 처음부터 정해놓고 출발하는 영역 안에서의 위치변화에 좌우된다. 그러나 분명한 사실은 기술적 발전이 단절이라는 공허한 서사형식에 어쩔 도리 없이 포섭된다는 점, 그것이 형식상의 출발점을 채워주는 내용 역할을 해주며 그만큼 그 역할을 잘 감당할 수 있는 다른 유형의 역사적 자료는 많지 않다는 점이다. 형식과 내용, 즉 근대성이라는 서사개념과 최초의 산업기계의 도입은 함께 작용하면서 거의 중력장에 버금가는 충격을 자아냈고 그 이래 벗어날 수 없는 것으로 비치게 되는데, 심지어 역사적으로 한층 더 자의식적인 우리 시대에서조차 모든 사람이 '기술결정론'을 비난하면서도 마음 깊숙이에서는 은밀하게 기술결정론을 품고 있다.

따라서 이 특정한 망상을 떠받치고 있는 기술의 자율성, 내지 적어도 반(半)자율성을 떠올리지 않을 수 없다. 이 자율성의 토대는 역사에 걸쳐 다양하다. (이제 통상적인 분과학문을 뜻하게 된) '과학'의 토대는 새로운 기술들의 응용된 형태이자 시녀로서 시작되었고, 이후에 '순수' 또는 연구과학으로서의 잠정적 자율성을 얻었으며, 개별 사업체와 기업이 점점 더 대학과 대학의 연구실험실을 그저 온갖 종류의 새로운 상품을 위한 시험장으로 활용하게 된 우리 시대에 이르러서는 압도적인 R&D 투자에 좌우되는 새로운 형태의 보조적 지위를 얻는 도정에 있다. 하지만 요점은 '기술결정론'이라는 규정이 갖는 설명적 가치 자체가 바로 그러한 자율화와 그 우여곡절에 의해 결정된다는 것이다.

그렇다면 자율화(autonomization) 자체에 관해 살펴야 할 지점에 온

셈이다. 앞서 강조한 대로 이것은 루만의 분화를 응용한 잠정적 개념이다. 문화와 역사 분야(또는 문화사 분야)에서 진짜 생산적인 것은 다름 아니라 루만이 궁극적 결과를 결코 예측할 수 없는 끝없는 분열생식의 동학으로 이론화한 과정의 다른 얼굴이다. 루만의 이론은 그와 같이 특별히 부정적이고 진단적인 개념도구인데 다소 자족적인 이데올로기를 구성한다는 단점도 갖고 있다. '분화'가 사회적 실체의 가장 작은 모공에까지 진행되어 내려오면 근대화의 더 이른 시기(사실상 우리 시대까지 이르는 시기)에 볼 수 있는 것같이 점점 많은 자율적 내지 반(半)자율적 층위나 영역을 더는 만들어내지 못한다. 왜냐하면 첫 시기에는 도구에서 기계가 분리되면서 일종의 기술적인 것의 자율성을 구성했을 뿐 아니라 언어와 재현에서도 동일한 과정이 발생했음을 관측할 수 있기 때문인데, 후자가 미적 모더니즘 이론에 관련이 깊은 발전임은 분명하다.

언어사가들은 문자 없는 언어들이 주변 생태와 사회적 맥락 속에 스며든 방식은 문법이라는 발상 자체를 불가능하게 만들며 그런 발상이 전적으로 시대착오임을 드러내는 무분별의 방식이라고 말한다. 그렇다면 그 과정의 단계를 보장하거나 기록해줄 글쓰기는 없어도 분명 진화의 유형으로 볼 수 있는 언어변화가 있지 않을까? 이렇게 본다면 글쓰기의 출현은 언어 내부에서 일어난 어떤 최초의 분화, 즉 분명 이미 다양한 분화들(종종 서로 다른 대명사, 동사형식, 심지어 문장구조로 표시되는 젠더, 연령, 심지어 초기 형태의 계급)을 알고 있는 언어가 서로 구분되는 두 영역으로 최초로 자율화된 것이다.

이런 추론이 갖는 요점은 다름 아니라 한걸음 더 나아간 '모던한' 추론을 뒷받침하는 데 있다. 그 추론에 따르면 19세기에 유럽 국민국가들의 불균등한 발전을 가로질러 일어난 언어의 다양한 분화는 귀족적 언어와 부르주아적인 언어, 배운 자의 언어와 대중의 언어, 본격문학의 언어와 구술언어, 초기 대중언론의 언어와 상업적 교환의 언어라는 완전히 다르고 반(半)자율적인 영역들을 보여줄 뿐 아니라, 이 모든 것 너머에 있는, 존재하지 않지만 비(非)유클리드(non-Euclidean) 기하학으로 시연가능하고 추론가능한 언어의 텅 빈 유토피아적 영역을 투영한다. 바로 그 영역이 새로 등장한 언어전문가들이 활동하는 공간, 다시 말해 다양한 형태의 일상언어에 관한 원래의 유클리드적 가정과 공리(지시, 소통가능성 등)들을 수정함으로써 이전에는 세상천지 어디에도 없던 완전히 새로운 언어구조들의 눈에 보이지 않는 윤곽을 연역하고 발전시키는 공간이다.[3] 거듭 말하자면 그렇게 해서 만들어진 산물이 어떤 이데올로기적 가치내용을 갖는지는 중요하지 않다(그리고 시인들은 이데올로기적 평계와 정당화를 스스로 마련한다). 앞서 보았다시피 프리드리히에게는 이 모든 당혹스러운 언어적 자율화가 '소외'와 관련되었다. 말라르메가 내린 '종족의 언어에 더 순수한 의미를 부여하는 것'이라는 불멸의 정의가 뒷받침하는 또다른 전통으로 보면, 그렇게 만들어진 비유클리드적 언어영역은 타락한 상업적 언어로 가득한 상황에서 강력한 유토피아적 소명을 갖는다. 그것은 자본주의적 일상생활의 표준어를 회복시키고 구원해 세계나 존재와의 진정한 관계를 재발명할 수 있는 본래적 언어로 바꾸고 변모시킬 수 있다는 것이다. 하지만 이는 모더니즘의 역사적 의미가 아니라 모더니즘의 미학이며 곧이어 논하겠지만 모더니즘의 이데올로기일 뿐이다. 아니면 적어도 그 이데올로기의 하나일 뿐이다. 언어의 이면이자 비인간적 측면에 관한 푸꼬의 현대미학이 보여주다시피 언어의 자율화가 진행됨에 따라 언어의 비소통성, 비지시성이라는 더 음울한 '동기들'이 출현하기 때문이다. 언어의 분화와 자율화 과정에 관한 이런 다양한 이데올로기적 전유의 역사를 쓸 수도 있겠지만 그런 역사는 그 과정 자체의 역사와는 다를 것인데, 이 점은 '시적' 언어나 비유클리드적 언어를 순전한 관념으로 찬양하거나 순전한 물질성으로 찬양하는 사례들이 증명해준다.

이 지점에서 어떤 '시작들'을 기록해두는 편이 좋겠다. 이런 시작들은 출현(근대성의 출현이든 본격 모더니즘의 출현이든)의 이야기를 쓰려는 새로운 시도에 여물과 자양분이 된다.[4] 이 분야에서 가장 풍부하고 가장 시사적인 제안은 지금도 여전히 특별한 롤랑 바르뜨의 『글쓰기의 영도』(*Degré zéro de l'écriture*)라고 보는데, 다만 그 최종적 예측 또는 예언(이른바 백색의 글쓰기 내지 표백된 글쓰기)만은 시간의 흐름을 이기지 못하고 뒤처졌다.[5] 여기서 바르뜨에게서 얻고자 하는 서사는 스타일이 수사를 대체했다는 그의 설명이다. 오래된, 사실상 태곳적의 웅변조 내지 본질적으로 장식적인 (흔히 정치권력이나 사회계급의 상징적 리허설인) 언어구사는 프랑스혁명 시기에 매우 다른 종류의 언어(워즈워스의 소박하고 민주주의적인 언어는 그에 대한 여러 지표의 하나일 따름이다)에 밀려나며, 이 다른 언어의 성격은 이제 정체성이나 화려했던 옛 시기에 얼마나 근접했는가 하는 측면이 아니라 차이라는 측면에서 인식되어야 하고 이 차이는 점차 다양한 주관적 개별성 사이의 차이로 파악되고 다양한 스타일이라고 이해되기에 이른다. 그렇다면 그 이후에 일어난 스타일의 역사적 쇠퇴 및 사실상 중심화된 주체의 인격적 개별성의 역사적 쇠퇴는, 당시 바르뜨 자신의 애초의 제안을 훨씬 뛰어넘으며 재빨리 확산되고 통용되던 의미에서의 글쓰기(écriture)의 도래가 아니라, 모더니즘이 포스트모더니즘과 포스트모더니티로 대체된 것이라고 이해되어야 하는데, 여기서 그 이야기를 되풀이하지는 않겠다. 하지만 스타일이라는 범주의 출현을 주관성의 어떤 새로운 역사적 진화와 혼동해서는 안 되고 언어의 자율화의 역사의 일부로 생각해야 한다.

그와 같은 자율화가 재현이나 다른 유형의 예술적 '의미들'에 중대한 영향을 미쳤음은 자명하다. 나중에 보겠지만 회화라는 매체에서 초상이 분리된 것이 이런 이야기를 하는 가장 극적인 방식의 하나다. 하지만 연관 사례를 철학의 개념적 언어에서도 얼마든지 찾아볼 수 있는데, 가령 니체와 더불어 개념적 언어가 '모던한' 것이 되었다는 식이다. 그밖에도 무의식의 '발명'이나 철과 강화콘크리트와 유리 같은 비모방적 내지 탈모방적 건축자재들의 사용 같은 것도 유사한 사례가 된다.[6] 비전문가가 보기에는 음악적 재료에서 멜로디의 쇠퇴나 화음의 폐기가 다소 투박하게나마 이와 비슷한 발전이 아닐까 싶은데, 조성의 발명 자체가 음악적 근대성이 아니라면 말이다.[7] 어쨌든 이 모든 단절과 시작에는 확실한 고정 지시어들이 있다. 보들레르, 마네, 바그너, 팩스턴*, 수정궁 등.

근대성 논의에서 확인했던 단절과 시대 사이의 변증법이 모더니즘 이론에도 마찬가지 방식으로 작용하는지는 그만큼 확실친 않다. 여기서는 절대적 시작이 결코 문제가 되지 않는다. 왜냐하면 절대적 시작이라는 비유는 바로 놀라움과 새로운 이론의 스캔들을 자극하기 위해 존재하기 때문이다. 단절이 우리가 상상했던 것보다 훨씬 더 뒤로 거슬러 올라가는가 하면 정전의 반열에 오르지 않았던 이름이 갑자기 치고 올라와 너무나 익숙한 이름을 압도한다. 문제는 오히려 단절들이 너무 증식하는 경향이다. 여기서는 '두번째' 단절의 한 예만 살펴보겠는데 이 단절 사례는 역사서술에서 여전히 활발한 논쟁의 원천이며 (철학을 포함해) 모든 예술을 가로질러 전개된다. 상징주의가 그것인데, 상징주의의 유기체적 형식과 식물적 장식들은 명백히 기계시대적인 폭력성이나 미래파와 그에 뒤따른 모든 것에 대한 찬양과는 다른 정신을 보여준다. 그것은 건축에서(유겐트슈틸 대(對) 바우하우스), 음악에서(브레히트가 '지나치게 감미롭다'고 생각했던 것으로 유명한 초기의 신경증적 쇤베르크 대 후기의 12음체계 이론가로서의 쇤베르크), 회화에서(인상주의 대 입체파) 되풀이된 역사적 분화이며 그밖의 다른 데서도 얼마든지 발견된다 (철학에서 그에 해당하는 것은 의문의 여지 없이 19세기 후반 생기론이 내세운 내용과, 실용주의와 현상학에서 구조주의와 소통 이론에 이르기까지의 더 순수한 형식주의 사이의 대립일 것이다).

따라서 나는 이런 의미에서 모더니즘에 두개의 계기가 있다고 말

• 조지프 팩스턴(Joseph Paxton, 1803~1865), 수정궁을 설계한 것으로 잘 알려진 영국 건축가.

해도 전적으로 무방하고 본다. 그러려면 그 과정의 불가피한 동학, 즉 사실상 무한대로 더 많은 단절을 발생시키게 되어 있는 동학에는 관심을 꺼야겠지만 말이다. 그러므로 여기서는 곧이어 본격 모더니즘(심지어 본격 모더니즘의 '두가지 형태')과 대비되는 후기 모더니즘의 한 계기를 보여주는 예를 제시하겠지만, 종종 포스트모더니즘이나 포스트모더니티로 불리는 후기 모더니스트들은 계속해서 진행되는 내적 단절을 보여줄 뿐이며 여전히 본질적으로는 모더니즘적인 계기를 또다시, 그것도 뒤늦게 만들어내고 있을 뿐이다.

한편 단절들의 연이은 확산은 통상 (이미 보았다시피) 모더니즘의 이른바 텔로스, 다시 말해 영속적인 혁신의 내적 동학에서 기인한 것으로 돌려진다. 이 동학은 자본주의 자체의 억제할 수 없는 쉼없는 확장과 마찬가지로 필연적으로 새로운 종류의 내용과 새로운 '기법'을 향해 자체의 한계를 넘어 계속해서 진격한다. 그런 텔로스에 관한 미시서사들은 낯이 익다(그리고 어떤 '모더니즘적' 예술적 현상이 정밀조사를 통해 확대될 때마다 이런 서사들도 증식한다). 말라르메와 랭보, 그리고 순수시와 초현실주의라는 추정상의 두 병렬적 전통이 보들레르로부터 출현한 것은, 소설에서는 플로베르로부터 한편으로 조이스가 출현하고 다른 한편으로 프루스뜨나 카프카가 출현한 것과 비견된다. 그리고 회화에서는 마네에서 인상주의나 입체파로 전개되는 노선들이 있고, 음악에서는 바그너에서 비롯하는 수많은 계통이 있다. 이와 같은 '영향'과 전이의 계기 중 어떤 것이든 선언이라는 열정적인 개입을 통해 하나의 단절로 만들어질 수 있다. 파운드나 초현실주의자, 쇤베르크나 깐딘스끼에서 그랬듯이 선언은 새로운 계보라는 형식으로 과거를 다시 쓴다. 여기서 혁신하라는, '새롭게 하라'는 명령이 갖는 힘, 새로움 그 자체라는 강력하고 중심적인 지배적 가치는 언제나 모더니즘의 근본 논리를 구성하는 것으로 보이는데, 이는 혁신을 위한 혁신의 추구라는 이름으로 과거를 강력하게 축출한, 종종 공허하고 형식주의적인 물신으로 보이기도 하는 셸링의 근대성의 동학을 되풀이한다. 이런 충동이 갖는 역사적 미스터리는 그것이 모더니즘 자체의 생애를 넘어서까지 지속되는 데서 짐작되는바, 모더니즘은 1950년대와 60년대에 일종의 한계에 근접했고 활용가능하고 구상가능한 새로움을 모두 소진했던 것으로 보인다(이런 점에서도 자본주의의 캐리커처를 엿볼 수 있는데, 포화상태에 이른 세계시장의 궁극적 한계 같은 것을 상정할 수 있기 때문이다). 요점은 포스트모더니즘이 본격 모더니즘이나 엄밀한 모더니즘으로 규정할 수 있는 모든 특징들을 체계적이고 철저하게 거부하면서도 독창성이라는 모더니즘의 마지막 요건은 완전히 떨쳐내지 못했다는 사실이다.

그와 같은 지속이 자명하며 심지어 전적으로 자연스럽고 필연적이라고 보는 사람들은 본격 모더니즘보다 더 오래 지속하는 시장이라는 틀, (현재 더 전통적인 미술관과는 다른 새로운 유형의 공동 예술 프로젝트와 전시들을 기획하며 대열에 합류하고 있는 새로운 유형의 박물관들처럼) 제아무리 차별적인 형식을 취하고 있든 간에 세번째 단계 또는 포스트모던하고 지구화된 단계로 접어든 자본에 동반하는 시장이라는 틀에서 사고하는 셈이다. 하지만 '포스트모더니티' 자체를 단순히 더 확장된 모더니즘적 혁신이라고 소급적으로 흡수해버리는, 그럼으로써 이후의 단계라는 관념이 토대를 두고 있는 단절을 폐지해버리는 이론(또는 서사)도 설명을 위한 기제로서 상품형식의 편재를 내세우는 건 분명하다. 예술에서의 모더니즘적 텔로스는 잠시도 멈추지 않는 유행의 텔로스를 되풀이하며 거기에는 상품생산의 리듬이 새겨져 있다. 시장서사는(여기에 관해서는 곧이어 다시 살펴보겠다) 설득력 있는 서사이며, 아도르노가 그랬듯이 상품화 과정을 예술작품 내부에 새겨 넣는다면 한층 더 만족스러울 것이다. 여기서 예술작품은 내용이 동종요법식으로 형식을 채택하는 데 저항하는 것으로 파악된다. 예술작품은 그렇듯 한층 더 객관화함으로써 상품논리에 흡수될 수 없는 실체성을 만들어내려고 추구한다는 것이다. 게다가 시장 이론은 탈개성화, 즉 주관적 표현에서 대상성으로 옮겨가는 움직임의 토대를 제공하고 중층결정해주는 이점이 있다. 탈개성화는 근대성과 모더니즘 둘 다의 근본적인 특징으로 이미 지목된 바 있다. 하지만 이 서사는 어쩌면 루만의 분화라는 관점에서 한층 더 나아갈지도 모른다. 상품형식 내부에 분할을 상정하는 것인데, 사물적 형식 같은 것을 분리해낸 다음 (광고와 대중문화에 자신의 그림자를 남긴 채) 상업적인 삶과 일상언어 둘다에서 떨어져 나오면서 새로이 자율적 내지 반(半)자율적이게 된 예술영역 내부에 그것을 하나의 독립적인 힘으로 장착한다.

그러나 이런 목적론적 서사의 힘은 시장과 상품형식이라는 개념으로는 충분히 확보되지 않는다. 정확히 말하자면 이런 류의 끈질기고 확고히 자리잡은 서사들은 많은 다양한 설명적 에너지를 담고 있으며 그런 다양한 에너지에 의해 중층결정되는 경향이 있다. 따라서 기술적 모티프 또한 (기술적 진보라는 목적론적 서사가 이런 예술적 모더니즘 서사만큼 순전히 구성된 것인가는 별개로 치면) 여기에 귀환할 수 있다. 미학적 분석의 틀을 기법이라는 측면으로 잡는다면 기술이라는 특정한 해석적 중심이 갖는 장력이 불가피해지기 때문이다. 물론 회화나 음악이나 건축에 비해 기법을 확정하기 어려운 언어예술에는 문제점들이 발생하겠지만 말이다. 하지만 그런 문제점들은 생산적이다. 왜냐하면 다른 예술이나 매체가 모더니즘적 예술체계에서 시와 시적 언어가 갖는 지배권을 인정해주는 대가로, 시는 관대하게도 다른 예술이 자체의 구조와 내적 동학에 대해 제시하는 기술적이고 물질적인 설명을 은유적으로라도 기꺼이 채택하는 것으로 그런 칭송에 보답하기 때문이다(이와 같은 흥미로운 상호합의에 관해서는 뒤에서 다시 살펴겠다).

그러나 변화를 혁신으로 읽어낼 뿐 아니라 혁신을 기법이나 매체 내부의 기술적 발전이라는 견지로 해석한다는 결정이 일단 내려지고 나면, 전환이 완결되면서 모더니즘적 목적론을 완전히 적절하게, 그리고 기술적(그리고 때로 과학적) 진보라는 틀의 새로운 힘을 가지고 찬양할 수 있게 된다. 이 이야기는 새로 출현하는 모던한 예술에 대한 다양한 옹호와 변론이 이제 이미 존재하는 기술적 이데올로기의 힘을 빌려 쓸 수 있게 되었다는 뜻이며, 기술적 이데올로기는 상품형식과 시장이라는 한층 당혹스러운 논리의 작동을 가려주는 블라인드 역할을 해준다.

하지만 형식과 내용 사이의 끊임없는 진자운동의 와중에 내용은 필경 자기 권리를 내세우면서, 모더니즘을 시적 기술로 설명하는 방식은 기계에 관한 시(미래파)나 정히 필요하다면 (보들레르의 최초의 「빠리풍경」(Tableaux parisiens)에서처럼) 도시재생에 관한 시 정도밖에는 다룰 수 없다고 이의를 제기한다. 다시 말해 모더니즘이 인간정신의 알려진 경계를 확장하고 느낌이나 정념, 그리고 이제까지는 상대적으로 시야에 들어오지 않던 무의식의 발산물을 탐구하면서 주관적 영역에서도 혁신을 일으킨다는 또다른 주장이 기술과 무슨 상관이란 말인가?

이는 중대한 문제제기로서, 지금까지 언급된 탈개성화라는 순전히 부정적인 원칙으로는 충분히 다루어지지 않는다. 사태의 이런 차원을 파악하기 위해서는 언어를 논하면서 간략히만 다룬 '재현의 위기'라는 주제로 돌아가야 한다. 재현의 위기는 이제 감정과 정서에 관한 관습적이고 전통적인 규정들이 대상으로부터 분리되기 시작한다는 가설을 암시한다. 더 적절히 말하자면, 말과 장소와 신체와 제스처들 사이의 종래의 전통적인 맥락상의 통일성, 언어가 아직은 자율적이기는 고사하고 독립적 존재도 되지 못하는 상황적 통일성이, 분화와 분리의 영향으로 서서히 분해된다고 상정된다.

앞서 말한 대로 어떤 명목주의가 시작되었다고도 할 수 있는데, 이는 바야흐로 독특한 반(半)자율적 존재로 변모한 말과 대상 둘 다를 '낯설게 하는' 역설적 효과를 갖는다. 느낌과 정서에 관한 전통적 논의나 심지어 근대 초기의 글들조차, 어떤 구조적인 언어체계라는 형태로 이 주제를 다룬다. 다양한 이름의 정서가 긍정적이거나 부정적이거나 중간적인 것으로서 쌍으로 내지 다발로 묶인 채 서로 대비되어 병렬되는 것이다(아리스토텔레스의 『니코마코스 윤리학』이든 데까르뜨의 『정념론』이든 마찬가지다). 레비스트로스의 구조주의 학설에서 언제나 첫번째 중요한 사례였던 색상체계들과 매우 유사하다. 비록 새로운 감정언어들이 때때로 출현해 언어체계를 변화시키고 오래된 감정언어들이 이따금 새로운 이름을 부여받는 건 사실이지만, 개별적인 감정언어에서 어떤 언어적 결핍이 비롯된다고 상상해서는 안 된다. '모던'한 시기에 일어나는 일은 그런 것이 아니라, 단어들의 체계 전체가 위기에 돌입하고 해체되면서 개별 구성요소의 재현적 힘을 빼앗아가는 것이다. 익숙하지 않고 이름 붙여지지 않은 '느낌들'과 (확인가능한 실체들과 더는 실제로 상응하지 않는 추상적인 '이름'이 된) '감정들'에 이름을 붙이는 문제는, 주관적인 내용 그 자체를 잘 알려진 '재현의 위기' 속으로 던져 넣고, 재현적 '해결책'을 잠정적인 것으로, 또 사회적이고 집단적인 형태의 주권 (이것들 자체도 어쨌든 혁명기를 거치며 약화되어왔다)에 의해 승인되지 않은 것으로 만들어 유행하는 목적론적 논리에 넘겨준다.

그러나 어떤 상호적 과정에 관해서도 간략히 언급해두어야 하는데, 여기서 살피고 있는 언어적 분리와 분화에서 새로운 언어적 배치는 주관적 자료들에 더 적절한 이름을 붙이는 데 그치지 않고 실제로 그것들에 형체를 부여하는 영향력을 발휘하기 때문이다. 사실 이름이 갖는 힘을 통해 종종 대상과 주관적 전거를 창조해낸다는 것이야말로 모더니즘의 자화자찬 중 하나다. 이 과정이 단순히 암시 감응성이나 지라르(Girard)식 모방과 모사 행위의 문제는 아니다. 이른바 '장치의 동기부여'(motivation of the device)라 부르는 것을 통해 텅 빈 형상이 종종 그것을 채울 현실을 소환할 수 있음을 최초로 발견

한 것은 아마도 러시아 형식주의자들이었을 것이다. 미학적 층위에
서 그것은 오래된 제임스-랑게 정서 이론(주관적 경험이 표현의 제
스처에 선행하거나 그것을 야기하는 것이 아니라 반대로 그에 뒤따
른다는 이론)의 역설과 흡사하다. 이제 스캔들이 된 폴 드 만의 '변
명'에 관한 장*이 이를 되풀이한 최근의 사례일 텐데, 여기서 주체의
'진본다움'(authenticity)이란 그(또는 그녀)의 발화행위의 자세와 구
문론이 갖는 사후효과에 불과하다고 파악된다.[8]

하지만 재현의 자율화와 그에 동반하는 예술언어의 탈개성화는
공간화된 우회경로를 통해 식별되는 경우가 더 흔하다. 새로운 문장
은 관습이나 클리셰 같은 기존 형식을 최소한 얼마 동안이라도 벗어
나고 회피하는 방식으로 예전의 느낌을 재구성하려고 노력하면서
우회로를 통과해야 하는 것이다.

모더니즘적 혁신에 관한 관습적인 설명을 뒤집은 아도르노의 비
범한 작업으로 되돌아가야 하는 이유가 바로 여기에 있다. 앞서 이
미 살핀 대로, 혁신이란 새로운 재료의 문제가 아니라, 예전에는 긍
정적이었던 것들을 두고 새로운 금기를 끊임없이 발명해내는 문제
인 것이다. 이 결정적 개입은 고색창연한 호르크하이머(Horkheimer)
와 아도르노의 『계몽의 변증법』(Dialectic of Enlightenment)에 바탕을 두
고 있는바, 여기에 따르면 이른바 지식과 과학의 진보라는 것은 일
종의 낯설게하기이며 이는 이전의 합리성을 미신의 지위로 강등시
키고 결국에는 실증주의라는 반(反)이론적 황무지로 보낸다. 그러고

• 『독서의 알레고리』 12장을 말한다.

나면 이 새로운 설명의 관점이 훨씬 더 만족스럽고 이해가능한 과정을 통해 이른바 모더니즘적 혁신(과 새로움에 대한 물신주의)이라는 목적론의 토대를 구축한다. 뒤이은 세대, 이를테면 낭만주의로 시작되는 일련의 세대는 주관성이라는 물려받은 불충분한 언어적 도식을 인위적 관습이라고 느끼고, 어떤 더 새로운 재현적 대체물로 바꾸고자 시도한다. (보들레르의 모호한 가학-피학성 '악마숭배'에서 랭보적 환락과 도스또옙스끼적 자기부정과 비참을 거쳐 20세기 문학의 온갖 이름 붙이기 어려운 집단적인 것들에 이르기까지) 주관성의 새로운 영역에 대한 진보적 발견으로 보이던 것이 이제는 (모던함 자체의 종말과 더불어 소진되기까지) 어떤 정지점도 예측할 수 없는 끊임없는 이름 지우기와 재형상화 과정으로 보인다.

그러나 이 지점에서 공공 내지 대중을 들여옴으로써 이 과정을 더 넓은 사회적 맥락으로 개방할 필요가 있다. 미적인 것의 가식에 대한 삐에르 부르디외의 치유적 탈신비화를 굳이 기다릴 필요도 없이 이 모든 것에서 예술가의 개인적 동기에 걸린 판돈이 무엇인지 알 수 있다. 당시는 현역 예술가의 냉소주의로 치부되었지만 뽈 발레리(Paul Valéry)가 말한 대로 "보들레르의 문제는 다음과 같은 견지에서 상정되어야 한다. 즉 '라마르띤이나 위고나 뮈세 같은 사람이 아니면서 어떻게 위대한 시인이 될 것인가'."[9] 하지만 발레리가 보들레르의 존재이유로 명명한 이 명령을 모더니스트들의 시적 발명의 거짓된 실체를 폭로하는 것으로 받아들일 필요는 없다. 그것은 주관적 재현의 위기에 내재되어 있으며 이 위기는 또 그 자체로 우리가 비유클리드적 언어의 자율화로 부른 것의 한 부분일 따름이다.

그것은 또한 때로 수용의 위기나 대중의 위기로 부적절하게 불리는 것에도 상응한다. 하지만 지금까지는 통일된 대중이었다가 부르주아가 권력과 문화를 점점 더 확고하게 장악하는 시대를 거치며 점차 파편화된 것으로 상정할 필요는 없다. 왜냐하면 루만의 분화 개념이 갖는 힘은 하나의 과정 안에 형성과 재분절을 동시에 상정한다는 데 있기 때문이다. 다시 말해 대중은 새롭게 식별가능해진 하나의 사회적 제도로서 존재하게 되는 바로 그 순간에 분화하기 시작한다. 새로운 부르주아 독서 대중의 출현은 그 대중이 점차 각자 자율적이게 되는 분절된 하위그룹으로 파편화하는 것과 일치한다. 바로 그 때문에 새로운 부르주아 예술, 곧 새로운 모더니즘 예술이 '발견되지 않는 대중'에 직면하는 것이다. 거칠게 말하면 이 새로운 예술이 본격예술로서의 자신의 소명을 구상하는 바로 그 순간, 본격예술은 자신의 대중을 대중예술에게 몰수당했음을 알게 된다. 그렇다고 해서 그런 소명이 대중예술의 존재에서 영감과 주제를 얻지 않았다는 말은 아니다. 대중예술 자체가 우리가 여기서 살피고 있는 문화적 분화의 불가피한 결과이자 부산물이다. 이렇게 해서, 발자끄는 베스트셀러 작가였고 위고는 매우 인기있는 시인일 수 있었다. 이는 그들의 후예에게는 더는 가능하지 않은 일이었다.

그러나 이런 상황은 예술에서의 모더니즘의 또다른 특징으로 우리를 인도하는바, 이 특징은 지금까지 언급한 어떤 것 못지않게 모더니즘의 형성에 핵심적이고 결정적이다. 그것은 종종 모던한 것의 자기지시성이라 불리는 것으로, 모더니즘 작품들이 암묵적으로든 명시적으로든 스스로의 생산에 대한 알레고리로 보이는 것을 의미한다. 중요한 것은 막 생겨나기 시작하는 모더니즘 예술가들이 이렇다 할 사회적 지위나 제도적인 사회적 역할도 갖지 못한 채 다만 보헤미안이라는 범주 안에 제대로 정의되지 않은 입지만 가졌을 뿐 엄밀한 의미에서 지성인도 아니었다는 점이다. 그들의 작품 역시 점점 더 분류할 수 없는 것이 되면서 상품형식과 스스로를 구분하려는 노력으로 장르라는 상업적 범주에 저항하기 시작하는 동시에, 어떤 사회적 승인과 인정도 받지 않는 독특한 형식적 지위를 요구하는 다양한 신화적·이데올로기적 자격주장을 만들어냈다. 이 작품들은 공백 속에서 스스로를 승인하고 인정해야 했다. 자기지시성이란 바로 이런 과정의 동학이며, 그것을 통해 예술작품은 스스로를 지시하며 자신을 사용하고 평가할 기준을 제공한다. 작품의 의미가 갖는 이런 층위를 배타적인 층위로 볼 필요는 없고, 오히려 그것은 여러 알레고리 층위 중의 하나(예술가 자신은 분명 그 가운데 신비적 해석층위에 속한다)를 구성한다.

그렇다 해도 이 층위는 예술가들로 하여금 점점 더 큰 스케일의 야심을 품도록 부추기는데, 이 야심은 바로 '세상의 책'(book of the world), 즉 말라르메에 따르면 세상의 궁극적인 종착지에 다름 아닌 책이라는 데서 최고조에 이른다. 그리고 바로 이 지점에서, 오늘날에는 비록 철지난 것으로 보이지만, 앙드레 말로(André Malraux)가 절대라고 부른 것과 맞닿아 있노라는 모더니즘의 궁극적 주장을 떠올리게 된다. 사실 (브르똥에서 세잔, 랭보, 말라르메의 서신으로 거슬러 올라가는) 당대의 위대한 선언들과는 완전히 다른 스케일이지만, 말로의 『침묵의 소리』(*Voices of Silence*)는 기디온(Giedion)의 『공간,

시간, 그리고 건축』(*Space, Time and Architecture*)과 더불어 모더니즘 일반에 대한 위대한 이데올로기적 변명이라고 볼 수 있다. 그것은 대체로 (당연히 아도르노와 칸트는 제외하고) 철학적 미학이라고 통용되던 것 대다수보다 훨씬 더 내실이 있다.

절대를 향한 주장을 더 겸손하고 알아볼 만하게 전달하는 방편으로, 마지막으로 한번 더 "예술작품이 순수하고 충만하게 예술작품이 되려면 예술작품 이상이 되어야 한다"는 취지의 아도르노의 문장을 인용하자.[10] 다른 말로 하면 순수하게 미적인 것은 궁극적으로 불순해야 한다는 요구와 뗄 수 없이 연결되어 있다. 따라서 여기서 분화와 자율화의 슬로건이 갖는 궁극적인 모호함에 다다르게 된다. 즉 언어와 미적인 것 그 자체는 자폐와 분열증, 알 수 없는 표현과 순전히 '공허한 말'(inanité sonore)로 넘어가지 않고서는 결코 완전하게 자율적일 수 없다. 심지어 (루이스 캐럴의) 넌센스 운율이나 흘레브니꼬프●식의 자율적인 초언어조차 가느다란 최후의 지시(reference)의 실을 간직하고 있어서 '자율적'이라는 규정을 반(半)자율성으로 고쳐 부르지 않을 수 없게 만든다. 절대란 바로 이 최후의 미약한, 그러나 가장 강력한 실이어서 말라르메에서 잭슨 폴록(Jackson Pollock)에 이르는 가장 비유클리드적인 예술마저도 모든 다른 분화된 지시의 세계와 연결해주고 그렇게 함으로써 특별한 변증법적 역전을 통해 그것에 혁명적인 힘을 부여한다.

● 벨레미르 흘레브니꼬프(Velemir Khlebnikov, 1885~1922), 러시아 미래파를 창시했고 난해한 시로 유명한 시인.

2

지금까지 앞서의 격언들을 따라 '근대성'의 역사적 상황을 재구성하고자 했다. 그 역사적 상황 안에서 예술적 모더니즘은 이해가능한 사회적 과정으로 파악될 수 있다. 또한 모더니즘에 관한 오래된 이론들의 좌표와 요소를 활용하는 한편, 현재 우리가 처한 매우 다른 상황에 쓸모있도록 적극적인 다시쓰기를 시도했다.

이제 그 오래된 이론들로 되돌아갈 때가 되었는데, 이후로는 이것들을 그저 모더니즘 이데올로기, 말하자면 (앞선 논의에서 했던 것처럼 사후에 역사적으로 재구성된 것이 아니라) 모더니즘 자체의 이데올로기로 지칭할 것이다. 이 이데올로기를 알아보고 식별하기는 쉽다. 그것은 무엇보다 미적인 것의 자율성을 상정한다. 이는 지고의 가치로서 비평가와 작가들이 예술 그 자체나 그것의 특별함과 동화불가능한 경험에 제아무리 헌신한들 이 가치가 없다면 그와 같은 헌신이 모던함(the modern)의 이데올로기로 분류될 수 없다. 달리 말해보자면 특정하게 제한된 역사적 의미에서 모던함의 이데올로그들이 제안하고 결집시킨 온갖 논의는 모두 예술의 자율성에 대한 정당화라는 문제를 중심에 둔다. 이데올로그들은 단순히 특정 종류의 예술적 기법이나 경험을 중시하거나 어떤 한 종류의 예술이나 매체를 다른 것에 대항해 옹호하고자 하는 게 아니며 심지어 더 새로운 예술을 관습적이거나 전통적인 예술에 대항해 옹호하는 것도 아니다. 현상적이든 구조적이든, 물질적이든 경험적이든 간에, 예술과 그밖의 다른 종류의 경험 또는 다른 영역이나 층위의 사회적 삶이나 구조 사이의 철학적 분화를 주장하는 데 그치는 것도 아니다. 그런 식의 설명은 언제나 더 근본적인 목적, 즉 미적인 것에 비교불가능한(그리고 사실상 사회적이든 심리학적이든 다른 종류의 경험구조에 대한 설명으로 보완될 필요가 없으며 독자적이고 어떤 외부적 정당화도 필요치 않은) 초월적 가치를 부여한다는 목적에 동원된다.

그런데 좀 전에 나는 앞선 논의의 도처에 등장했던 '분화'라는 운명적 단어를 사용했다. 이 단어는 이제 (루만과 그 특유의 언어학적 규범과 슬로건은 제쳐두고) 아리스토텔레스에서 루카치에 이르는 다양한 철학적 미학의 역사가 보여주는 변함없는 특징으로 생각될 수 있다. 그렇다면 왜 하필 모던한 비평가와 미학자, 즉 모더니즘 비평가와 미학자와 이론가를 지목해서 철학사에 등장하는 모든 (서구) 미학자에게 다 적용하지도 못할 어떤 특정한 역사적 판단을 내려야 하는가? 이 질문은 현재의 맥락에 비추어 좁히고 보강할 수 있다. 왜냐하면 앞 장에서 모더니즘을 설명하기 위해 미학적 영역의 자율화라는 관념을 매우 특정한 방식으로 전개했기 때문이다. 그리고 이 설명은 우리가 여기서 모더니즘 이데올로그들에게 귀속시키고 있는 결론, 곧 미학의 자율성이라는 결론을 확증해준다. 가장 가시적인 차이, 즉 나는 이 자율성을 하나의 역사적 과정의 결과물로 상정한 반면, 모더니즘 미학자들은 전반적으로 그것을 초역사적이거나 시간을 넘어선 영원한 지위로 생각한다는 이 차이는 과연 핵심적인가? 그것이 유일한 차이인가?

그렇지 않다. 근본적인 구별은 다른 데 있다. 즉 자율성이라는 관념과 반(半)자율적인 것이라는 명명 사이의 거의 알아볼 수 없는 구분선에 있다. 이 구분선은 (형용사에서 명사로 들어가는, 혹은 구조적이고 묘사적인 것에서 존재론적인 것으로 들어가는) 하나의 미끄러짐이며 (루만의 분화라는 장치는 전혀 기록하고 있지 않지만) 이 말뭉치들 내부에 잘 보이지 않는 가느다란 금으로 확실하게 깊이 새겨져 있다. 그것은 어떤 근본적인 경계선이며 모더니즘 이데올로그들이 때로 보는 사람을 당혹스럽게 만들 정도로 숨길 수 없이 궁지에 몰린 형세로 서 있는 전선이다.

앞서 기술했던 또다른 당혹스러운 특징, 즉 절대성을 떠올리면 이 당혹감을 떨칠 수 있을 것이다. 사실상 절대성은 우리가 미적인 것의 반(半)자율성이라 부른 것에 토대를 제공하고 새롭게 동기를 부여하기 위해 최종적으로 환기되는 미학외적 정당화를 대표한다. 인간심리에 있든 역사나 사회에 있든, 아니면 심지어 종교 그 자체에 있든 간에, 그런 정당화는 모던함의 이데올로그들이 반드시 거부하고 물리쳐야 하는 것이다. 그러나 그 거부는 때로 자신들에게 절대를 구성하는 것은 사실상 예술과 미적인 것 자체라는 입장의 가면을 쓰는데, 이런 입장은 이런저런 예술의 '종교'나 그와 비슷한 슬로건으로 통속화되고 그 모두는 내적으로 모순적이며 궁극적으로 무의미하다. 예술은 종교가 아니고 또 종교 역할에 동원되는 것이 외적 권위와 가치에 대한 굴종이기 때문만은 아니다. 절대라는 용어 자체가 어떤 의미를 갖는다면 그것은 초월적 동기, 즉 해당되는 그 실천 바깥에서 그것을 둘러싸고 있는 어떤 것을 향한 호소를 뜻하기 때문이다. 하지만 우리 시대의 종교는 너무 모호하고 빈약한 담론영역이라서 종교적 어휘가 얼마든지 다른 명분에 의해 전용될 수 있다. 실상 종교가 미적인 것과 가장 가까이 있을 때는 미적인 것의 철저한 자율성에 대한 핑계에 불과할 경우가 많다. 그와 같은 (대체로) 기독교적인 수사의 미학화를 T. S. 엘리엇과 대비시키면 차이가 금방 손에 잡힐 듯 분명해진다. 엘리엇의 작품은 진정한 절대, 다시 말해 예술이 과거에 존재했다고 상정되는 어떤 전체(wholeness)로 복귀하는 일을 포함한 어떤 총체적인 사회변화에 대한 비전을 가리킨다. 우리 시대의 종교는 내용 없는 보수적 봉쇄전략으로서, 지적인 것에 대한 반발이자 어쩌면 정치적인 것에 대한 반발이며 진보적이고 혁명적인 입장에 대한 위협이다.

미적인 것의 자율성에 대한 단언이 모순적이라는 점, 그래서 그것을 뒷받침하기 위해 상당한 (이데올로기적) 조치들이 필요하다는 점은 최소한으로나마 분명해졌을 것이다. 그런 조치들의 동학과 필수요건에 관해서는 모던함(또는 모더니즘)의 미학적 이데올로기에 역사적 위치를 부여하기 위해 만들어진 몇가지 다른 가정을 제시한 다음에 곧이어 살피겠다. 사실 뒤따르는 논의에서는 이 이데올로기가 모더니즘적 예술실천들에 대한 이론화로서도 앞에서 기술한 근대적 변화와 시기적으로 일치하지 않는다는 점을 보여주려 한다. 그것은 뒤늦은 산물이며 본질적으로 2차대전 직후에 나온 발명이자 혁신이다. 이런 주장은 이데올로기 자체에 관한 몇가지 개념적 문제를 제기한다. 즉 이데올로기와 실천(이 경우에는 예술적 실천)의 관계라는 문제, 그리고 이데올로기와 실천 둘 다와 당대 역사적 상황의 관계라는 문제 말이다.

예를 들어보자. 모더니즘이라는 이데올로기가 모더니즘 예술가들이 자신들의 예술적 실천에 관한 이론으로 고안한 것이 아니었다면 **그들의** 이데올로기는 무엇이었나? 그리고 모더니즘 이데올로기가 우리가 전형적으로 모던하다고 생각하는 19세기, 20세기 예술가들의 실천과 조응하지 않는 뒤늦은 구성물이었다면, 어떤 이들의 실천과 조응했는가? 그리고 그렇게 조응했던 이들을 우리는 무어라 불러야 하며, 난감하게도 '진정한' 모더니스트나 '실제' 모더니스트라고 불러야 할 사람들과 그들을 어떻게 구분해야 하는가? 이 마지막 질문을 먼저 다루어보자. 나는 전후 예술가들을 '후기 모더니스트'로 부를 것이고, 마지막 장에서 그들의 작품과 고전적 모더니즘 작품의 구조적 차이에 관해 간략히 설명하겠는데, 고전적 모더니즘의 예술가들은 (다소 주저가 되기는 하지만) '본격 모더니스트'로 지칭할 것이다.

이 결론에서부터 거슬러 올라오면, 끝에서 두번째 장에서는 모더니즘 이데올로기 자체의 '불균등발전', 즉 그 이데올로기가 다양한 형태로 발생한 다양한 국가적 상황과 그런 형태들을 발전시킨 각국의 서로 다른 이데올로그들에 관해 논하겠다. 하지만 1945년 이후 다양한 나라에서 모더니즘 이데올로기를 출현시킨 다양한 미학과, 그것들이 가장 직접적으로 조응하는 후기 모더니즘적 실천이라는 예술환경을 고려하기 전에, 이 이데올로기 자체에 관해 좀더 구체적으로 설명할 필요가 있다.

모더니즘 이데올로기에 관해 말하고 싶은 첫번째 사실은 그것이 미국의 발명품이며 매우 분명한 역사적 결정요인들을 갖는다는 점이다. 외적 결정요인과 내적 결정요인, 즉 사건과 정치적 상황이 주는 압력과 미적 형식 자체의 압력은 구분해야 한다고 서둘러 덧붙여야겠다. 이 순서대로 둘 다 다루어보겠다.

후기 모더니즘은 냉전의 산물인데 다만 대단히 복잡한 방식으로 그러하다. 냉전은 사회변혁의 시대, 그리고 유토피아적 욕망과 기대의 시대에 종지부를 찍었다. 소비주의의 출현과 이 시기 전반에 걸친 소비문화의 확산은 그보다 앞선 (그리고 냉전의 두 주역에게는 2차대전의 파괴력에 의해 손상되지 않은) 생산성의 승리라는 영웅적 순간과 동일한 것이 전혀 아니다. 이제 서구든 혁명적 중국을 제외한 스딸린주의적 동구든 양쪽 모두가 기존 체제의 안정화를, 그리고 근대성이라는 표지와 슬로건, 달리 말하면 고전적 내지 본격 모더니즘의 표지와 슬로건 아래 실행되었던 모더니즘적 변화라는 형식을 끝내기를 원하게 되었다. 본격 모더니즘의 절대는 근대화라는 더 기본적인 프로그램으로 축소되었고 근대화는 부르주아적 진보 개념이라는 그 오래된 것의 새로운 이름에 불과하다. 앞서 살핀 바와 같이 근대화는 이미 발전된 산업기술의 이전 및/또는 이행을 나타낸다. (땅에서 솟아나거나 제우스의 눈썹에서 다 자란 상태로 태어난다거나 하는 식의) 기술의 발명이기보다는 기술의 복제인 것이다. 따라서 정치는 이제 주의깊게 감시받아야 하고 새로운 사회적 충동은 억압되거나 길들여져야 한다. 이런 새로운 형태의 통제는 후기 모더니즘에서 상징적으로 재연되는데, 후기 모더니즘은 이전의 모더니즘적 실험을 유효성이 검증된 기법들의 저장고로 바꿔버린 채 더는 미학적 총체성이나 체계적이고 유토피아적인 형식적 변화를 추구하지 않는다. 원형적 모더니즘의 미적 근대화는 2차대전 이전까지는 한동안 지속되지만(그 때문에 이 시기 전체를 '후기 모더니즘'이라는 용어로 부르는 것이다), 1960년대에 이르면 전후 자체가 완전히 끝나면서 하버마스가 근대주의적 따라잡기 내지 만회라 불렀음 직한 것, 스스로를 근대의 완성이자 성취로 여기고 싶어 하는 근대의 연장이 종결된다. 그렇다면 모더니즘이라는 실현되지 않은 약속을 지속하고 완성하려는 시도는 어떤 형태를 취할 수 있었는가?

1945년 독일의 패배 이후 미국의 예술과 그 이데올로그들이 직면한 세계 상황으로 되돌아가보자. 모더니즘에 관한 한 세계적 규모의 일종의 미적 '불균등발전'은 확연하다. 추축국 열강들은 말할 필요도 없는 이유로 모더니즘의 때를 놓쳤고 소련도 마찬가지였다. (일본을 제외하고) 이 세 나라 모두 1920년대에는 생기발랄한 모더니즘이 있었으나 1930년대 초에 일제히 돌연한 단절을 맞았다. 미학적 층위에서 보자면 이런 상황은 확실히 실현되지 않은 약속, 미완의 기획으로서의 모더니즘이라는 하버마스의 잘 알려진 슬로건을 정당화해준다. 여기서 핵심적인 사실은 이 나라들이 예술적으로 발전하지 않았다는 것만이 아니라 이론화의 계기, 다시 말해 이 글의 맥락에서 볼 때 모더니즘 이데올로기라는 형태로 집대성할 수 있는 어떤 본격적으로 '모더니즘적인' 미학적 실천의 계기에 이르는 데 실패했다는 것이다. 다른 한편 이른바 서구 민주주의 국가들에서도 이 계기는 부재하지만 다른 이유 때문이다. 사실상 앵글로-아메리칸 주요국가에서 모더니즘은 2차대전 이후까지 부차적이거나 그다지 중요하지 않은 충동으로 남아 있었다. 이 점에서도 프랑스는 달랐다. '근대성'이라는 단어의 보들레르식 어법이 큰 영향력을 미치면서 모던한 시기 프랑스예술이 지닌 중심적 위치를 보여주지만, '모더니즘'이라는 고약한 단어가 사용되기 시작한 것은 불과 지난 몇년 사이의 일이어서 이상한 종류의 이론적 지체를 보여주는데 여기에 관해서는 곧이어 간략히 살피겠다. 유일한 예외는 건축인데, 이 분야에서는 CIAM(근대건축국제회의)과 르 꼬르뷔지에가 모던이라는 슬로건을 공격적으로 보급시키고 그 이데올로기를 구축하기 위해 부지런히 활동했다. (하지만 앞서 본 대로 해당 시기보다 한참 이전에 미학적 논의에서 불쑥 등장한 '모던'이라는 형용사의 징후적 가치와, 건축분야에서조차 그리 널리 통용되지 않았던 명사인 모더니즘이라는 슬로건 사이를 구별하는 것이 중요하다.)

그렇다면 냉전 상황이 제공한 것은 예술적 기회라기보다 이데올로기적 기회였다. 확실히 회화에서의 추상적 표현주의는 매우 위대하고 지속적인 성취였다. 그러나 내가 후기 모더니즘이 미대륙의 현상(또는 더 적절하게는 미국적 현상)이라 했을 때 염두에 둔 것은 예술 이론, 모더니즘 이데올로기인데, 그것을 만들어내는 것이야말로 추상적 표현주의의 역할이었고 그런 다음에는 이 이데올로기가 추상적 표현주의가 가는 곳이면 어디든, 특히 북미의 문화 제국주의로서 그에 동반했다. 이 이야기는 쎄르주 길보(Serge Guilbaut)의 고전적인 저서 『뉴욕이 어떻게 모던예술이라는 관념을 훔쳤나』(*How New York Stole the Idea of Modern Art*)에 잘 나와 있으니 여기서 반복하지는 않겠다. 한층 제한된 일국적 규모이긴 하지만 같은 식의 발전이 미국시에서도 되풀이된바, 월러스 스티븐스(Wallace Stevens)의 풍부하고 복잡한 작품들이 에즈라 파운드와 T. S. 엘리엇의 작품들을 대체하기 시작했던 반면, 이 둘의 작품은 정치에 의해, 달리 말하면 외재적이고 외삽적이며 문학외적인 관심사에 의해 변색되었다. 하지만 파운드와 엘리엇의 정치는 (둘 다 수상쩍고 우파적이기는 하지만) 그들이 진정한 모더니스트라는 표시였다. 말하자면 그들은 (비록 미국시인인 엘리엇의 유럽주의는 일종의 미학적 NATO 이데올로기로 기능했고 영국이 전후의 대륙에 통합될 수 있게 해주었다고 말할 수 있으나) 전후시기에는 어울리지 않는 방식으로 절대와 유토피아주의를 고수했던 것이다.

다른 한편 스티븐스는 전이와 번역, 수출 전략을 가능하게 하기에 충분할 정도로 추상적이었고 그 점에서 지나치게 미국적이던 윌리엄 카를로스 윌리엄스(William Carlos Williams)와는 완전히 달랐다(비록 다른 의미에서는 유럽을 방문하지 않은 마지막 미국인이라 스스로를 칭한 스티븐스가 고급문화적인 '토착어'를 구사한다는 자격증을 가졌지만 말이다). 스티븐스의 시는 문학이면서 동시에 이론으로 생각될 수 있다. 영향력 있는 신비평과 더불어 본질적으로 그 스스로가 자신의 시적 실천에 대한 이론을 세웠다. 말하자면 스티븐스와 신비평 둘 다 모더니즘 이데올로기가 출현할 수 있는 공간을 준비했던 것이다.

하지만 이제 이 이데올로기가 어떤 것이었는지 이야기할 차례다. 그것은 신비평에서 발견되지만 무엇보다 이 시기 미국회화에서 출현한 비평에 나타나며, 후기 모던시대의 주요 이론가의 이름, 사실상 완전히 발전되고 날조된 모더니즘 이데올로기를 발명한 공이 누구보다 큰 이론가, 클레먼트 그린버그(Clement Greenberg)와 관련되어 있다. 아주 최근까지도 그린버그의 역사적 성취를 가리고 예컨대 시적 언어의 원칙과 관련된 그의 핵심적 중요성을 당시 거의 인정받지 못하게 만든 것이 다름 아니라 다양한 예술 각각의 '자율성 이데올로기'라는 고립주의였다는 점은 매우 아이러니하다. 그의 개입이 어떤 것이었는지 보여주는 맛보기로서, 그리고 미적 자율성 이론이 시각예술 분야에서 구축될 수 있었던 방식을 보여주기 위해 몇 대목을 인용하겠다.

자본주의를 피하는 예술의 성소(聖所)는 새로운 사회를 향한 180도 전환이 아니라 보헤미아로의 이주다. 부르주아 사회에 반대하면서 바로 그 사회를 표현하는 새롭고 더 적절한 형식을 발견하는 기능을 수행하는 것, 그와 동시에 사회의 이데올로기적 분할에도 굴하지 않고 예술로 하여금 사회를 정당화하는 일을 불허하는 데도 굴하지 않는 것이 아방가르드의 임무여야 한다. 낭만주의의 후예이자 부정인 아방가르드는 예술의 자기보존 본능의 체현이 된다. (…)

아방가르드는 자기 의제의 가장 중요한 첫번째 항목이 관념에서 도피할 필요라고 본다. 관념은 사회의 이데올로기적 싸움으로 예술을 오염시킨다. 관념은 일반적으로 소재를 의미하게 되었다. (…) 이는 형식에 대한 새롭고 더 큰 강조를 뜻하며, 또한 예술이 독립적인 소명이자 분야이고 기술이며 절대적으로 자율적이며 그 자체로 존중될 자격이 있다고 주장하는 일을 내포한다.[11]

아방가르드 회화의 역사는 매체의 저항에 점점 더 투항하는 역사다. 매체의 저항은 주로 납작한 회화 평면이 사실주의적 원근법의 공간을 위해 '구멍을 파내는' 노력에 저항하는 데 있다.[12]

여기서 미적 자율성이라는 관념이 애초에 구축되는 방식에 관한 더 일반적인 이해에 도달하기에 앞서, 두가지 논의, 즉 하나는 그린버그의 역사적·정치적 상황, 다른 하나는 회화 이론이 다른 예술과 매체로 전이되는 복잡한 현상에 관한 논의가 필요하다.

그린버그가 애초에 맑스주의자였다는 점이나 스딸린주의에 대한 환멸로 뜨로쯔끼주의적 입장에서 예술을 정치 일반과 분리하게 되었다는 점도 잘 알려져 있다. 하지만 이 둘은 상대적으로 별개의 틀이다. 맑스적 태도는 예술에서의 모더니즘과 그 부르주아적 맥락 사이의 적대를 설정하지만 맑스주의 내부의 여러 층위로 인해 이 적대는 반(反)자본주의적 입장에서 반(反)부르주아적 수사로 미끄러져 들어간다. 이런 수사는 사회정치적 체제분석에 더는 토대를 두지 않으므로 정치를 전혀 결정하지 않는 사회적 반감으로 쉽사리 변질될 수 있다. 이는 부르주아 사회 내부의 고립된 지역을 나타내며 그린버그를 따르던 동시대 사도들은 그것을 "부르주아 계급에 대한 충성스러운 반대"로 설명하기에 이른다. (이와 같은 재치있고 익살스러운 비틀기는 본격 또는 후기 모더니즘 자체보다는 상업주의에 둘러싸인 많은 포스트모던 예술가의 역할에 더 어울린다.)

다른 한편 반(反)스딸린주의적 노선은 이 반(反)부르주아적 입장을 전체적으로 감싸면서, 좌파 정치적 실천과 부르주아적 공공영역을 뭉뚱그려 하나의 단일한 실체, 즉 예술작품에 외재적인 실체로 지목한다. 위의 인용 대목에서 정치에 대한 좌파적 고집과 자유에 대한 부르주아적 수사는 모두 '사회의 이데올로기적 싸움'으로 묶인다. 그런 다음 이 싸움은 '내용', 또는 그린버그가 '관념' 내지 '소재'로 부르는 것을 구성하게 된다. 그렇게 되면 그것을 이데올로기적 종파와 무관하게 정치 그 자체로 규정하는 것이 가능해지고, 예술작품이 더 순수하게 미적인 것(순수성 내지 '순수시'라는 슬로건은 낡은 언어이므로)이 되기 위해 마땅히 잘라내야 하는 것이 된다.

그렇게 함으로써 두가지 이점이 확보된다. 첫째, 맑스적 모델이 새롭고 놀라운 형태로 유지되고 발전될 수 있다. 즉 예술의 정화(purification)와 예술외적인 모든 것의 적출은 이제 예술이 적대적 환경(자본주의든 그저 중산층의 편견이든)에 대항해 스스로를 방어하는 방식으로 보이게 된다. 그린버그의 미적 프로그램은 이제 정치적이든 사회적이든 모든 적대적인 세력에 맞선 '예술의 자기보존 본능'으로 칭송된다.

그러고 나면 새로운 과정, 즉 예술의 진정한 소재가 '내재적'인 것이 되고 물질적 매체 그 자체라고 발견되는 과정이 곧 모더니즘적 텔로스이며 새로움과 혁신이라고 다시금 확인될 수 있고, 그런 과정이 출현하기 위한 (이제 구상(具象)으로 파악되는) 외재적인 것의 경향적 제거를 중심으로 해서 더 완전한 '매체의 저항에 투항하기'로 향하는 서사를 갖는 새로운 계보가 구축될 수 있다. 고전시대의 다양한 단속적 혁신주장을 조직화하고 조율한 이 새로운 목적론적 서사는 '아방가르드'라는 오래된 용어에 대한 그린버그의 놀라운 전유에 관해서도 설명해준다. 이 전유는 그가 자신의 미학을 하나의 선언으로 만들고 자신이 고평하는 화가들을 하나의 완성된 집단적 운동으로 묶어내기 위해 고안한 것이다. 그러나 예전의 아방가르드들이 이런 의미에서 순수하거나 형식주의적이었던 적은 드물고 그린버그가 예술에서 추방하기를 열렬히 바랐던 바로 그 정치적 사명과 내용을 (어떤 유형이든) 매우 특정하게 강조했고 열렬히 옹호했다.

(비평가로서 그가 보여준 인식의 천재성과 구분하는 일이 가능하다면) 이데올로기 신봉자로서의 그린버그의 위대함은 사회적·정치적 영역에 있는 딜레마들을 잘 활용해 새로운 미학적 해결책으로 바꿔놓은 점만이 아니다. 모더니즘 전통을 재구축해 이 새로운 해결책을 자신의 새로운 이데올로기적 서사의 클라이맥스로 제시할 방법을 찾은 것만도 아니다. 호기를 놓치지 않은 점, 그래서 냉전의 시작을 희망의 종결이자 앞선 시기의 생산적 에너지의 마비가 아니라 그 에너지를 흡수하고 다시 일깨워 미래를 향한 완전히 새로운 (미적) 청사진을 제시할 새로운 이데올로기를 빚어낼 탁월한 기회로 파악

한 점이다.

두번째 논의는 (명백히 특정 매체와 관련된) 그런 이데올로기와 미학이 다른 예술로 전이됨으로써 제기되는 문제들에 관한 것이다. 여기에 관한 논평은 양방향에서 이루어져야 한다. 즉 유화 재료들과 캔버스 표면에 대한 찬양이 가령 언어예술에서 어떻게 등가물을 발견할 수 있는지 보여주어야 하는 동시에, 다른 예술이 애초에 왜 그와 같은 전이를 필요로 하는지, 왜 (신비평이 문학에서 했던 것처럼) 독자적으로 자율성에 대한 자체적 이데올로기를 발전시킬 수 없었는지 설명해야 한다.

이는 문학, 더 특정하게는 서정시, 즉 비서사적 시적 담론이 일부 모더니즘적 순수예술체제의 중심(내지 정점)에 놓이는 역설적 상황이 있기 때문이다. 예술의 자율성이라는 추정상의 지위 자체가 재현불가능한 만큼 이 주장은 오도할 소지가 있다. 왜냐하면 시 자체는 "음악의 조건을 열망"하지 않는가? 하지만 재현과 관련된 관심을 음악으로 돌리면, 음악은 다시 의미라는 외재적 차원이 형언불가능함으로 승화되는 하나의 시적 담론으로 설명되어야 하지 않겠는가? 음악은 그렇듯 일종의 내용 없는 지시, 아무것도 말하지 않는 일종의 절대언어로 비유된다. 그 다음 이데올로기적 수순에서는 그 자체, 즉 말하자면 빈 공간에서 절대적으로 음악 그 자체를 지시하는 것이 되지만 말이다. 이런 식으로 일종의 순환적 도피를 형성하면서 다양한 예술, 더 정확히는 다양한 예술매체는 그 다음 매체로부터 재현적 특징을 빌려옴으로써 자신의 절대적 속성을 주장한다(셸링의 유명한 말처럼 "건축은 일종의 동결된 음악"이라는 등).

따라서 예술의 자율성이 자율적이라는 묘사를 넘어 어떤 절대적 정신화나 승화를 뜻한다면, 변증법적으로 일종의 절대적 물질성이라는 견지에서도 재현될 수 있다(헤겔이 지적했듯이 존재와 무는 결국 동일한 것이다). 이 등식의 가장 역설적 형태는 언어의 물질성이 주장되는 것이다. 이는 단순한 (맑스가 말했던) '공기의 떨림'이나 쏘쉬르가 기표 차원이라는 개념을 (이 개념 앞에 놓인 이후의 놀라운 이론적 운명에 대해 알지 못한 채) 할당한 '청각적 이미지'보다 훨씬 더 당당한 유형의 존재임을 환기하려는 의도다. 확실히 언어의 물질성에 관한 가장 영향력 있는 주창자들은 더 나아가 (각기 다른 관점에서지만 폴 드 만과 장프랑수아 리오따르같이) 궁극적으로 언어가 비인간적(inhuman)이라는 충격적인 입장을 단언한 이들이다. 이 충격은 대조적인 두 방향을 취한다. 우선 그런 명제는 숱한 정신주의에 의해 쉽사리 전유될 수 있다. (그렇게 되면 이제 비인간은 신이 자신이 만든 한정된 수명의 유기적 피조물에게 불어넣은 숨이 된다.) 그러나 더 자주 이 물질성은(이 단계에서 물질적 언어는 다른 탁월하게 인간적인 능력, 즉 '의식'과 완전히 양립불가능하다는 궁극적인 정신-육체의 이분법 문제로서) 동물적인 것을 암시한다. 따라서 인간 유기체가 상징계라는 이질적인 요소 안으로 들어간다는 라깡적 인식은 종종 공상과학적 함의를 갖는다. 그럴 때 언어는 외계종족의 여행자들이 짧은 방문기간 중에 이 지구를 돌아다니다가 발견한 불행한 인간 동물들에게 안겨준 기이한 속성이 된다.

그러나 실제로 그런 이론들이 확인해주는 바는 다름 아니라 이데올로기적 재현의 요구다. 그린버그가 말한 유화의 물질적 '언어들',

캔버스와 '회화적' 표면이 요구하는 분명한 제스처의 소통성은 자율적인 예술작품이라는 개념에 어떤 극적인 내용을 부여하며, 따라서 비(非)도구적인 방식으로 기법에 관해 이야기할 수 있게 해준다. 문학, 내지 순수하게 문학적인 미학이 다른 예술로부터 깊은 질시를 받는 이유가 여기에 있다. 반면 문학은 다른 예술의 목적론적 역사가 갖는 견고함을 열망하고 그것들이 선택한 물질성의 확실성과 안정성을 열망한다. 상품화시대에 문학은 다른 예술의 대상처럼 하나의 사물이 되기를 바란다. 플로베르의 비전의 말미에서 성 앙뚜안 (Saint Anthony)이 그랬던 것처럼* 문학은 가장 깊은 열망을 담아 끊임없이 중얼거린다. "물건이 되어라."

그리고 바로 이런 이유로, 부럽도록 실체적인 회화의 모더니즘 미학과 의미심장한 수작을 벌인 끝에 문학은 예술언어 그 자체, 즉 시와 시적 언어라는 대용급 내지 이등급의 물질성에 정착한다. 그리하여 시적 언어는 언어예술의 다른 형식을 압도하는 중심적 지위로 올라선다. 그러므로 모든 문학적 모더니즘의 자부심 있는 신봉자들에게 순수하게 시적인 담론은 모든 다른 언어적 현상이 위험을 헤치며 항해해 다가가야 할 붙박이별이 된다. 그리고 시적 언어 그 자체를 '정의'한다는 불가능한 이상이 신비평과 그 이후(그리고 그들보다 앞서 예전 러시아와 체코의 형식주의자들)에 이르는 모든 모더니즘 비평가를 끌어당기는 더 큰 유혹이 된다. 따라서 모더니즘 이데올로기라는 건축물에 최초로 커다란 균열이 생긴 것은 일찍이 1957년 노

---

* 플로베르의 희곡 『성 앙뚜안의 유혹』의 클라이맥스 장면을 가리킨다.

스롭 프라이(Northrop Frye)가 (『비평의 해부』(*The Anatomy of Criticism*)에서) 서사도 똑같이 선차적이라 주장한 때였고, 뒤이어 바르뜨, 구조주의자들과 기호학자들, 재발견된 바흐찐, 몇몇 프로이트주의자들이 모두 모더니즘적인 문학 이데올로기의 관에 못을 박았다.

그러나 이제 애초에 그런 이데올로기가 구축될 수 있었던 전제조건들로 돌아갈 필요가 있다. 칸트 이래 모든 철학적 미학이 다 이 방향으로 움직이고 있었다고도 할 수 있는데, 사실상 칸트 그 자신이 이후 모던함의 이데올로기에서 역사적 완성에 이른 교리의 철학적 발명가였다. 이는 역사적 기록을 단절과 간극으로 재구성하지 않고 연속성으로 조직하는 역사서술에 토대를 둔 중요한 이의제기지만, 이 책의 범위를 넘어선 더 포괄적인 답변을 요구한다.[13] 나는 칸트의 미학이 예술을 봉건적 장식에서 해방시켰고 새로운 부르주아 예술이 유토피아적인 가치와 이후 모더니즘적인 가치들을 담을 수 있도록 자리매김해주었다고 믿는다. 그러나 칸트적 체계를 반(反)정치적이고 순전히 미학화하는 이후의 모더니즘 이데올로기에 갖다붙이는 것은 역사적 오류라고 본다. 그런 주장은 우리 시대의 숱한 사상가와 역사가가 보여주었다시피 전통이란 사실상 근대적이고 심지어 현대적인, 현대 이후적이거나 포스트모던한 발명품이며 과거의 권위를 인용하는 것은 일종의 패스티쉬에 지나지 않는다는 점을 보여주는 또다른 사례에 지나지 않는다. 오늘날 예술의 자율성은 고급예술 그 자체, 다시 말해 모더니즘과 그 정전을 상징할 따름이다.

하지만 예술의 자율성이라는 관념이 애초에 구축되는 과정, 즉 그것의 전제조건인 권능부여 행위에 관한 설명을 통해 이런 의견(이런 식으로 표현하면 개인적인 의견 이상이 못되므로)을 뒷받침할 필요가 있다.

이것이 간단한 문제라고 생각할지도 모르겠다. 예술의 자율성이란 그저 예술을 비예술에서 떼어냄으로써, 예술에서 사회학적인 것이나 정치적인 것 같은 외재적 요소들을 축출함으로써, 현실의 삶과 일과 돈, 부르주아적 일상생활과 그것을 둘러싼 모든 것이라는 얽히고설킨 난국으로부터 미적 순수성을 되찾음으로써 확보된다고 본다면 말이다. 하지만 내 생각에는 전혀 그렇지 않다. 비록 미적 이데올로기의 주창자들은 자신들의 성취를 그런 식으로 묘사하고 미적이지 않은 모든 것(그리고 모든 다른 학문분야)에서 미적인 것을 분리하는 일을 자기네 입장의 주춧돌이자 미적 자율성의 정의로 삼아 왔지만 말이다.

그들의 입장에 옳은 점이 있다면 분화나 분리 행위 그 자체뿐인데 이 또한 그들이 지정하는 방식으로 일어나지 않는다. 미적인 것의 자율성은 미적인 것을 현실의 삶에서 분리함으로써 확보되지 않는다. 칸트는 미적인 것이 애초에 현실의 삶의 일부가 아니었음을 보여준 바 있다. 오히려 그 자율성은 미적인 것 내부의 극단적 분열, 문학과 예술이 문화에서 철저히 분리되고 이탈함으로써 얻어진 것이다. (이 때문에 가령 T. S. 엘리엇의 문화복원 프로젝트는 후기 모더니즘의 구미에 맞지 않았다.)

왜냐하면 어떤 형식이든 문화라 불리는 것은 미적인 것을 이런저런 유형의 일상생활과 동일시하는 것이기 때문이다. 따라서 본격예술이든 위대한 예술이든 또 달리 무엇으로 그것을 찬미하든 예술 그 자체가 차별화해야 하는 것은 문화다. 그리고 이 작업은 역사적으로 TV시대가 시작되면서 이루어졌으며 이 시대는 이후 대중문화로 낙인찍히게 될 것의 초기 단계였다.

하지만 사실 그린버그에서 아도르노에 이르는, 그리고 미국의 신비평을 포괄하는, 예술의 자율성을 주창한 모든 위대한 이론가와 이데올로그, 모더니즘(실제 작가와 대비되는) 이데올로그는 문화 개념이 예술의 진짜 적이라는 데 동의한다. 그리고 '문화'에 문을 열어준다면 현재 문화연구라는 명칭 아래 욕을 먹고 있는 모든 것이 쏟아져 들어와 순수예술과 순수문학을 돌이킬 수 없이 오염시킬 것이라 생각한다. 그러나 이와 같은 훈시적인 차별은 미적인 것과 미적이지 않은 것 사이의 분리와는 사실상 매우 거리가 멀다. 그것은 오히려 문화적인 영역 자체에 내재된 괴리이며, 본격예술과 문학이 TV나 마찬가지로 문화적이며 광고와 팝문화가 월러스 스티븐스나 조이스만큼이나 미적이므로 광범위한 의미에서의 미적인 것에 내재하는 괴리이기도 하다.

이런 식의 토대 구축 수순이 왜 필요한지 이해하기란 어렵지 않다. 실러(Schiller)에서 헤겔과 그 이후에 이르기까지 문화는 무엇보다 사회나 일상생활과 예술 그 자체를 매개하는 공간이었다. 문화는 이런 차원들이 이쪽저쪽의 방향에서 상호작용하는 장소다. 거기서 예술이 (매슈 아널드(Matthew Arnold)가 바란 대로) 일상생활에 기품을 부여하기도 하고, 반대로 사회적 삶이 예술과 미적인 것을 사소하게 만들거나 타락시키기도 한다. 그렇듯 문화는 경계들을 흐리게 하는 것으로, 통로이자 오가는 이동의 공간으로, 하나의 층위나 차원에서 다른 것으로의 변이와 번역의 지점으로 서 있다. 가장 위대한 예술가들이 언제나 그러했듯이 이 모호한 공간을 매개라고 본다면, 문화의 사회쪽 극단은 내용이자 원재료일 뿐 아니라 예술에 근본적인 맥락을 제공해준다. 그 맥락 안에서 예술, 심지어 절대라는 모더니즘적 형식의 예술조차도, 아니 절대라는 모더니즘적 형식의 예술이야말로 타락한 사회를 구원하고 변화시킨다는 진정한 임무를 갖게 된다. 반면 앞서 언급한 비평가와 이론가들처럼 이런 식의 경계 흐리기를 불쾌하게 여기고 문화가 필연적으로 예술작품 자체를 불확정적으로 만드는 데 불안을 느낀다면, 이 연관을 깨고 그변증법적 움직임을 끊고 문화 개념에 도전해 그것을 철학적으로 불신하게 만들어, 더이상의 침입과 오염에 대항해 예술의 공간을 지키는 일이 핵심이 된다. 이 새로운 경계의 저편에 서 있는 전문가들, 즉 사회과학자의 경우 미학화하는 모더니즘 비평가의 이런 움직임에 반드시 적대적이지는 않다는 점을 덧붙여야겠다. 그런 극단적 분리가 자기네 분야도 보호해주기 때문이다. 분리는 문화를 사회학의 어떤 부차적인 연구영역으로 만들어주기도 하지만, 무엇보다 너무 지저분하고 성가시며 인간의 자유라는 수량화할 수 없는 요소를 다시 들여옴으로써 시험과 설문조사와 통계라는 분명한 범위를 갖는 실증적이고 시험가능하며 허위를 입증할 수 있는 영역을 혼란하게 만들 문화와 이데올로기와 의식에 관한 온갖 문제를 그들의 다양한 이론과 연구에서 말끔히 쓸어내고 정화해준다. 덧붙여 말한다면, 사회과학자의 시선으로 볼 때 문화와 예술의 분리는 예술과 미적인 것을 그것들이 마땅히 속해야 하는 샌드박스에 다시 복구시키고, 자신들의 분야를 이른바 인문과학에서 발산되는 순전한 이론들의 습격으로부터 지난 40년간 방어하는 이점도 더불어 가져다주었다. 이리하여 모든 면에서 문화를 조롱조의 단어로 만들고자 하는 의지가 생겨났다. 문화는 곧 나쁜 문화, 대중문화, 상업문화인 것이다. 인문학자들은 아무 가책 없이 문화를 사회과학의 손에 부검되도록 내주었고 문학은 손댈 수 없고 닿을 수 없는 영역, 즉 문학 전문가들이 외부의 질문에 시달리지 않고 자신의 작업을 지속할 수 있는 영역에 남겨두었다.

그러나 이런 식의 '문학'이란 사실상 새로운 발명품이다. 그것은 인류 역사의 여러 시대를 걸쳐 축적된 재현적이고 문화적인 (사실상 압도적으로 종교적인) 자료들의 엄청난 아카이브를 대변하지 못한다. 그보다는 사실상 모더니즘이라 불리는 상당히 한정된 범위 (그리고 모더니즘이 자신의 이미지로 재서술한 과거의 파편들)의 역사적 현상일 따름이다. 따라서 우리는 여기서 몇가지를 분명히 확인할 수 있다. 본격문학과 본격예술은 미적인 것 빼기 문화, 즉 문화(이는 주로 대중문화를 뜻한다)가 철저히 씻겨나가고 축출된 미적 영역이다. 이 새로운 가치의 투쟁 슬로건은 최근 수년간 (적어도 미국에서는) '정전'(canon)이라는 새롭고도 오래된 표현으로 발전했다. 정전은 그저 위대한 저서들의 목록, 우파들이 매슈 아널드를 인용하며 즐겨 말하듯이 '이제껏 생각되고 말해진 최상의 것'을 이른다. 이 용어 겸 개념은 과거에 대한 진정한 역사적 관심을 갖고 헌신하는 (남아 있기는 하다면) 오래된 문헌학자들과, (후기) 모던의 진짜 이데올로그들인 새로운 미학자들 사이의 동맹을 제안하는 이점을 갖는다. 이런 식으로 정전 개념은 내가 여기서 강조하려는 근본 현실, 즉 이 순전히 미적이거나 예술적인 정전을 더 자세히 들여다보면 그것이 모더니즘 그 자체에 다름 아니라는 사실을 가리는 데 기여한다.

3

만약 칸트의 미학적 유산으로부터 우리가 지금 모더니즘 이데올로기로 부르는 것이 유기적이고도 진화적으로 발전해왔다고 추론할 수 없다면, 이 이데올로기는 하나의 이데올로기적 프로젝트로 생각되어야 한다. 즉 많은 개인이 각자 연루된 역사적 임무에 관해 반드시 알고 있는 건 아니면서도 집단적으로 작업해온 프로젝트라는 것이다. 더 나아가 그것은 다양한 국가적 상황에 따라 특정하고 독특한, 주변국들과의 상호문화적 유사성이 (국내에서나 해외에서나) 언제나 명백하지는 않은 국민문학적 임무나 과제로서 거듭해서 재등장하는 프로젝트로 이해되어야 한다. 그리고 앞서 언급한 불균등 발전을 계산에 넣으면, 뒤늦거나 조숙한 다양한 모더니즘의 비동시적인 동학, 그것들의 (하버마스적 용어를 쓰면) '따라잡기'나 사실상 때 이른 소진, 모더니즘 이데올로기 구축에 대한 다양한 시간대의 다선적인 그림이 출현한다. 이는 단순한 영향 모델이나 문화적·

시적 제국주의 모델, 문화횡단적인 발산이나 목적론적 가상성 모델에 (비록 이 모든 선택지가 국지적으로는 만족스러운 서사를 제공해준들) 두드려 맞춰지지 않는다.

따라서 우리는 선택권을 발휘해서 이처럼 병렬적이지만 전적으로 구별되고 역사적으로 특정한 궤도들 중에서 단지 몇개만 간략히 살필 도리밖에 없다. 전혀 다른 맥락에서 우리는 이미 폴 드 만과 T. W. 아도르노의 후기 미학을 살짝 언급했는데, 실제로 이 둘은 확실히 각자 나름의 방식으로 (철학적·미학적으로, 하지만 다양하고 독특한 방식으로 들뢰즈와 리오따르와 푸꼬가 그렇듯이) 모더니스트라고 쳐야 한다(열띤 논쟁과 열정적인 불화의 깃발을 든 들뢰즈와 리오따르와 푸꼬의 '탈구조주의'는 오히려 포스트모던이라는 더 큰 서사와 일치한다고 보일 수도 있겠지만 말이다).

그러나 (현재의 맥락에서) 드 만과 아도르노에서 중요한 것은 그들의 후기 저작에서 모던함에 관한 목청 높은 이데올로기가 진정으로 자기비판적이고 '반성적인' 모호성의 순간에 도달한다는 점이다. 이 모호성은 이 이데올로기적 프로젝트 전체에 의혹을 드리운다고 말할 수 있지만 그런 일은 저쪽 다른 편에서, 즉 이데올로기를 쭉 다 통과한 이후에 도달한 다른 편에서 이루어진다. 따라서 그들의 스토리는 두가지 서로 다른 방식으로 이야기될 수 있다. 그들을 널리 공유된 후기 모더니즘적 미학주의의 독보적이고 풍부하게 개념적인 주창자로 보는 선택지보다는, 둘로 하여금 한편으로는 예술의 자율성에 대한 해체로 향하게 하고 다른 한편에서는 고전적인 모더니즘적 절대를 재발명하도록 추동한, 단지 미적이기만 한 것으로의 사소화에 대한 뿌리깊은 불만을 이들이 저버리지 않았다는 읽기가 훨씬 흥미롭다. 요컨대 예술의 소명을 단순한 예술 이상으로 규명하려는 노력이 더 흥미로운 것이다.

그러므로 그들의 입장은 너무 복잡해서 하나의 유행이나 경향에 관한 단순한 예시로 적절하지 않다. 그러니 그에 못지않게 엄밀히 개념화되고 진정한 철학적 강렬도를 지닌, 그러면서도 프랑스와 독일의 1945년 이후 문학적 상황 각각의 특정성을 더 분명히 나타내주는 다른 이데올로기적 구성물들을 잠시 살펴볼 것을 제안한다. 확실히 두 나라의 전후 문학적 상황은 모더니즘에 관한 한 거의 서로 정반대다. 왜냐하면 관습적으로 프랑스의 모더니즘 전통은 여러 면에서 보들레르와 플로베르와 혁명 이전의 1840년대로 거슬러 올라가는 가장 오래된 것이라고 생각되기 때문이다. 반면 현재의(즉 1989년 이후의) 관례적 인식으로 볼 때 독일에서는 바이마르시대의 풍부한 모더니즘들이 사실상 2차대전 이후 47동인●에 와서도 재발명되거나 완성되지 못했고, 이제는 너무 정치적이거나 정치화된 바람에 진정으로 미적인 후기 모더니즘적 갱신의 토대가 되기에 부적절하다고 생각된다.

하지만 이런 식으로 이야기하면 모더니즘과 그 미학의 발전에 어떤 규범이 존재한다는 인상을 준다. 어떤 지배적 진화경로가 있어서 그로부터 각 나라에서의 발전은 (아무리 역사적으로 결정되었더

● Gruppe 47, 1947년에서 1967년까지 한스 베르너 리히터(Hans Werner Richter, 1908~1993)가 주도한 독일 작가모임.

라도) 일종의 일탈로 파악되는 식 말이다. 앞서 나는 모더니즘 이데올로기가 여러모로 미국적 현상이며 미국적 발명품이라고 이야기했다. 하지만 그런 이야기는 이 문제를 바라보는 미국적 관점이라고 (정당하게) 폄하될 것이다. 그보다 내가 여기서 주장하려는 바는 맑스의 자본주의 묘사에서 단서를 얻은 입장이다. 맑스의 묘사에서는 가장 오래된 영국 자본주의에 관한 핵심적인 예시를 비롯해 각 나라의 궤도가 해당 국가의 문화적·역사적 상황이 갖는 경험적 특이성들에 의해 독특하게 중층적으로 결정되는바, 비록 추상적으로는 자본주의의 피할 수 없고 비가역적인 발전동학이라는 것이 존재하지만 각 나라의 이런 중층결정에는 어떤 '근본적' 역사적 패러다임도 없으며 모든 자본주의적 발전경로가 다 독특하고 반복불가능하다. 이런 주장에서 변증법적인 것은, 부르주아 경험주의나 상식과는 아주 다른, 다시 말해 특수는 보편 아래 나열되는 사례일 뿐이고 보편은 특수를 단순한 유형으로 늘어놓을 수 있는 상위 개념일 뿐이라는 식과는 아주 다른 보편과 특수의 관계에 관한 개념이다. 변증법에서 보편은 어떤 경험적 체현이나 실현도 갖지 않는 개념적 구성물이고 보편의 특수들 또한 모두 특정하고 역사적으로 독특하며, 분석에서 보편이 하는 기능은 특수들을 정체성으로 환원시키는 것이 아니라 특수들 각각이 역사적 차이 속에서 인식될 수 있게 하는 것이다.

어쨌든 바로 이런 정신에서 나는 모리스 블랑쇼의 저작에서 가장 시사적이고 분명한 프랑스 '모더니즘 이데올로기' 또는 '미적 자율성 이데올로기'를 볼 수 있다고 주장하려 한다. 확실히 이런 주장은 그의 길고 복잡한 경력에 대한 강력하고 도발적인 재서사화를 수반하는데 이에 관해서는 수많은 다른 판본이 이미 존재한다. 초기의 카프카적 형식이 소진되었기 때문이든 아니면 (어쩌면 같은 것일 수도 있으나) 순수한 글쓰기 행위 자체에 관한 그의 의식이 점차 강화되었기 때문이든, 블랑쇼는 비평가이자 문학이론가가 된 소설가로 볼 수 있다(또 그렇게 보여져왔다). 그는 (이 또한 사실로서) 1930년대 우파 민족주의자이자 이데올로그로 볼 수도 있는데, 그의 반(反)독일·반(反)히틀러 민족주의가 그를 일찌감치 정치적 환멸과 탈정치로 이끌어 명예를 손상하지 않을 수 있었으며 전후 알제리전쟁에 반대하는 저항운동과 궁극적으로 그에 뒤따른 68년 5월의 거대한 격동에서 집단적인 정치적 움직임의 순수형태를 재발견했다. 마지막으로 그는 또한 본질적으로 어떤 탈구조주의적 텍스트성 또는 텍스트화에 관한 문학이론가(또는 이데올로그)로 볼 수도 있으며, 푸꼬와 데리다 둘 다 서로 매우 다른 관점에서긴 하지만 다방면에 걸친 그의 기초작업이 가진 생산성을 인정한 바 있다.[14]

　이미 말한 대로 이 모든 것이 다 성립할 수 있고 설득력을 갖춘 서사들이며, 그것들이 구성된 맥락 안에서는 만족스럽게 작용한다. 나의 서사는 상당히 다른 것으로서 블랑쇼의 파시즘 연루의 쓰라린 종말과 전후시기 거대한 민족 독립전쟁들의 시작 사이의 상대적 휴지기를 표시하는 순수하게 문학적인 에세이들에 집중할 것이다. 이 에세이들을 묶어놓은 모음집인 『실족』(*Faux pas*)과 『불의 몫』(*La Part du feu*)은 일반적으로 『문학의 공간』(*L'Espace littéraire*)과 『도래할 책』(*Le Livre à venir*) 같은 초기 구조주의 시절의 더 신화적이고 절대적인 진술들에 밀려, 그리고 어쩌면 『우정』(*L'Amitié*) 『재앙의 글쓰기』(*L'Ecriture* *du désastre*)『작동하지 않는 공동체』(*La Communauté inopérante*) 같은 한층 명백한 탈구조주의적(그리고 심지어 탈-탈구조주의적) 진술들에 밀려 일반적으로 방치된다. 이 방치에는 분명한 이유가 있다. 단 두 편의 예외(각 권마다 한편씩)를 제외하고 초기 에세이들은 모두 발자끄와 몰리에르 또는 빠스깔과 말라르메, 보들레르와 로뜨레아몽에 관한 국내작가 연구부터 카프카와 횔덜린, 헨리 밀러와 니체, 키에르케고르와 포크너, 무질과 릴케, 융거와 우베 욘손*, 블레이크와 힌두 경전에 대한 평가에 이르는 매우 좁은 범위의 비평이며 특정한 작가나 텍스트를 다루었기 때문이다. 블랑쇼는 이 모든 외국인들에 관해(그리고 자기 나라의 고전들에 관해) 내놓을 흥미로운 이야기가 있으나, 독자로서는 그가 이 모두에 관해 궁극적으로 이야기하려는 바는 늘 똑같고 그의 관심사는 하나의 단일하고 편재하지만 어쩌면 협소하고 전문화된 사유에 대한 관심이며 이는 이른바 탈구조주의 시대의 텍스트나 읽기의 역설과 관련되어 있다고[15] 결론을 내릴 법하다. 그렇다면 다양한 작가와 문학텍스트는 그가 당시 (『실족』의) 「고뇌에서 언어로」(De l'angoisse au langage)와 (『불의 몫』의) 「문학과 죽을 권리」(La litterature et le droit à la mort)라는 제목의 두 이론적 에세이에서 덜 매개적인 방식으로 정면에서 공식화하려 한 철학적 경험의 재진술을 위한 도구이자 핑계라고 쉽사리 여겨질 수 있다.

그러나 여기서 우리가 주목할 것이 다름 아닌 이 환원과정이고 바로 이 천편일률이다. 이는 두가지 필수불가결한 계기 또는 단계

---

* 우베 욘손(Uwe Johnson, 1934~1984), 독일 작가이자 학자.

를 갖는 하나의 작업이다. 첫번째 계기에서는 자율적인 프랑스 문화와 문학사의 좁은 원환이 더 큰 전후 국제공동체로 열리는데, 2차대전이 끝날 무렵 이 국제공동체가 두 세계대전의 라이벌 열강들이라는 본질적으로 유럽적인 공간을 대체했다. 이는 이런저런 외국의 타이틀을 단순히 더하는 것보다(이미 1930년대에 포크너와 헤밋(Hammett) 같은 작가들의 열렬한 프랑스 독자들이 생겼다는 건 널리 알려진 사실이다) 훨씬 더 극적인 움직임이다. 굳이 예전의 프랑스 쇼비니즘이나 문화적 맬서스주의 같은 상투어구들을 동원할 필요도 없이, 블랑쇼의 탁월한 평가가 어떻게 전후 미국작가들을(그리고 더불어 다른 많은 잠재적으로 흥미진진한 외국 내지 국제 문학전통들을) 중심무대에 세웠는지 잘 알 수 있다. 또한 점령 이후 곧바로 독일문학을 원래 지위로 복귀시킨 그의 움직임이 어떤 가치를 갖는지도 분명하다. 그렇다면 무엇보다 이것은 전전(戰前)에는 거의 배타적으로 프랑스 일색이던 문학정전을 강력하게 재구축한 작업이다.

그 다음으로 그가 서로 다른 이 모든 저작에 관해 '똑같은 말'을 한 것, 그 하나하나를 글쓰기 행위 자체의 끝없는 역설에 대한 각기 나름의 리허설이라 고평한 것, 이것이 중요한 두번째 단계이다. 왜냐하면 연대나 언어가 어떠하든 직접적인 국가적·문화정치적 상황이 어떠하든, 각각의 작품은 또한 영원히 동일한 의례, 문학적 글쓰기라는 의례, 즉 여기서 우리가 예술의 자율성이라 부르는 것에 대한 찬양에 참여하는 것으로 생각되기 때문이다. 바로 이것이 블랑쇼의 진정한 독창성이다. 만일 말라르메 또는 그 이후에 발레리가 블랑쇼보다 오래전에 글쓰기 행위의 반영성이라는 개념을 발전시켰다고 한다면, 그들에게 그런 자의식은 앞으로 산출되어야 할 새로운 종류의 문학을 투영하는 것이고 자신들의 미학은 그런 문학을 위한 일종의 선언이었다. 반면 블랑쇼에게는 모든 글쓰기 행위가 바로 그런 반영성을 전제하고 포함하는 것으로 상정되며 반영성이란 단순히 '도래할 책'만이 아니라 모든 문학의 한 계기다. 겉보기에는 겸허하고 국지적인 야심에 그치는 것처럼 보이는 이 에세이들은 사실 독자적인 프로그램을 기획하고 있다. 다만 그것은 양식적이거나 문학적인 프로그램이 아니라 하나의 미학, 더 정확히는 하나의 미학적-이데올로기적 프로그램이다. 거기에는 새로운 문학 개념, 이제껏 문학사 쓰기를 지배해온 (특히 프랑스적인) 학파와 운동들(상징주의, 실존주의)과는 매우 다른 문학 개념의 구축이 포함된다. 이는 단순히 프랑스의 정전을 국제적인 정전으로 확대하는 것을 뜻하지 않는다. 그것은 다양한 사회적·역사적 기능을 두고 다투는 여러 이데올로기적 입장과 더불어 다양한 예술에 관한 일국적인 개념을 미적인 것의 자율성이라는 새로운 개념으로 대체하는 작업을 포함한다. 이 자율성 개념에서 블랑쇼는 영민하게도 다양한 사회적·역사적, 이데올로기적·정치적 층위의 내용을 인정하면서도 동시에 탁월한 재주를 발휘해 이 모두를 문학적 글쓰기와 문학적 행위라는 단일하고 영원한 제스처로 변형시킨다.

그러나 어떻게 이런 일이 이루어졌는가? 다름 아닌 프랑스에서 이루어진 일이었고, 더구나 너무 보편적이고 눈에 띄지 않게 이루어진 나머지, 더 문학적이고 미학적인 독자적 형식으로 문학적 실존주의들을 대체한 누보로망은 블랑쇼가 터를 닦아주었다는 사실을 거의 인정하지 않았고 인정할 필요조차 느끼지 않는 듯했다.

앞서 언급한 두 프로그램 에세이의 제목이 이 작업의 성격을 짐작할 실마리를 준다. 첫번째 제목에 나오는 'angoisse'(고뇌)라는 단어가 싸르트르적인 실존주의의 중심 개념을 분명히 지시하기 때문이다(나는 오래전부터 이 단어를 '고뇌'(anguish)가 아니라 '불안'(anxiety)으로 옮기는 게 낫겠다고 생각해왔다). 반면 두번째 제목에서 '죽음'의 등장은 프랑스의 혁명전통과 특히 헤겔의 공포정치 묘사를 참조한 것으로 드러난다. 하지만 이 철학적 개념 둘 다 언뜻 보기에는 문학외적이거나 외재적으로 보일지 몰라도, 각각 공식적으로 어떤 종류의 자율성을 극화한다는 점을 이해해야 한다. 싸르트르에게 불안은 자유에 대한 의식으로서 어떤 내용도 갖지 않으며 표면 아래에서 영원히 우리와 함께 하는데, 표면에서 그것을 감추려 하나 그것은 모든 것을 쓸어버리는 움직임으로 분출하므로 어떻게든 절대적인 것이다. 다른 한편 헤겔의 공포정치도 실상 절대적인 것이며 모든 개인의 삶의 내용을 보편적으로 위협하는, 따라서 공포를 선동하는 자들과 혁명 그 자체의 생명마저도 위협하는 순수한 혁명적 자유다. 이 둘은 외관상 지나치게 극적이지만 사실상 순수하게 문학적인 제스처의 등가물이다.

하지만 두 에세이는 칸트적인 사심없는 행위를 손상하거나 더럽힐 수 있는 다양한 '이해관심사'를 끈기있고 타의 추종을 불허하게 완강히 근절할 것을 추구한다. 자기표현에서 소통에 이르는, 그리고 예술에 대한 관습적 정당화 전반을 포괄하는, 글쓰기 행위의 온갖 동기는 성립불가능한 모순이라고 정체가 판명된다. 심지어 "아무것도 말하지 않기 위해 글을 쓰고, 아무 할 말이 없으므로 글쓰기의 불가능성을 보여주기 위해 글을 쓴다"는 결론조차도 기반이 무너지며 그렇게 해서 남는 절대적 부정성, 즉 "이것, 저것, 모든 것에 대한 부정으로서의 부정이 아니라 그냥 전면적인 부정"(le non qui n'est pas non à ceci, à cela, à tout, mais le non pur et simple)[16] 자체도 무의미하다. 블랑쇼의 위대함은 이런 절대적 과잉에 있다. 그것을 통해 그는 자율성과 내재성의 논리를 그 극단까지 그리고 그 궁극적 무의미함까지 밀고 나간다(그러나 주제를 만들어내려는 파토스 없이, 그리고 드 만이나 아도르노에서 그랬듯 미학적 입장 자체의 기반을 무너뜨릴 우려 없이 그렇게 한다).

이제 실존주의나 혁명의 유비가 하는 기능을 더 잘 가늠할 수 있게 되었다. 불안과 공포정치라는 두 개념 각각은 이미 그것들이 작동하고 있는 환경인 외재적인 바깥 세계를 철저히 쓸어버리는 경지에 도달했다. 다양한 인간 감정과 정서 사이의 차이들이 소거되면서 아무런 내용을 갖지 않는 하나의 강렬한 자유의식이 된다. 공포정치도 마찬가지로 사회(와 역사)에 대한 절대적이고 민주주의적인 형식성을 획득한다.[17] 이제 새로운 이데올로기가 두 항 사이의 교환에 의해 봉인된다. 즉 미적 자율성이라는 항은 실존적이거나 정치적인 형태의 모사품에 의해 승인되며 그것들에 의해 어떤 지고의 가치로 승격된다. 다른 한편 실존적이고 정치적인 범주의 내용은 그 미학적 상동물에 의해 미세하게 철회되고 휘발되어, 필요한 경우 모더니즘적 주장은 여전히 정치적 내지 실존적 정당성을 부여받을 수 있지만 장차 (68년 5월) 도래할 실존적 헌신과 정치적 실천은 벤야민이 전전(戰前)에 인상적으로 이야기한 것처럼 이미 수상쩍게 '미학화되어 있는' 모호한 상황이 남는다.

독일의 경우를 살피면 이와 전혀 다를 것이다. 독일적 상황의 '미완의 근대성'과 (문학만이 아니라 철학과 사회학에서의) 외부를 향한 강요된 개방은, 코스모폴리타니즘 단기집중강좌는 듣지 않아도 되게 해주었지만 과거를 통한 우회와 독일 특유의 방식의 재구축을 통해 모더니즘으로 갈 수 밖에 없게 만들었다.『메르쿠르』(*Merkur*)지(誌) 편집자이자 예리한 활력을 지닌 보수논객 카를하인츠 보러(Karl-Heinz Bohrer)는 특히『돌연함: 미적 출현의 순간에 관하여』라고 번역된 책(*Plötzlichkeit*)[18]에 실린 에세이에서 독창적이고도 특징적인 반(反)변증법적 미학을 제시한다. 이 미학의 반(反)정치적 취지는, 전후 독일문학의 '현실참여'와 인접한 독일민주공화국의 존재 때문만이 아니라 더 직접적으로는 당시 헤게모니를 가졌던 프랑크푸르트 학파의 맑스주의적 지향 때문에 부득이 한층 공공연하다. (좌파에서 그에 필적하는 하버마스의 노력은 여전히 강력하게 변증법적인 이런 입장들을 비변증법적이며 본질적으로 사회민주주의적이고 개혁적인, 근대성의 '미완의 기획'의 복구라는 유명한 교리로 요약되는 근대성 이론으로 바꾸는 데 초점을 둔다. 하버마스의 미학 개념 자체는 부차적이고 보조적이다.) 하지만 셸링뿐 아니라 낭만주의와 슐레겔(Schlegel), 하이데거와 카를 슈미트(Carl Schmitt)만이 아니라 니체에 이르는 독일전통의 영향력 있는 부차적이고 대립적인 흐름이 존재했기 때문에 독일은 동시대 프랑스 탈구조주의의 관련 특징들을 어떤 토착적인 입장으로 흡수해낼 수 있었다. 그와 동시에 독일철학의 중심성과 권위로 인해 (프랑스나 미국에서는 그런 형식이 불필요했던) 격렬히 반(反)역사주의적이고 반(反)정치적인 주장에 더해 철학 그 자체와 미학의 확고한 구분(칸트가 철학적으로 미적 현상과 판단에서 '개념'을 배제해주었기 때문에 역설적으로 확보된 다소 다른 유형의 최초의 자율화)이 수반되었다.

구체적인 시간 경험 차원에서의 새로움에 관한 다시쓰기이자, 연속성과 역사적 상술(詳述)의 시간을 대체하는 시간성의 현상학적 발견에 관한 다시쓰기인 '돌연함'(suddenness)이라는 개념, 곧 급격한 시간적 단절 개념은 이제 보러로 하여금 순수한 형식, 즉 순간 또는 즉각의 형식을 떼어내어 그것을 중심으로 새로운 미학을 조직할 수 있게 해주었다. 따라서 그의 작업은 (그가 보기에 시텍스트뿐 아니라 소설텍스트의 분석에도 쓸 수 있는 새롭고 생산적인 수단인) '돌연함'이라는 우연적 경험과, 더 본격적인 미학적 범주들을 다시쓰기 위한 토대로서의 순간(the moment)이라는 추상적 개념 사이를 오락가락한다. 하지만 바로 이 중재가능성이야말로 일련의 역사적·철학적 참조를 가능하게 해주는 동시에 이런 작업을 치명적으로 제약한다.

현재를 시간의 연속성에서 뜯어내어 일종의 이상한 자율성 속에 존속하게 해주는 돌연성의 경험이 갖는 그 난폭함이야말로 개념적 층위로 전이될 수 있으며, 거기서 이제 지배적이 된 순간이라는 형식이 역사와 역사적 시간성이라는 통시적 구조뿐 아니라 공시적인 것으로부터도 독립을 선언한다. 이 지점에서 "존재에서 분리된 (…) 〔그리고〕 역사적 범주들의 포기를 대가로 치르고 얻어진 미적 출현"[19](니체가 핵심 주창자이자 예시가 되는 주장)이 자율적인 것이

되듯 순간의 개념도 자율적인 것이 된다. 더 정확히 말해 "출현 개념은 (…) 역사와 양립가능하지만 그것이 갖는 '현상적' 성격은 어떤 시간적 결정에도 저항한다"[20]는 한층 제한적인 주장이 제기될 수 있는 지점이다. 그렇다면 이는 사회적 삶의 통약불가능한 층위들이라는 내포적 관념의 견지에서가 아니라 시간성의 견지에서 미적인 것의 자율성을 구축한 것으로서, 그린버그에서 발견되는 것과는 상당히 다른 식으로 역사와 정치에 반대하는 주장을 가능하게 해준다. 벤야민의 마지막 「역사에 관한 테제」에 대한 전유가 특징적인데 이는 벤야민적 '정치적 결단주의'의 미학화나 진보와 연속적 시간에 대한 (가장 일반적으로 제2인터네셔널과 스딸린주의의 역사 개념에 대한 벤야민의 비판으로 독해되는) 비난의 미학화로 볼 수 있다.

벤야민의 순간이라는 은유를 [유럽의 문학적 모더니즘]에 비추어본다면, 실재하는 메시아라는 개념에 기대지 않고 그것의 순간으로서의 성격을 강조해야 한다. 문학적 모델의 견지에서 말한다면, 돌연히 출현하는 순간이라는 토포스는 메시아를 가리키지 않으며 차라리 지각의 정치적 미학의 순간이다.[21]

이 입장은 유사한 동시대의 ('문학적 공산주의'는 차치하고) '포스트-벤야민적' 메시아주의보다 훨씬 대담하며 의제를 훨씬 더 분명하게 해준다. 왜냐하면 보러는 이제 (프루스뜨, 조이스의 에피파니, 무질의 '다른 상태' 같은) 여러 고전적인 모던의 순간성을 제시함으로써 진정한 유토피아적 순간이 유토피아(그리고 혁명적) 정치라는 현실적 시간에서 미적 출현이라는 영역의 시간으로 이전했다고 상정할 것이기 때문이다.

하지만 그런 '이전'(transfer)의 가능성 자체를 더 면밀히 살펴볼 필요가 있다. 우리는 하나의 패러다임에서 다른 패러다임으로의 에너지 재투입을 새로운 구조(여기서, 그리고 현재의 맥락에 포함된 다른 대목에서도 이는 미적 자율성이라는 구조를 말한다)가 발생할 수 있는 조건으로 이론화할 수단으로 이전 개념을 사용해왔다. 그러나 보러가 낭만주의로 되돌아간 것은 이전이라는 상황을 역사적으로 더 정확히 식별해주며, 그가 '지각의 미학'으로 설명한 '양식'의 역사적 계보를 제공해준다.

그 양식은 구조적으로 새로운 무언가를 보장하거나 적어도 예견했으며, 또한 프랑스혁명에 관한 슐레겔과 클라이스트의 사유와 직접적으로 조응했다. 모던한 문학적 인식의 중심에 있는 돌연성이라는 급진적 시간성 범주는 비의적인 암호가 아니라 구체적이고 기본적인 참조점을 갖는다. 낭만주의 문학의 파편적 성격, 아도르노는 이를 형식주의적으로 하나의 방법이자 지적인 스타일이라고 묘사했으나 일반적으로는 되는대로의 연상이라고 오해받는데, 이 파편적 성격은 산문에서 돌연한 것의 출현을 나타낸다. 오로지 돌연성을 통해서만 슐레겔의 역설, 암호, 아이러니나 클라이스트의 정서적 흥분과 놀라움 같은 낭만적 산문의 미적 비유들이 역사적·혁명적 과정의 사건에 대한 지각 또는 이해가능성에 시종 확고히 묶인다. 경멸을 사는 낭만적 '우인론'(偶因論)은 찰나의 도덕이자 특수를 위한 잠재적 보편의 수태고지다. 하지만 때로는 특정한 문장들이 일반적 원칙보다 훨씬 위험하다. 클라이스트의 다음과 같은 문장이 그렇다. "어쩌면, 이런 식으로, 결국 윗입술의 씰룩거림이나 커프스를 만지는 모호한 손짓이야말로 프랑스에서 실제로 기존질서를 전복시켰는지도 모를 일이다."[22]

여기서 보러의 궤적이 앞서 추적한 블랑쇼의 궤적과 교차된다는 점이 독특하며 매우 시사적이다. 이후 미학과 문학 둘 다를 (모더니즘적 '돌연성'으로) 재조직할 '일순간'(instant)의 원형으로 프랑스혁명을 환기한 점은, 앞서 본 바와 같이 블랑쇼가 한층 정확히 (널리 알려진 대로 헤겔이 이론화한 식의) 공포정치로 지목한 것과 일맥상통하기 때문이다. 시간과 역사의 한 순간이면서도 결국은 시간과 역사에서 분리된 것으로 파악되는 이 근본적인 순간에 호소하는 점은 명백히 혁명에 대한 두 패러다임 중 하나를 미리 선택한 것, 곧 과정으로서의 혁명 개념을 단 하나의 종말적 순간으로서의 혁명 개념으로 대체한 데 토대를 둔다.

바로 그 때문에 보러에 맞서, 비록 그의 탈정치화되고 사실상 반(反)정치적인 순간의 미학이 '어떤 시간적 결정에든 저항'할지는 몰라도 역사적 전제조건을 갖지 않을 수는 없다고 주장하는 일이 중요하다. 설사 미적 순간 그 자체는 시간 바깥에 있더라도, 그리고 시간과 역사에서의 탈피로서 예술적 모더니즘 개념을 받아들이더라도, 분명 그런 것은 역사의 모든 순간에 써먹을 수 있거나 접근할 수 있는 경험은 아니며, 그 자체의 독특하고 특징적인 구조를 갖는 가능성의 순간에만 써먹고 접근할 수 있는 경험이고 그런 가능성의 순간들은 역사가 '결정한다.' 바로 이런 의미에서 심지어 비역사적인 것조차 마땅히 역사적으로 설명되어야 한다. 모더니즘 작품들을 역사적 상황에 토대를 두게 만드는 이른바 맑스주의적 성향에 대한 보러의 승리는 사실 그리 오래가지 않았다.

두가지 논평을 덧붙이면서 1960년대 이후 독일에서의 뒤늦은 모던 이데올로기의 이런 독창적이고 도발적인 구조에 관한 논의를 마무리하자. 첫째는 보러식의 시간을 벗어난 순간이란 특별히 불안정한 명제로서, 고대 그리스에서 현재에 이르는 모든 미적 경험을 다 포괄한다고 주장하는 미학의 무시간성으로 퇴보하거나(오늘날 그런 미학은 다른 문화들도 아울러 포함하는 것으로 확장되어야 할 것이다), 아니면 일찌감치 뒤집혀서 정신주의나 베르그송식 영원의 원칙이 될(보들레르의 미학과 유사하게 베르그송에게 현재는 두겹이어서 시간 안에도 있지만 명시적으로 영원이라 지목된 시간 바깥에도 이상하고 동일한 현재가 존재한다) 위험이 있다.

들뢰즈는 여기서 다룬 보러의 저작에 언급되지 않는다. 하지만 보러에게는 들뢰즈식 베르그송으로의 회귀와의 유사성이 있으며, 이는 두 저자로 하여금 자신들의 본질적으로 탈역사적인 체계에 대한 토착적인 선구자들을 찾아 나서게 만든 흥미로운 민족주의적 충동보다 한층 시사적이다. 들뢰즈에서 베르그송주의가 최초로 암시된 것은 돌이켜보건대 아마 『안티오이디푸스』(*Anti-Oedipus*)가 제안한 이상적 분열증이라는 잘 알려진 개념에서다. 거기에 이미 '정상적인' 현상적 시간 바깥의 영속적 현재, 과거의 족쇄(가족, 그리고 프로이트주의가 저질렀다는 가족의 강화)와 미래의 족쇄(노동과 자본주의적 일상)로부터의 이탈과 해방이 있다. 이 예언적 개념(이 개념을 통해 들뢰즈적 분열증자는 강박증이 보여주는 자아-요새(ego-fortress)와 대조적으로 진정한 자유의 영웅으로 나선다)이 자본주의 비판을 구성하는 게 아니라 그저 자본주의의 가장 근본적인 하나의 리듬, 즉 현재로의 환원을 복제하는 게 아닌지 하는 질문은 논외로 하자. 어쨌든 들뢰즈 자신은 1970년대 자기 학생들 사이에 퍼진 마약 문화의 비극과 참상을 목도하고 이 개념을 폐기했으며 대신 한층 흥미로운 방식으로 집단적인 유목민 무리 내지 게릴라 부대 개념으로 대체했다고 이야기한다.[23] 이런 움직임은 순간의 미학화에 대한 이데올로기적·패러다임적 대안이 아나키즘의 부활에 있음을 암시한다. 그러나 더 오래된 무(無)시간의 유혹은 후기 들뢰즈에서 가장 알쏭달쏭하면서도 핵심적인 혁신인, 그가 가상성(virtuality)이라 부른 것에서 다시금 부상한다. 이는 말하자면 이전의 분열증 개념이 마찬가지로 도피하고 싶어 했던 과거와 미래라는 차원에서 현재를 독립시켜 자족적인 것으로 만들려는 또다른 새로운 방식이다. 또한 여기서 정확히 베르그송적 관념론을 통해 부서지기 쉬운 현재가 영원성이라는 보완적 현실에 의해 점차 두텁고 자율적인 것이 된다. 들뢰즈적 가상성은 컴퓨터와 사이버공간에 대한 최초의 새로운 철학적 개념화로 칭송 받지만 그 정신주의적이고 베르그송적인 기원은 물질을 한층 수상쩍게 바꿔놓았으며 적어도 시간 밖으로 내지 사실상 역사 밖으로 (심지어 역사가 '끝난' 이후에조차) 나갈 유물론적 방법을 찾는 게 쉬운 일이 아님을 일러준다.

다른 하나의 논평은 모던함과 미적 자율성의 이데올로기를 재창조하려는 노력 자체가 증발된 새로운 포스트모던한 체계에서 보러식의 미학이 갖는 운명에 관한 것이다. 하지만 들뢰즈의 예가 암시하듯이 시간 바깥의 순간의 강력한 형식을 이론화하려는 시도는 철학적-미학적 맥락보다 더 오래 살아남을 수 있고 다른 연관 분야에서 지속될 수 있다. 나는 에른스트 윙거와 그의 '공포의 미학'(aesthetics of terror)[24]에 관한 인상적이고 공들인 연구의 저자라는 명목으로 보러에 가해진 (핵심적으로 동독에서 이루어진) 인신공격을 되풀이할 의사가 전혀 없다. 굳이 윙거를 나치작가로 규정하지 않고도 보러가 일관되게 그랬듯이 내용으로서의 폭력과 형식으로서의 '순간' 사이의 긴밀한 관계를 강조할 수 있다. 왜냐하면 순간이라는 텅 빈 형식을 시간의 지속에서 떼어내는 시간적 폭력과, 그런 형식의 재현에 가장 적합한 내용을 제공해준 것은 다름 아니라 경험적 폭력 자체라는 인식 사이에는 분명한 낙차가 있기 때문이다. 아이러니하게도 프랑스혁명의 사례가 갖는 고고한 지위는 포스트모더니티에서 대중문화의 폭력적 포르노그래피라 불릴 수 있는 것의 확산으로 대체된다. 이러한 역사적·동시대적 변화는 (포스트모더니즘에 관한 리오따르의 순환적 설명처럼) 보러의 미학이 그토록 웅변적으로 연출한, 고전적 모더니즘을 우리 시대에 재발명하자는 요청의 결과가 형편없으리라는 조짐이다.

모더니즘 및 미적 자율성 이데올로기에 관한 이 스케치의 마무리는 말하자면 그 원천으로 회귀함으로써, 즉 '당초의' 미국적 맥락에서 그것이 구축된 탁월한 사례인 월러스 스티븐스의 미학을 언급함으로써 끝내고 싶다. 스티븐스의 작업이 휘트먼(Whitman)에 대한 억압이자 변형을 전제조건으로 한다는 해럴드 블룸(Harold Bloom)의 설명이 그런 식의 논의가 취할 방향을 일러주는 데 적절할 것이다.[25] 아무튼 모더니즘 이론이기도 한 시의 창시자이자 모더니즘 시이기도 한 이론의 창시자로서의 스티븐스라는 이름은 마지막 장으로 건너가는 다리 역할을 해준다.

4

이제 모더니즘 이데올로기가 생겨난 구체적 맥락으로 이 논의를 매듭지을 때가 되었기 때문이다. 사실 이데올로기는 흔히 '잘못된 의식'으로 칭해졌으나 그렇듯 부정적으로만 규정되는 것이 아니다. 그것은 적극적으로 그리고 불가피하게 언제나 실천에 관한 이론이다. 현재의 맥락으로 이야기하자면, 모더니즘과 예술의 자율성 이데올로기는 우리가 후기 모더니즘 내지 신(neo)모더니즘[26]으로 불러온 실천에 관한 이론, 2차대전 이후 한층 본격화된 모더니즘적인 창조적 충동들의 존속과 변화에 관한 이론이다.

확실히 논의가 이 단계에 이르러 돌이켜보면 모던함에 관한 이론과 후기 모더니즘의 실천 사이의 구분이 설명(내지 재현)의 필요에 의해 억지로 만들어진 작위적 구분임을 알 수 있다. 왜냐하면 신-모던이 본격 모더니즘적 실천의 재생이자 반복인 한, 그런 실천을 지도하고 애초에 가능하게 해준 것은 다름 아니라 미적인 것의 자율성이라는 견지에서 모던함이 이론화되고 개념적으로 명명되어 확인되는 순간이기 때문이다. 따라서 후기 모던의 실천들을 모더니즘 자체와 차별화해주는 것은 바로 완성된 모더니즘 이데올로기의 출현이다.

그와 같은 이론적인 명징성, 즉 오래된 모더니즘적 실천들을 성문화하고 그것들을 모델 역할을 해주는 하나의 관습으로 조직한 것은 종종 일종의 반영성으로 설명되어왔고, 이 반영성은 다시 애초의 모더니즘적 실천을 향해 거꾸로 투사된다. 그러나 그런 반영성은 사실 우리가 모던한 작가들에서 확인해온 자기반영성 내지 자기지시성과는 완전히 별개의 것이다. 그러니 신-모던의 두가지 특징적 사례, 즉 나보꼬프와 베케트의 작품들을 간단히 살피기 전에, 이 두 역사적 시기 사이의 근본적인 차이를 파악할 필요가 있다.

고전적인 모던(이는 다분히 불만족스러운 명칭이지만 그것이 갖는 어색하고 문제적인 지위 자체가 우리가 분명히 설명하고자 하는 역사적 차이에서 파생된 것이다. 이 명칭이 이론화되지 않은 이름 없는 실천과, 새롭게 이론화되고 개념적으로 식별되고 관습적으로 명명되고 인정된 산물들 사이의 차이를 반영하기 때문이다) 내지 본격 모던은 재현 자체에 대해 반영적이고 자의식적이다. 대체로 그것은 재현이 내적 논리에 따라 자체의 반(半)자율적인 진로를 밟아가게 해주었다. 다시 말해 그것은 재현이 스스로를 자신의 내용과 대상에서 분리하도록, 말하자면 스스로를 해체할 수 있도록 해주었다. 그것은 지시작용을 하는 재료를 풀어놓아 스스로의 딜레마와 내적 모순을 드러내도록 함으로써 (기호의 자의성보다는) 우리가 기표의 자의성이라 부르는 것을 전면에 내세우는 데 만족했고, 그린버그의 용어에 따르면 매체가 '재현'하고자 할 법한 대상보다는 매체 자체의 자의성을 강조하는 데 만족했다.

그러나 내가 보기에 후기 모더니스트들에게 귀속되는 반영성은 이런 것과는(물론 이 또한 그들의 작품에 계속 남아 있기는 하지만) 매우 다른 것이다. 후기 모더니즘적 반영성은 모더니스트로서의 예술가의 지위와 관련되고, 예술에 관한 예술, 예술 창조에 관한 예술로의 끊임없는 그리고 자의식적인 회귀를 내포한다. 모더니스트로서의 예술가의 지위는 예술가를 선각자나 절대의 수호자로 보는 모더니즘 및 원(原)모더니즘 내지 낭만주의의 예술가 개념과는 심리적으로나 사회적으로 완전히 다르다.

하지만 후기 모더니스트들은 단순한 예술가를 뛰어넘는다는 모던한 예술가상(像)을 자신들의 모델로 삼았다. 바로 여기서 반복의 역설을 만나게 되는데, 흔히 이야기하듯이 반복은 결코 최초로 일어날 수 없고 최초로 발생할 때 늘 두번째다. 나는 이를 다르게 표현하고 싶은데, 최초의 내지 고전적 모더니스트들의 상황이 결코 반복될 수 없는 이유는 그들 스스로가 이미 존재했기 때문이다. 고전적 모더니스트들은 모델 없이 (또는 기껏해야 종교적이고 예언적인 모델을 갖고) 세상에 존재하게 되었으며 그 세상에서 충족해야 할 어떤 기존의 사회적 역할도 갖지 않은 채 등장했다. 그들은 대체로 직업과 도제라는 19세기의 표준적 의미에서 전문적인 예술가가 되기를 원하지 않았다. 예술가의 임무가 그저 주어진 형식을 반복하고 (어떤 독특한 변형을 가미하든) 그 형식의 새로운 실례를 공급하는 데 그치는 예술적 장르체제를 인정하고 싶어 하지도 않았다. 이들 최초의 모던한 작가들은 가능하다면 시장보다는 후원 형식의 지원을 추구했다. 직업적 배움으로 보자면 그들은 단떼의 『신곡』 같은 과거 걸작들의 환영적 이미지들로 그것을 대체했다. 그들의 자유는 전적으로 앞을 보지 못한 채 더듬으며 움직였고, 식별할 수 있는 어떤 대중도 갖지 못했다("나는 나 자신과 낯선 이들을 위해 글쓴다"라는 거트루드 슈타인(Gertrude Stein)의 유명한 말이 있다). 확실한 사회적 지위나 기능도 없었으므로(그들은 관습적인 의미의 예술가도 지식인도 아니었다) 그들은 낭만주의시대의 천재와 영감이라는 온갖 알맹이 없는 개념들을 빌려왔고, 이런 사적 언어들을 받아들이는 충실한 문하생들로 가능한 한 주위를 둘러싸며 새로운 유토피아 공동체의 가상을 제공했다.

그러므로 내가 말하고자 하는 근본적인 요점은 이런 것이다. 최초의 모더니스트들은 자신들에게 주어진 어떠한 승인되고 성문화된 사회적 역할도 없고, 그들 특유의 '예술작품'의 형식이나 개념도 없는 세계에서 작업해야 했다. 그러나 내가 후기 모더니스트로 부르는 작가들은 전혀 이런 상황이 아니었다. 나보꼬프는 다른 무엇보다 조이스가 이미 존재했고 그래서 하나의 모델이 되어주었다는 점에서 조이스와 달랐다. 조이스가 하나의 경전이자 '안다고 가정되는 주체', 즉 어떤 절대적 타자의 공간이 되어준 점은 말할 필요도 없다.

고전적인 모더니스트들은 그와 같은 모방은 구사할 수 없었고, 그들의 작품은 신비적 해석 충위의 알레고리로서의 생산과정을 나타내는바, 작품을 통해 그들은 자신들에 대한 '관념'을 포함하지 않는 세계에서 스스로의 자리를 마련한다. 그렇다면 이 형식적 자기반영성은 후기 모더니스트들이 스스로를 가리키며 쓴 시에 관한 시나 예술가에 관한 소설들과는 전적으로 다르다. 이는 후기 모던의 특별한 자질을 축소하려는 의도가 아니라 그것이 모더니즘이라는 새로운 개념과 갖는 한층 분명한 관계를 강조하고자 함이다.

나보꼬프가 자신의 미학적 확신을 재연하면서 보여준 가식적인 과시와, 베케트가 『고도를 기다리며』(Waiting for Godot)와 관련해 '알레고리적인' 것에 암묵적으로 표명한 강한 불편을 위시해 그의 과묵함이나 「악셀 카운에게 보내는 편지」(Letter to Axel Kaun)[27]에서 (독일어로) 드물게 이론화를 시도할 때 보여준 겸양은 모두 이 새로운 상황에 대한 징후다. 알레고리에 대한 불편은 분명 블라디미르-에스트라공의 틀이 갖는 재현적 도식과 뚜렷이 구분되는 럭키-포조 에피소드들의 외재성과 관련되는데, 이와 같은 유사커플 형식의 중첩은 주관적 표현과 심리적으로 해석될 수 있는 어떤 것도 피해가는 만큼이나 알레고리적인 사건들도 확실하게 배제한다. 그런 차원(『종반전』(Endgame)이 이를 당당히 다시쓰기 한다)은 자율적인 예술의 구축에 필요한 작업들을 미연에 상세히 설명해준다. 즉 내용을 단호히 배제한 순수한 반복적 회로 말이다(주인-노예의 구도가 이 작품의 함-클로브 관계에서는 블라디미르와 에스트라공에서 빌려온 신체적 장애가 동기가 된 '단순한' 신경증적 의존관계로 바뀐다). 대영제국(포조)이 식민지 일반, 특히 아일랜드(럭키)와 맺는 관계를 극화한 알레고리적 도식에서 베케트 스스로가 용납할 수 없다고 느낀 것이 무엇인지 파악한다면 후기 모더니즘의 어떤 근본적인 면을 이해할 수 있게 된다. 확실히 그 도식은 자기표현과 사유의 극화 역시 포함한다. 럭키의 이해할 수 없는 독백은 명백히 어전(御前) 공연이기도 한데 거기에는 베케트 자신이 성장한, 그러나 그가 또한 벗어나고 싶어 하고 (대륙으로의 망명을 통해) 거리를 두고 싶어 하는 아일랜드 모더니즘의 독특한 발전양상이 재연된다. 문자 그대로 '제국주의의 종복'인 예술가의 형상으로 이루어진 이런 종류의 역사적·민족적 자기지시는 분명 형식상 탐탁지 않은 것이었다. 하지만 이를 후기 모던에서 의문의 여지 없는 드문 걸작의 하나인 나보꼬프의 『롤리타』(Lolita)에 나타난 같은 종류의 민족적 알레고리가 갖는 형식적 호화로움과 나란히 놓고 보아야 한다.

종종 그래왔듯이 이 작품에서도, 사는 게 시들한 상위문화적인 (고급문학적인) 유럽에게 경솔하고 천박한 사춘기의 미국과 그 대중문화가 갖는 강렬한 매력에 대한 알레고리와 마주치게 된다. 더는 세상의 중심이 아니고 마셜플랜과 냉전에 의해 결정적으로 주변화된, 운이 다 되어버린 봉인된 유럽과 대비되는, 다른 누구도 아닌 헤겔이 『정신현상학』의 다음과 같은 유명한 대목에서 이미 그 예측불가능한 미래를 찬미한 바 있는 미국의 화신이 갖는 매력 말이다.

그러므로 아메리카는 미래의 땅이고, 거기서 앞으로 올 여러 시대에 걸쳐 아마도 북미와 남미의 경쟁 속에서 세계사의 짐이 스스로를 드러낼 것이다. 그것은 낡은 유럽의 역사적 고방에 지친 모든 이에게 욕망의 땅이다. 나뽈레옹은 이렇게 말했다고 전해진다. "이 늙은 유럽은 나를 짜증나게 한다." 이제까지 세계의 역사가 스스로를 발전시켜온 토대를 버리는 일은 아메리카의 몫이다. 신세계에서 지금까지 일어난 일은 단지 구세계의 메아리, 외국의 삶의 표현일 따름이다. 미래의 땅으로서 그것은 이곳의 우리에게 흥미의 대상이 아니다. 역사와 관련한 우리의 관심은 존재한 적 있거나 존재하는 것에 있을 수밖에 없기 때문이다. 다른 한편 철학과 관련해서는 (엄밀히 말해) 과거도 미래도 아닌, 존재하는 것, 영원한 존재를 갖는 것, 곧 이성에 있다. 우리는 여기에 전념하는 것으로 충분하다.[28]

『롤리타』의 과도하게 알레고리적인 구조는 『창백한 불꽃』(*Pale Fire*)의 더 환상적인 윤색으로도 가려지거나 승화될 수 없으며, 후자에서도 그것은 미국 시인과 '발칸'의 망명한 왕을 연결하는 이중 플롯에 계속 남아 있다. 순전한 내용으로서의 프로이트적 정신분석에 대한 나보꼬프의 마찬가지로 과시적인 거부를 감안할 때, 리비도적인 덮개('조숙한 소녀'에 대한 '끌림'이라는 캐리커처적인 형태로 새롭게 이름 지어진, 비교적 순진하고 덜 도착적인 '도착' 같은 것) 또한 그 자체로는 해명될 수 없고, 롤리타라는 인물을 하나의 알레고리, 즉 예술의 알레고리만이 아니라 미래의 새로운 세계언어인 미국식 영어의 알레고리로 이해해야만 설명된다. 미적 터부, 테크닉의 리듬과 위반 같은 모더니즘적 목적론의 변증법은 더 공식적인 도덕적·성적 금지들에 전이된다. 베케트와 나보꼬프의 알레고리적 '해결책'은 불안정하고 일회적인 것이다. 하지만 나보꼬프적 성취가 반복될 수 없는 것이고 이후에는 (특히 가식적인 『에이다』(*Ada*)에서)

대가들에 대한 예측가능한 모방이 이어진 데 비해, 베케트의 형식은 후기 모던의 한층 생산적인 영역으로 이전하기에 유리한 것으로 밝혀진다.

두 알레고리 모두의 가능성의 조건은 다름 아닌 망명이다. 그리고 이제 후기 모던의 이 구성조건과, 일견 그와 유사한 이전의 모던한 작가들의 상황 사이의 역사적 차이를(이후 망명이 이민이 되고 정치적 피난의 파토스가 '외국인 노동자'의 다문화주의가 되었을 때의 한층 명백한 단절은 말할 것도 없고) 구체적으로 서술할 필요가 있다. 조이스는 분명 '망명' 기간 내내 여전히 아일랜드에 있었고 프루스뜨 역시 그만큼 확실히 자신의 빠리 아파트에 있었기 때문이다. 또한 나보꼬프를 아메리카로 내몰았던, 그리고 곰브로비치*를 부에노스아이레스에 붙잡아둔 정치적 격동은 말할 필요도 없고, 프랑스에서의 베케트의 삶을 따라다닌 정치적 격동보다도, 카프카의 유대주의가 더 근본적인 형태의 망명이었다.

이런 구분을 한층 내재적이면서 순수하게 문학적인 방식으로 설명하는 데 들뢰즈의 '소수자 언어'(minor language) 이론이 도움이 된다고 본다.[29] 이 이론은 사실상 모더니즘적인 이론인데, 이미 살핀 대로 들뢰즈는 본질적으로 모더니스트이며, 영화를 다룬 그의 저작의 2권**에 담긴 예언적으로 '포스트모던'한 면은, 들뢰즈를 '커밍

• 비톨트 마리안 곰브로비치(Witold Marian Gombrowicz, 1904~1969), 뽈란드 출신 작가로 취재차 여객선에 탑승 중 2차대전이 발발해 부에노스아이레스에 정착했다.

•• 『시네마 Ⅱ』(*Cinema II: The Time-Image*)를 말한다.

아웃 하지 않은' 모더니스트로 규정하는 것조차 부적절할 정도로 매우 공공연하게 표명된 예술과 새로움을 향한 철학적 몰입과 미학주의적 틀에 비하면 미미한 것이다. 유목의 삶에 대한 그 자신의 유명한 (괴테가 당대의 온갖 사회적·역사적 조류를 수용하는 개방적인, '풍설에 단련된' 유목적 존재를 택했다면 그렇게 되었을 법하다고 오르뗴가가 추론한 인물 유형과 병치시키고 싶은) 찬양과는 상당히 동떨어진 삶과 실천이 보여주다시피, 들뢰즈가 다분히 '재택(在宅)형' 및 정주(定住)형 모더니스트기는 해도 말이다. 소수자 언어에 관한 이론화가 여기에 적절한 이유는, 그것이 일상적인 지배적 언어 내부에서 발생하는 자율적인 예술언어, 곧 시가 일상적 삶의 타락한 언어에서 철저히 분리되어야 한다는 말라르메의 요청을 은밀하고 눈에 띄지 않게 눌러버리면서 대가들의 표준어와는 미묘하고 알아차릴 수 없게 구별되는 언어적 공간을 정교하게 설명해주기 때문이다.

요점은 조잡하리만치 선명하다. 즉 들뢰즈가 '소수자 언어'의 출현이라고 정치화했으나 나로서는 더 일반적으로 비유클리드적 언어영역 및 논리의 분화로 지칭하고 싶은 것이 포착하기 힘들고 이론화되지 않은 방식으로 구성되는 현상은, 후기 모던의 상황에서는 또 다른 언어와의 대결이라는 난폭한 사실로서 구체화되었다. 나보꼬프에게는 그것이 미국식 영어였고 베케트에게는 프랑스어였다. 마치 예배언어에 담긴 죽은 언어들의 부재하는 현전에서 바흐찐이 감지한 '이질적 언어'가,[30] 이제 냉전의 국제주의 속에서 다양한 민족언어의 존재라는 우연적 사실로서 현실화된 것과 같다. 그러나 (바

벨탑 이후의) 이런 지독한 다수성이 말라르메(그리고 벤야민) 같은 작가들로 하여금 개별적인 실재 언어를 넘어 어떤 타락하지 않은 보편적 '언어 그 자체'를 기획하게 추동했다면, 후기 모더니스트들에게 외국어의 경험적 활용가능성은 내면의 모더니즘적 구성물에 대한 가장 순수한 모방으로서의 시적 자율성을 정교화할 공간을 열어준다.

그렇다면 플롯과 스타일 두 층위에서 내가 회로의 폐쇄라고 부르는 것으로서 형식적으로 실행되는 것은 다름 아닌 자율성이다. 나보꼬프가 분신(험버트 험버트의 나쁜 분신으로서의 퀼티)으로 서사를 봉인한 것은 이후 베케트의 극과 소설에서는 순환성으로 되풀이된다. 나보꼬프의 독특한 문장들(내가 좋아하는, 냉장고에 관한 문장을 인용한다. "내가 그 심장에서 얼음을 꺼낼 때 그것은 내게 사납게 으르렁댄다."[31])이 갖는 힘은, 각각의 문장을 그 자체로 자율적으로 만들고 완벽한 새로운 언어적 사건을 순전히 경험적이고 사소한 사건에서 분리시킴으로써 회로를 폐쇄하고 내적 지시의 고리를 봉인하라는 명령에서 나온다. 여기서 개별 문장은 전부 문장 그 자체를 의미한다.

하지만 베케트에서 이런 기제를 구성하는 것은 다름 아닌 불완전한 문장이다. 즉 미리 알려져 있는 구문적 결론이 반드시 주어지지는 않는 일종의 실어증이 있다. 이런 움직임은 『고도를 기다리며』의 널리 알려진 미완의 일화들이나 대화를 이끌어내는 말을 통해 실행되는데, 그것들은 그 다음 장면에 가서야 완성되면서 실존적 시간성의 공허한 현재에 대한 모델을 형성한다. 하지만 베케트의 불완전한 발화들이 나보꼬프의 언어적 발명이 갖는 특별한 폐쇄성보다 궁극적으로 더 생산적이라면, 그 이유는 그것이 하나의 이행(근본적인 이행이 이루어지는 순간적인 겹침과 일치)을 가능하게 해주기 때문이며 이 이행은 문학사의 두가지 다른 순간들 사이의 이행이다. 애초에는 실존적 불안의 파토스를 전달하며 결코 완수되지 않는 기다림의 시간을 나타내던 불완전한 문장은 이제 모든 실존적 정동이 제거된 구조적·텍스트적 논리의 담지자로 새롭게 기능할 수 있다. 즉 시간으로서의 문장은 텍스트로서의 문장이 되어 구조주의적이고 탈구조주의적인 다음 시대에서도 베케트에게 여전한 물신적 가치를 확보해준다.

두 작가 사이의 겉보기에 좀더 주변적인 유사성은 후기 모더니즘적 실천의 마지막 특징으로 우리를 인도한다. 베케트 작품 일반에 숱한 장애와 신체적 결함이 등장한다는 점을 못 알아보는 사람은 없지만, 『롤리타』의 가장 통렬한 장면 하나에 나타난 장애를 둘러싼 논의는 많지 않다. 롤리타의 '실제' 남편, 즉 소설 마지막에서 그녀 또한 '성장할' 때 결혼하는 젊은 남성의 청각장애 말이다.[32] 그는 분명 롤리타의 고통스럽고 당혹스러운 전사(前史) 전부를 들을 수 없다. 하지만 내 생각에는 두 작가에서 장애의 표지는 내용영역 그 자체로 확장된다. 즉 정의상 '아무 할 말이 없는'(블랑쇼) 후기 모던의 언어영역이 갖는 자율성에도 불구하고 말해야만 하는 것으로서의 현실이 갖는 보편적 장애로까지 확장되는 것이다. 내용상의 이런 불구, 즉 '현실' 내지는 말하자면 작품이 구성되어나오는 원료가 갖는 이런 과시적 결격사유는 이제 형식에서까지 감지되며 거기서는 우연성(contingency)이라는 철학적 범주의 형태를 띤다.

우연성이라는 문제는 훨씬 이전인 애초의 모더니즘에서도 발견되는 것으로서, 거기서는 작품이 스스로에게 배정한(또는 더 정확히 말하면 통합해야 할 것으로 작품 스스로가 배정하고 제안한) 내용을 형식이 완전히 장악하거나 전유하지 못했음을 나타내는 표지다. 물론 우연성 개념은 그보다도 더 오래된 것으로 중세신학에 등장한다. 거기서 우연성은 신과 연관되어 있는 보편이라는 관념에 도무지 동화되지 않는 독특한 존재인 사물을 가리킨다. 그렇듯 우연성은 관념의 실패를 나타내는 단어, 근본적으로 이해불가능한 것을 부르는 이름으로서, '근대'(내지 데까르뜨 이래) 시기에 존재론적 철학을 계승하고 밀어낸 다양한 인식론의 영역보다는 존재론의 개념장에 속한다. 중세적인 참조점은 이 개념이 갖는 시간성, 곧 역사적 부침 속에서 이 개념이 보여준 성쇠를 개념적 과정 내지 체계의 붕괴를 가리키는 조짐으로 부각시켜준다는 점에서 실제로 매우 유용하다. 그러나 19세기(내지 칸트 이래)에 우연성 문제가 재출현한 것이 신호탄이 된 인식론의 위기는 아마도 처음에는 신생 과학의 권위라는 가면, 즉 20세기에 한참 접어들 때까지 자체의 인식론적 위기를 경험하지 않은 과학이라는 새로운 지적 생산영역으로 인식론의 권리가 이전되는 현상을 가면으로 썼을 것이다. 어쨌든 나는 본격 모더니즘의 특징인 운과 우연에 대한 미적 관심과, 후기 모더니즘이라 불러온 것에서 우연성이 제기하는 덜 주제화되고 더 형식적인 재현적 문제들 사이에는 미묘하지만 근본적인 차이가 있다고 상정하고자 한다.

이는 구체적으로 제시하기가 상당히 까다로운 주장이다. 옛 중세적 우연성 관념(그것이 정말 명확한 의미에서 개념이기는 한가?)은 새로운 실존주의들에 의해 전략적으로 부활하며, 특히 그것을 어린 아이가 영화관에 가는 것에 빗댄³³ 싸르트르에 의해 다시금 무대에 올려진다. 그에 따르면 인간과 인간이 만들어낸 이미지의 극장 밖으로 나가는 일은 시끄럽고 혼돈스러운 도시의 한낮이라는 실제 세계가 존재한다는 충격을 경험하는 일이다. 우연성의 경험은 그렇듯 세계에 대한 어떤 인식에 의존할 뿐 아니라, 그 세계가 극적으로 병치되는 형식의 경험을 근본적인 전제조건으로 한다.

그러나 이미 입체파가 낡고 안정된 일상적 대상이 부서지면서 만들어진 파편적 형식을 증식함으로써 그런 경험과 대면하려는 시도 아니었나? 그리고 『율리시스』의 한줄 한줄이 모두 (『오딧세이』와의 유사성부터 챕터 형식과 문장구조에 걸친) 조이스의 다양한 형식들도 제어할 수 없었던 변화무쌍한 경험적 현실을 증언해주지 않는가? 다소 성급하지만 내가 여기서 주장하고 싶은 바는, 모던한 작가들에 있어서 그런 형식은 결코 미리 주어지지 않는다는 것이다. 그것은 우연한 마주침에서 실험적으로 발생해 결코 예단할 수 없는 구성물이 되어간다(그리고 숱한 본격 모더니즘들이 미완적이고 미결정적인 이런 구성물들을 다양하게 펼쳐 보인다).

그렇다면 내 논의의 다음 단계가 무엇인지는 명백하다. 형식의 구조가 미리 알려질 때, 즉 주어진 또는 이미 선택된 내용의 날것 그대로의 경험적 요소들이 충실히 따라야 할 일련의 필수요건으로서 미리 알려질 때 동학의 변화가 생긴다는 것이다. 그런 형식을 미적인 것의 자율성 또는 예술작품의 자율성으로 보아도 무방하지만, 이상이자 처방으로서의, 또 규제원칙이자 지고의 가치로서의 미적 자율성은 모더니즘 시기에는 존재하지 않았고 다만 부산물이자 나중에 덧붙여진 관념이었다는 게 지금까지의 이 글의 주장이었다. "세상의 모든 것은 하나의 책이 되기 위해 존재한다"는 말라르메의 유명한 이야기가 있는데, 후기 모더니즘의 우연성 경험은 분명 여기서 자기 계보를 만들기 시작한다. 후기 모더니즘의 확실성을 말라르메의 암중모색 끝의 발견들과 구분하는 것은 다름 아니라 역사적인 말라르메 그 자신과 그의 정교한 암시이며 따라서 후기 모더니스트들은 사전에 알고 반복할 수 있다. 말라르메가 『주사위 던지기』(*Un coup de dés*)에서 그 (운 자체를 없애지 못하는) 불가피한 실패를 난파를 통해 상징적으로 나타낸 바 있는 실험이, 후기 모더니즘에서는 작품 내부에서 도출되며 순전한 주제로서 길들여진다(또는 드 만의 유용한 표현에 따르면 이제 **주제화된다**). 따라서 말라르메가 **책**이라 부른 거룩한 미적 장엄미사의 열려 있고 끝나지 않고 종결불가능한 조합과정이, 로브그리예에서는 조합도식이 되고 그 도식의 연속적인 결과물들은 언제나 천편일률적으로 의기양양하게 이미지에 동화되며, 결국은 결정적으로 문장 그 자체에 동화된다.

나보꼬프와 베케트 둘 다에서 이런 새로운 미적 우연성의 표지는 일화라는 새로운 범주에서 읽어낼 수 있다. 일화의 핵심이나 상황은 언제나 동화불가능한 경험적 내용을 나타내고 이 경험적 내용은 순전한 형식을 위한 핑계다. 실상 이것이 베케트의 후기 극이 갖는 전형적 성격이다. 영원회귀하는 이런 장면들의 핵심부에서 경험적인 상황(가령 생략할 수 없는 이름과 인물과 특정 연대의 부르주아 주택을 동반하는 불행한 결혼이나 참을 수 없는 어린 시절의 기억들이나 진부한 가족구조, 칙칙하고 딱한 삶의 실패에서 구제불능으로 어김없이 비어져 나오는 전기(傳記)적 사건들)을 발견하는 데서 충격이 발생하는데, 따분한 사실주의 소설의 소재가 되었을 법한 이런 경험적 상황들은 소화할 수 없는 잔혹한 사실로서 끈질기게 지속하고 형식은 그것들을 녹여 없애려고 헛되이 시도하지만 그러면서 오히려 거기로 거듭 되돌아가게 된다. 형식 자체, 곧 자율성과, 형식이 의존하지만 자신의 재료로 전유해내지 못하는 일화적 내용, 이 둘은 서로 불가피한 변증법적 관계에 있고 사실상 서로를 상호적으로 산출한다. 그렇다면 후기 모더니즘적 우연성이란 바로 이 변증법적 과정이며, 자체의 미적 프로그램을 밀고 나가 완수하지 못하는 자율성의 실패의 경험을 구성한다.

하지만 이는 다행스러운 실패다. 왜냐하면 모더니즘의 갖가지 불가해한 절대가 후기 모던의 훨씬 더 겸허하고 이해가능한 미적 자율성으로 대체되면, 우리가 모더니즘 이데올로기로 규정해온 그 이론화의 공간과 가능성이 열리기 때문이며, 또한 중간문학으로 일컬을 만한 훨씬 접근하기 쉬운 문학의 생산을 가능하게 하고 승인해주기 때문이다. 이를 예전의 엄밀한 의미에서의 민중문학(popular literature)으로 부를 수는 없지만, 어차피 대중문화나 상업문화가 부상한 전후 상황에서 그런 식의 민중문학은 더는 존재하지 않는다. 대중교육 시대에 후기 모더니즘적 중간문학 및 중간문화 향유자를 대학생(및 그들의 학업훈련 담당자들) 계층으로 지목해도 지나치게 제한적인 규정은 아닐 것이다. 졸업 후 '현실세계'로 나간 이들의 책장에는 살아남은 본격 모더니즘의 미학자들과 지식인들이 정전이나 문학 그 자체로 명명한 그 역사적으로 독특한 소비의 기념품들이 보존되어 있다. 하지만 그런 정전이란 그저 후기 모더니스트들이 골라서 자신들의 이미지로 다시 쓴 모더니즘에 지나지 않는다. 그것들의 '위대함'과 시대를 초월한 영속성은 그 자체의 역사적 비영속성의 표지다. 포스트모더니즘이 근본적으로 단절하려 한 것은 바로 이런 후기 모더니즘인데, 포스트모더니즘은 그것과 단절함으로써 고전적 모더니즘이나 심지어 근대성 일반 내지 근대성 그 자체와 단절한다고 상상한다.

"절대적으로 모던해져야 한다"

아이러니든 아니든, 랭보의 저 거창한 외침은 언제나 흥분을 자아낸다. 아마도 우리가 이미 모던하다는 확신을 주는 데 그치지 않고 무언가 해야 할 바를 제시해주기 때문이리라.

당대에 보편적으로 가장 모던*하다고 생각되던 몇몇 나라를 떠올려봄 직하다. 프리드리히 대왕의 프로이센, 레닌의 쏘비에뜨체제, 그리고 얼마 후 무쏠리니의 파시즘의 정당-겸-독재체제. 이 모두는 관료제가 사회 조직화의 가장 모던한 형태라는 막스 베버의 예언적 판단을 확증해준다. 우리가 이것들을(어쩌면 첫번째는 제외하고) 더는 모던하다고 생각하지 않는다면, 그 이유는 슬프게도 그것들이 상투적 유형의 근대성이 약속하는 정도의 효율성에도 부합하

---

* 모더니즘과 직접 연관되지 않으므로 '근대적'이라고 하는 편이 일관성 있는 번역이겠지만 여기서는 랭보의 인용에서 이어지므로 '모던'으로 남겨둔다.

지 않는다고 판명 났기 때문이다. 그러나 오늘날의 미국 역시 그리 효율적이지 않다. 이 모든 사례에서 더 중요한 것은, 이런 나라들의 근대성은 다른 나라들 보라는 용도의 근대성이라는 점, 그러니까 질시와 희망, 열등감과 경쟁의 필요에서 자양분을 얻은 착시현상이라는 점이다. 이 이상한 개념에는 온갖 역설이 다 들어가 있지만 다음과 같은 역설이 가장 치명적이다. 즉 근대성은 언제나 타자의 개념(a concept of otherness)이다.

효율성에 관해 말하자면, 그 또한 다른 방식이지만 타자를 내포한다. 서구는 사회혁명이나 사회변혁이라는 견지에서의 '거대한 집단적 프로젝트' 범주를 생각할 수 없게 된 지 오래다. 하지만 훨씬 상상하기 쉬운 편리한 대체물이 있다. 즉 '근대성'을 과거 어느 지점까지 거슬러 올리든 간에 우리 서구인에게 거대한 집단적 프로젝트란 다름 아니라 전쟁이다. 한 국가의 효율성이 최종적으로 판가름되는 것은 전쟁기구로서의 효율성이며, 의심할 바 없이 근대의 전쟁은 집단적 조직화의 가장 선진적 형태를 제시한다. 이렇듯 우리의 유토피아적 상상력의 근본적인 구조적·이데올로기적 한계는 다른 대안의 결핍에서 분명히 드러나는바, 2차대전이 미국인들에게 국가 통합의 위대한 유토피아적 순간이자 정치적 욕망의 잃어버린 대상으로 계속해서 남아 있는 데서 잘 알 수 있다.

여러 다른 역사적 시기에 '근대성'이 불러일으키는 흥분들을 서로 비교할 수 있을까? 이 질문은 또다른 질문을 암시하고 내포한다. 즉 흥분의 진실성, 그리고 그 흥분을 파생시키거나 흥분이 그 실존적 반응이 되는 근대성 개념의 진실성에 관한 질문 말이다. 이런 반응들을 어떻게 비교할 수 있으며, 애초에 어떻게 역사적 증거를 토대로 이런 반응들을 개별적으로 추론하고 재구성할 수 있겠는가? 하지만 문학텍스트는 늘 이 문제를 제기해왔고, 그리하여 이 문제는 (가다머가 말한) '기대 지평'(horizon of expectation)의 하나가 되었으며 당대의 독법을 우리 자신의 독법과 비교하는 문제가 되었다.

사실 바로 그 때문에 다양한 근대성 이데올로기를 설명하고 재구성하는 데(그리고 어쩌면 그 이데올로기를 주장하는 데도) 미적 모더니즘의 문제나 온갖 모더니즘 텍스트가 매우 유용했다. 우리가 오늘날 여전히 충분한 집중력을 가지고 보들레르를 읽을 수 있다면 (이 숨겨진 전제에 따르면) 우리는 또한 보들레르 당대에 진행된 다양한 다른 비(非)미적 근대성도 재구성할 수 있다.

그런 작업은 시도해봄 직하다. 특히 늘 거론되는 새로움과 혁신과 출현이라는 특징을 무시하고 훨씬 덜 언급되는(언급 자체도 잘 되지 않는) 면, 즉 측정(measurement)이라는 면에 초점을 맞춘다면 말이다. 에즈라 파운드의 필생의 작업에 관해 알고 있는 사람이라면 그가 엄청난 집중력으로 '현시대'를 면밀히 살펴면서 모더니즘의 에너지, 부분적 돌파, 혁신, 그리고 (시에서나 산문에서) 유행이 지난 것들의 국지적 파괴 징후, (까발깐띠*나 존 애덤스**의 성취에 버금갈 정도의) 새로운 사유의 징후, 완전히 새로운 문화를 약속하는 강렬함(조지 앤타일***과 무쏠리니)의 징후를 찾고자 했다는 사실도

• 귀도 까발깐띠(Guido Cavalcanti, 1250?~1300), 단떼의 친구로 알려진 피렌쩨 시인.
•• 존 애덤스(John Adams, 1735~1826), 미국의 제11대 부통령이자 2대 대통령.

알고 있다.[1] 이런 측정은 신기원과 관련된 것으로서 좌표들(사회적 교감력 더하기 시적 감전력)에 구애되지 않는다. 그것은 미래를 향한 막연한 희망을 표현하는 게 아니라 공공영역을 샅샅이 훑으며 파운드 시학의 조직 중추인 정확성이라는 미적 이상에 조응할 만큼 정확한 징후와 단서들을 잰다.

아니면 이웃 문화의 근대성에 대한 발터 벤야민의 놀라운 지정학적 측정을 예로 들어보자.

지적 흐름들은 비평가가 자신의 발전소를 거기 설치해두기에 충분한 수원(水源)을 생성할 수 있다. 초현실주의의 경우 프랑스와 독일의 지적 수준의 차이에 의해 필요한 낙차가 만들어진다. 1919년 프랑스의 자그마한 문사집단에서 발생한 것은 (…) 전후 유럽의 김빠진 권태와 프랑스 데까당스의 마지막 물방울로 연명하는 보잘 것 없는 물줄기였는지도 모른다. (…) 〔하지만〕 독일의 관찰자는 그 물줄기의 원천에 서 있는 게 아니다. 바로 그 점이 그가 가진 기회다. 그는 계곡에 있다. 그는 그 순간의 에너지들을 측정할 수 있다.[2]

그런 식의 작업을 재건하려는, 그리고 독창성을 공공연히 포기한 작업에서 혁신을 탐지하려는 이 절박한 시도에서 포스트모던의 특징인 방향타 부재를 엿볼 수 있다.

••• 조지 앤타일(George Antheil, 1900~1959), 미국의 아방가르드 작곡가.

하지만 어쩌면 그런 측정, 내지 최근 동시대 이론에 대항하는 백래시에 힘을 보태며 뱅상 데꽁브*가 이름 붙인 '근대적 이성의 지표'를 읽어내려는 시도가 없는 편이 나을지도 모른다. 데꽁브는 '현재의 존재론'(그는 이를 '현재의 사건들에 관한 철학'이라고도 부른다)과 (하버마스식의) '근대성의, 그리고 근대성에 관한 담론' 사이의 변별로서 자기 논의를 전개한다. 이는 나 자신의 입장을 매우 분명히 해주는 구분인데, 나는 그와는 반대로 현재의 존재론이라는 기획은 지속하는 반면 근대성 담론을 재발명하려는 쓸모없는 시도는 폐기해야 한다고 권고하려 한다. 덧붙여 데꽁브가 로티를 뒤따라 존재론에 관한 자기 견해의 토대를 철학적 야심 일반에 대한 거부에 둘 뿐 아니라, 이 특정한 철학적 프로젝트의 틀을 극도로 편협한 방식으로, 다시 말해 하이데거가 존재적(ontic)이라 부를 만한 것으로 존재론적인(ontological) 것을 대체하는 식으로("현재하는 것으로서의 현재 (…) 시간으로서의 시간 (…) 완성되지 않은 것으로서의 미완성 (…) 지나간 것으로서의 과거"라는 식으로[3]) 짜고 있다는 사실도 지적해야겠다. 하지만 진정한 존재론은 현재 안에 있는 과거와 미래의 힘들을 기록하길 바랄 뿐 아니라, 내가 그러하듯이 지금의 현재 안에서 그 힘들이 쇠약하고 사실상 퇴색한 원인을 진단하고자 한다.

아무도 그 면전에서 험한 말을 못하는 강박적인 사람의 우스꽝스러운 입장을 택하지 않는 다음에야 '근대성' 같은 용어를 전적으로 폐기하자고 권할 수는 없는 일이다. 어쨌든 나로서는 과거에만 배

• 뱅상 데꽁브(Vincent Descombes, 1943~), 프랑스 현대철학자.

타적으로 적용된다면 '근대성'이 대안적인 역사서사를 만들어내기에 유용한 비유라고 본다. 그럼에도 어쩔 수 없이 이데올로기를 담게 되겠지만 말이다. 하지만 현재의 존재론과 관련해서는, '근대'를 역사성이나 미래성과는 무관한 일차원적 개념(내지 사이비개념)으로 여기는 데 익숙해지는 게 상책이다. 이것이 의미하는 바는, '포스트모던' 역시 미래를 지칭할 수 없는(적절히 사용된다면 우리 자신의 현재는 지칭할 수 있다) 반면, '비(非)근대'는 불가피하게 '전(前)근대'를 배타적으로 암시하게 되는(그리고 지금의 전지구적 현재에서도 마찬가지로 '전근대'를 지칭하게 되는) 세력장 속으로 끌려들어간다는 것이다. 근본적인 대안과 체제의 변혁은 '근대'라는 단어가 제어하는 개념장에서는 이론화될 수도, 심지어 상상될 수도 없다. 어쩌면 자본주의라는 관념 역시 마찬가지일지도 모른다. 하지만 만일 내가 어떤 맥락에서 등장하든 근대성을 모조리 자본주의로 대체하는 실험적 절차를 권한다면, 이는 낡은 문제들을 배제하기 위한(그리고 새롭고 더 흥미진진한 문제들을 낳기 위한) 치료적 차원에서 나온 권고지 교조적인 권고는 아니다. 우리에게 진정으로 필요한 것은 유토피아라 불리는 욕망으로 근대성이라는 주제를 전면적으로 대체하는 일이다. 유토피아적 경향들을 포착하려는 파운드적 임무와, 그것들의 원천에 대한 지형도를 만들고 다양한 해수면에 가해지는 그것들의 압력을 재는 벤야민적 임무를 결합할 필요가 있다. 현재의 존재론은 과거의 예보가 아니라 미래의 고고학을 요구한다.

서문

1 지난 몇년 동안 미국 철학과에서 어떤 다른 분야보다 윤리학 교수 채용공
  지가 더 많이 나왔다는 이야기가 있다. 하지만 그런 공지들이 자주 반영하
  는 생명과학의 새로운 문제들(복제, 유전학 등)은 내가 보기에 윤리적이기
  보다는 정치적이며, 어쨌든 (알랭 바디우의 흥미진진한 새로운 정치적 윤
  리학을 예외로 하면) 철학자에게 맡기기엔 너무 중대한 사안들이다.

2 과거의 정치철학은 언제나 인간본성 개념에 토대를 두고 있었고, 그 개념
  과 관련한 어떤 심리학적 동기(홉스나 스피노자에게는 공포, 당대의 시장
  이데올로그들에게는 '신뢰')가 집단성이 출현하는 토대가 된다. 반면 (예
  컨대 에르네스또 라끌라우의 이론 같은) 새로운 정치이론은 심리학보다는
  재현과 기표를 중심으로 조직된다.

3 장프랑수아 리오따르의 그 유명한 『포스트모던의 조건』(*The Postmodern
  Condition*, Minneapolis: Minnesota University Press 1980)을 참조할 것.
  조너선 애럭(Jonathan Arac)은 리오따르의 이분법을 '과장된 이야기'(tall

tales) 대(對) '하얀 거짓말'로 바꿔 쓴 바 있다. 어쩌면 벤야민의 예지도 시사점을 던져주는지 모른다. "역사의 건설은 군대제도에 비견할 수 있다. 일상적 삶을 위협해 막사에 배정하는 것 말이다. 그와 대비되어, 일화적인 것은 가두투쟁 혹은 반란과 같다." Walter Benjamin, *The Arcades Project* (Cambridge, Mass.: Harvard 1999, or Frankfurt: Suhrkamp 1983, S la, 3).

4 Fredric Jamson, *Postmodernism, or the Cultural Logic of Late Capitalism* (London: Verso 1991) 366~69면 참조.

5 Gilles Deleuze, *Différence et répétition* (Paris: PUF 1968) 4면.

6 Walter Benjamin, "Theses on the Philosophy of History," *Illuminations* (New York: Schocken 1968).

7 J.-F. Lyotard, "Résponse à la question, qu'est-ce que le postmoderne?," *Le Postmoderne expliqué aux enfants* (Paris: Seuil 1986) 29~33면.

8 Lyotard, *The Postmodern Condition*에 대한 내 서문 참조.

9 따라서 나는 『맑스주의와 형식』(Fredric Jamesom, *Marxism and Form*, Princeton: Princeton University Press 1971)에서 신비평을 두고 했던 말을, 신비평의 비역사주의 또는 반(反)역사주의가 더 깊이 작동하고 있는 이데올로기적 역사서사 혹은 '역사철학'을 감추고 있다는 식으로 교정하고자 한다.

10 Oskar Lafontaine, *Das Herz schlägt links* (Econ 1999).

11 Anthony Giddens, *The Consequences of Modernity* (Palo Alto: Stanford University Press 1990) 3면.

12 그러나 (포스트모더니티의 영향 아래 전세계적으로 우후죽순처럼 등장한 디즈니화된 문화적 경쟁자들과는 전혀 다른) 진정한 문화적 차이에 관한 기만적인 비전과, 세계 모든 나라가 근대성(또는 자본주의)에 이르는 각자의 역사적 대체경로를 일컫는 완전히 다른 개념 사이를 분명히 구분해야

한다. 이 책의 입장(그리고 우리 중 다수는 그것이 맑스의 입장이라 믿는 바다. 자본주의로 이르는 모든 경로가 다 독특하고 '예외적'이며, 우연적이고 고유한 일국적 상황에 의해 결정된다는 것이다('영국'은 그중 하나의 경로일 뿐이며 규범적인 모델이 아니라고 생각한다). 뒤에 나오는 「이 행양식들」 주 31을 참조할 것.

13 Samuel Huntington, *The Clash of Civilization and the Remaking of World Order* (New York: Simon and Schuster 1996).

1부 근대성에 관한 네가지 격언

1 이 대목은 한스로베르트 야우스(Hans-Robert Jauss)의 유용한 개략적 설명인 "Literarische Tradition und gegenwärtiges Bewusstsein der Modernität," *Literaturgeschichte als Provokation* (Frankfurt: Suhrkamp 1970) 11~57면을 따른다. 야우스는 보들레르로 끝낸다(나중에 덧붙인 벤야민 부분은 거의 끝을 맺지 못하고 있다). 그의 글이 갖는 논쟁적인 측면은 에른스트 로베르트 쿠르티우스(Ernst Robert Curtius)가 『유럽문학과 라틴 중세시대』(*European Literature and the Latin Middle Ages*)에서 보여준, 근대성이 '문학적 상수'라는 입장을 반박하는 데 있다. 야우스 자신의 연구의 핵심은 (1687년 1월 27일에 시작된) '신구논쟁' 분야인데, 여기에 대해서는 야우스의 긴 서문(8~64면)이 달린 뻬로(Charles Perrault)의 *Parallèle des anciens et des modernes*(1688~97)의 복제본(Munich: Eidos 1964)을 참조할 것. 고대 말과 12세기에 관해 야우스가 활용한 자료는 Walter Freund, *Modernus und andere Zeitbegriffe des Mittelalters* (Cologne: Böhlau 1957).

2 Freund, 앞의 책 39면.

3 같은 책 2면.

4 무엇보다 Jost Trier, *Der deutsche Wortschatz im Sinnabezirk des Verstandes* (Heidelberg: C. Winter 1932) 참조. 또한 Fredric Jameson, *Prison-House of Language* (Princeton: Princeton University Press 1972) 18~20면도 참조할 것.

5 Freund, 앞의 책 25면.

6 일례로 Reinhart Kossellek, *Futures Past: On the Semantics of Historical Time* (Cambridge, Mass.: MIT Press 1985) 참조.

7 "D'une certaine manière, il est toujours trop tard pour poser la question du temps." Jacques Derrida, *Marges de la philosophie* (Paris: Minuit 1972) 47면.

8 "과거에는 그 의미를 충분히 인정받지 못했고 그래서 더 세심한 설명을 요구하지만, 전이사 개념은 한동안 내게 언어학의 한 토대로 보였다. '전이사'라 불리는 문법형태가 갖는 일반적 의미는 주어진 발화행위, 즉 이런 형태를 사용하는 발화행위를 되돌아 지시한다는 특징을 갖는다. 이런 식으로 과거시제는 문자 그대로 주어진 발화행위에 선행하는 사건을 가리키기 때문에 전이사다. 동사의 1인칭 형식, 또는 1인칭 대명사는 1인칭의 기본적인 의미가 주어진 발화행위의 장본인을 되돌아 지시하는 일을 내포하므로 전이사다. 유사하게 2인칭 대명사는 문제의 발화행위가 향하는 수신인에 대한 지시를 포함한다. 대화의 과정에서 발신인과 수신인이 바뀐다면 '나'와 '너'라는 형태가 갖는 물리적 내용 또한 바뀐다. 그것들은 전이한다." Roman Jakobson and Krystyna Pomorska, *Dialogues* (Cambridge, Mass.: MIT 1983) 78~79면.

9 '감각적 확실성'을 다룬 G. W. F. Hegel, *Phaenomenologie des Geistes*, A-1. 이 저작 전체는 '직접성'을 반박하는 논쟁이며 이 첫 부분은 '직접성'의 구

체성에 대한 논박으로 이루어진다.

10 Jauss, "Literarische Tradition" 20면.

11 Francois Rabelais, *Pantagruel*, the "Lettre de Gargantua," in *Oeuvres complétes* (Paris: Pléiade 1955) 226면.

12 Jauss, "Literarische Tradition" 51~53면.

13 같은 책 34면.

14 Fredric Jameson, *Postmodernism, or, The Cultural Logic of Late Capitalism* xⅱ~xⅲ.

15 Jauss, "Literarische Tradition" 15~16면에서 재인용.

16 Enrique Dussel, *1492: El encubrimiento del Otro* (Madrid: Nueva Utopia 1992) 참조. 방대한 주제를 다룬 이 저작은 "근대성 신화의 기원에 관하여"(hacia el origen del mito de la modernidad)라는 의미심장한 부제를 달고 있다.

17 이 논의는 Arthur Danto, *Narration and Knowledge* (New York: Columbia University Press 1985)에 기댄 것이다. 내가 보기에 마무리되지 않은 이론적 질문은 '서사적 문장들'과 (고다르가 말했듯이 '어떤 순서로든' 시작과 중간과 끝이 있는) '완결된 이야기'라는 아리스토텔레스적 의미의 서사 사이의 차이에 있다.

18 Roman Jakobson, "Linguistics and Poetics," *Language in Literature* (Cambridge, Mass.: Harvard 1987) 71면. 바르뜨(Barthes)의 『이미지 음악 텍스트』의 「서사에 대한 구조적 분석」에 나오는 '두개의 코드'(two codes) 도 참조할 것. *Image Music Text* (New York: Noonday 1977) 123면.

19 E. H. 곰브리치는 『예술 이야기』에서 삐사넬로(Pisanello)의 몇몇 원숭이 스케치를 근대의 지표로 제시한다. 그에 따르면, 그런 예술가들은 "자연의 꽃이나 동물 같은 디테일들을 그리는 새로운 전문기예에 더는 만족하지

않았다. 그들은 시각의 법칙을 탐구하고 그리스인이 했던 것처럼 인간신체에 대한 충분한 지식을 얻어 조상과 회화에서 구현하고자 했다. 일단 관심이 그런 방향으로 바뀌자 중세예술은 정말로 종말을 맞았다." *The Story of Art* (Oxford: Phaidon 1950) 166면.

20 가령 David Blackbourn and Geoff Eley, *The Peculiarities of German History* (Oxford: Oxford University Press 1984)의 논의와 인용문헌 참조.

21 아래 주 72 참조.

22 Giovanni Arrighi, *The Long Twentieth Century* (London: Verso 1994) 109~26면.

23 Slavoj Žižek, *The Ticklish Subject* (London: Verso 1999) 211~12면.

24 "합리적이고 조화로운 음악은 (…) 오직 서양에만 알려져 (있다)." Max Weber, *The Protestant Ethic and the Spirit of Capitalism* (London: Unwin Hyman 1930) 14~15면. Weber, *The Rational and Social Foundation of Music* (Carbondale: Southern Illinois Press 1977)도 참조.

25 Marcel Proust, *Within a Budding Grove*, trans. C. K. Scott Moncrieff and Terence Kilmartin (New York: Vintage 1982) 694면. 또는 *A L'ombre des jeunes filles en fleurs*, Vol. II (Paris: Pléiade 1988) 6면. 이 대목은 벤야민이 『아케이드 프로젝트』(*Passagenarbeit*, S10a)에서 인용하고 있는데, 벤야민 자신의 번역은 *Gesammelte Schriften, Supplement* II (Frankfurt: Suhrkamp 1987) 220면에서 볼 수 있다.

26 Descartes, "Discours de la Méthode," *Oeuvres et Lettres* (Paris: Pléiade 1953) 131면.

27 같은 책 135면.

28 같은 책 284면. "난 이제 눈을 감겠다"(Je fermerai maintenent les yeux) 등.

29 Colin McGinn, *The Mysterious Flame* (New York: Basic 1999) 43면.

30 Žižek, 앞의 책 2장.

31 일례로 Jacques Lacan, *Seminar* II (Paris: Seuil 1978) 144면 (또는 New York: Norton 1988, 117면) 참조.

32 그러나 코기토를 하나의 점으로 보는 카를 야스퍼스의 전통적인 독법에 반대하는 노선을 옹호한 사례로는 Claudia Brodsky-Latour, *Lines of Thought* (Durham: Duke University Press 1996) 참조.

33 지젝의 『까다로운 주체』에서 피히테와 셸링을 다룬 대목 참조. *The Ticklish Subject* (London: Verso 1999) 44~45면, 87~88면.

34 특히 하이데거의 *Nietzsche*, Vol. II (Pfullingen: Neske 1961) 31~256면 (이 부분은 *Der Europaeische Nihilismus*로 단독 출판된 바 있다), 그리고 "Die Zeit des Weltbildes," *Holzwege* (Frankfurt: Kolstermann 1980) 73~110면 도 참조.

35 Heidegger, *Nietzsche* 155~57면.

36 같은 책 151면.

37 일례로 Jean-Louis Comolli, "Technique and Ideology: Camera, Perspective, Depth of Field," ed. Bill Nicholas, *Movies and Methods*, Vol. II (Berkeley: University of California Press 1985) 40~57면 참조.

38 Heidegger, *Nietzsche* 152~53면.

39 같은 책 153~55면, 160면.

40 같은 책 164~65면.

41 알뛰세르의 이 악명 높은 공식은 *Réponse à John Lewis* (Paris: Maspero 1973) 91면에 나온다.

42 이는 「세계상의 시대」(Die Zeit des Weltbildes)에 나오는 하이데거의 주장이다.

43 Heidegger, *Holzwege* 105면, 그리고 *Basic Writings*, ed. David Farrell Krell

(New York: Harper 1992) 148~49면.

44 Heidegger, *Nietzsche* 146면. 주 41도 함께 참조할 것. 이는 의심의 여지 없이 한스 블루멘베르크의 논의의 출발점이다. Hans Blumenberg, *The Legitimacy of the Modern Age* (Frankfurt: Suhrkamp 1966; Cambridge, Mass.: MIT 1983).

45 Heidegger, *Nietzsche* 163~64면. 영어번역본은 115면.

46 두번째 성찰, "그리고 이 창문에서 볼 수 있는 건 모자와 코트뿐인데 그 것들은 사람이 아닌 것을 가리고 있을지도 모르지 않은가?"(et cependent que vois-je de cette fenêtre, sinon des chapeaux et des manteaux, qui peuvent couvrir des hommes feints?) Descartes, *Oeuvres et lettres* 281면.

47 Friedrich Nietzsche, "Über Wahrheit und Lüge im aussermoralischen Sinn," *Werke*, Vol. III (Munich: Hanser 1956) 310~21면.

48 G.W.F. Hegel, *Wissenschaft der Logik*, II-A, "Das Wesen als Grund der Existenz." Fredric Jameson, *Brecht and Method* (London: Verso 1998) 80~84면도 참조.

49 Heidegger, "Das Ursprung des Kunstwerkes," *Holzwege* 7면. 영어번역본으로는 *Basic Writings* 153면.

50 일례로 Heidegger, "Die Frage nach der Technik," *Vortäge und Aufsätze* (Pfullingen: Neske 1985) 16~27면 참조.

51 일례로 Heidegger, *Nietzsche* II, 165면. "오늘날 우리는 언젠가 한 민족이 자기 역사에서 생겨난 형이상학을 더는 감당할 수 없게 되는 기이한 역사 법칙을 목격하고 있다."

52 Michel Foucault, *Les Mots et les choses* (Paris: Seuil 1966) 32~40면, *The Order of Things* (Vintage 1970) 17~25면.

53 *Les Mots* 55면, *The Order* 40면.

54 *Les Mots* 398면, *The Order* 387면.

55 Ronald L. Meek, *Social Science and the Ignoble Savage* (Cambridge: Cambridge University Press 1976) 참조.

56 *Les Mots* 11면, *The Order* xx.

57 *Les Mots* 62면, *The Order* 49면.

58 *Les Mots* 65면, *The Order* 51면.

59 가령 레비스트로스의 『날 것과 익힌 것』(*Le Cru et le cuit*)의 「서곡」(Overture) 이나 '그래머톨로지'(grammatology) 프로젝트 그 자체.

60 여기에 관해서는 Harry Harootunian, *Overcome by Modernity* (Princeton: Princeton University Press 2000) 2장 참조.

61 Louis Althusser and Etienne Balibar, *Reading Capital* (London: Verso 1970) 241면.

62 Karl Marx, *Grundrisse* (Economic Manuscripts of 1857 – 58, "Introduction" 27면), in *Collected Works*, Vol. 28 (Moscow: International 1986).

63 *A Contribution to a Critique of Political Economy* (Moscow: International 1904) 11~13면의 「저자 서문」(Author's preface).

64 같은 글 12면.

65 Althusser and Balibar, 앞의 책 302면.

66 같은 책 307면. 242~43면도 참조.

67 같은 책 323면.

68 같은 책 287면.

69 같은 책 297~98면.

70 하지만 알뛰세르에게 '모델'이란 그저 이데올로기적 개념일 뿐이다. 같은 책 255면.

71 *Les Mots* 271면, *The Order* 259면.

72 Harry Braverman, *Labor and Monopoly Capital* (New York: Monthly Review 1976) 참조.

73 Weber, *The Protestant Ethic* 118~21면 참조. 베버의 널리 알려진 사회변화 이론은 상대적으로 논증하기 어렵다는 점을 덧붙여야겠다. 왜냐하면 그 것은 어떤 사건의 한 계열(사회전통)에 완전히 다른 (종교적이고 정치적 인) 계열이 개입하는 것을 상정하기 때문이다. 그와 같은 개입에서는 이 른바 카리스마가 있거나 예언적인 인물이 출현해 전통적인 상황을 산산 이 부수고 그 자리에 완전히 새로운 상황이 들어서게 해준다. 이는 다름 아닌 '사라지는 매개자' 개념이다. 여기에 관해서는 내 글 "The Vanishing Mediator; or, Max Weber as Storyteller," *The Ideologies of Theory*, Vol. II (Minneapolis: Minnesota University Press 1988) 8~34면 참조.

74 "보편사의 문제를 살피는 유럽문명의 계승자는, **보편적** 중요성과 가치를 갖는 발전 도상에 있는 문화적 현상들이 서구문명에서 그리고 서구문명에 서만 출현한다는 사실을 어떤 상황들의 조합에 귀속시켜야 할지 묻게 마 련이다." Weber, *The Protestant Ethic* 13면.

75 Georg Lukács, "Reification and the Consciousness of the Proletariat," *History and Class Consciousness* (Cambridge, Mass.: MIT 1971). 특히 2부 참조.

76 Descartes, *Oeuvres et lettres* 138면.

77 Anthony Giddens, *Violence and the Nation State* (Berkeley: University of California Press 1987) 113~14면. 스티븐 고크로저는 이 경험이 "자기훈 련이라는 관념과 예법으로서의 복종이라는 관념"보다 크게 더 강제적이 지는 않다고 본다. Stephen Gaukroger, *Descartes: An Intellectual Biography* (Oxford: Oxford 1995) 66면.

78 Niklas Luhmann, *The Differentiation of Society* (New York: Columbia

University Press 1982) 263면.

79 같은 책 305~6면.

80 같은 책 363면.

81 포스트모던 개념에 대한 루만의 거부를 보여주는 책이 *Beochbachtungen der moderne* (Opladen: Westdeutsche Verlag 1992)이다. 하지만 사후에 출간된 *Die Gesellschaft der Gesellschaft* (Frankfurt: Suhrkamp 1998)에서 는 그 개념의 용인가능성에 대한 몇몇 잠정적인 추측이 던져지기도 한다 (1143~49면). "차이와 구별의 문제화와 그것들을 나타내는 형식들의 시 간화"(1149면)는, 반(反)토대주의적 철학의 '근거'를 역설과 서사와 아이 러니, 그리고 무엇보다 탈분화에 두는 일을 내포하는 변화다. 하지만 루만 은 그럼에도 불구하고 분화에 기반을 둔 사회 서술이 근대성 개념을 포기 하지 않은 채 이런 새로운 특징들을 흡수할 수 있다고 자신하는 듯하다.

이행양식들

1 Antoine Compagnon, *Les Cinq paradoxes de la modernité* (Paris: Seuil 1990) 173면. 이 흥미로운 저작에 관한 나의 논의로 *The Cultural Turn* (London: Verso 1998) 113~21면.

2 Jean-Claude Barat, "De la notion de 'Modernism' dans la litterature americaine," *Ce que modernité veut dire I*, ed. Yves Vade, in *Modernités 5* (Bordeaux 1994) 89면. 이 모음집과 그 후속편(*Ce que modernité veut dire II, in Modernités 6*)의 가치와 Matei Calinescu, *The Five Faces of Modernity* (Durham: Duke University Press 1987)의 유용성을 강조하지 않을 수 없 다. 모더니즘에 관한 참고문헌 목록을 여기서 나열하지는 않겠지만 아마 도 서문에서 논의한 '근대성'의 귀환과 관련되어 부쩍 관심이 되살아난 덕

분에 최근 많이 늘어났다. 다른 한편 오르떼가 이 가세뜨(Ortega y Gasset)를 제외하면 예술의 모더니즘과 관련해 그 당대에 오래 남을 만한 이론적 기여를 한 경우는 오로지 뽈 발레리 같은 모더니스트 작가들이었다. 그러나 이후 논하겠지만 그들은 자신들의 이론화의 대상을 예술 일반으로 생각했지 모더니즘이라고 지목하지는 않았다.

3 그것의 핵심을 보여주는 선언은 물론 Siegfried Giedion, *Space, Time and Architecture*(Cambridge, Mass.: Harvard University Press 1982, first edition, 1941)이다.

4 이 상황은 *London Review of Books* (2001년 6월 7일자)에 보낸 스탠 스미스(Stan Smith)의 편지에 간명하게 요약되어 있다. "이언 해밀턴(Ian Hamilton)의 견해(*LRB*, 24 May)에 따르면, 1920년대 후반에 앨런 테이트는 '스스로를 옛 남부(남북전쟁 전의 남부를 지칭 ─ 옮긴이)에 보내는 모더니즘의 선물로 즐겨 칭했다.' 여기에 그치지 않고 그는 적어도 엘리엇과 파운드의 문학혁명에 대한 별칭으로서 '모더니즘'이라는 용어를 발명한 공을 인정받을 수 있다. 이 단어는 1920년대 초 테이트와 『탈주자』(*The Fugitive*)지(誌)의 동료 편집자들 간의 서신에서 처음 이런 의미로 사용되었고, 1924년 2월 '시의 미래'에 관해 존 크로우 랜섬(John Crowe Ransom)이 쓴 『탈주자』의 사설에서 지면에 등장했다. 테이트의 제자인 로라 라이딩(Laura Riding)이 1927년에 로버트 그레이브즈(Rogert Graves)와의 공저 『모더니즘 시 연구』(*A Survey of Modernist Poetry*)로 이 단어를 영국 문화계에 처음 소개하자 오든(Auden) 주변의 무리들이 이를 재빨리 채택했고 이후 이 그룹의 스펜더(Spender)나 맥니스(MacNeice) 등의 글에서 이 용어가 표면으로 부상했다. 이런 경로를 통해, 그리고 미국에서는 또다른 밴더빌트 졸업생이자 『탈주자』의 고정 필자인 랜들 재럴(Randall Jarrell)의 비평을 통해, 이 명칭은 1950년대 후반 학계로 들어왔고 1960년

대 중반쯤이면 표준 용법으로 정착한다. 그렇다면 이런 의미에서 '모더니즘'을 발명한 것은 다른 아닌 옛 남부라고 할 수 있는데, 1937년까지도 에즈라 파운드는 모더니즘을 "어떤 이름도 붙여진 바 없는 운동"으로 묘사했다." 모더니스트 자신들의 환상을 연대순으로 보여주는 풍부하고 암시적인 기록으로는 스미스의 다른 책 *The Origins of Modernism* (Brighton: Harvester 1994) 참조.

5 냉전시기에 적극적인 선전용어였고 주로 미국의 주도로 다양한 제3세계 동맹과 종속국가들, 그리고 마셜플랜 시기에는 심지어 유럽에까지 보급되었다는 점에서, '근대화'는 순진한 단어가 아니다. 쏘비에뜨의 대외정책 역시 이 단어를 사용하지만 않았을 뿐 근본적으로는 동일한 이해관계를 중심으로 돌아갔고, 이른바 근대국가들을 따라잡고자 기술과 중공업 수출에 중점을 둔 스딸린식 근대화가 있는데 이는 정신과 이데올로기 면에서 미국식 판본과 다르지 않다. 근대화라는 용어를 상기하는 것은 몇가지 면에서 유익하다. 먼저 그것은 이 모든 것에서 기술이라는 문제가 불가피하다는 점을 강조해준다. 증기선에 대한 르 꼬르뷔지에의 경탄이나 비행기에 대한 브레히트의 경탄을 생각하면 미학에서도 마찬가지다. 또한 이 용어는 기술적인(그리고 사실상 과학적인) 층위를 물화할 위험을 경계하게 해주고, 위대한 과학적 발견과 위대한 산업적·기술적 혁명들을 물화하는 표준적인 관념사(Geistesgeschichte)의 유혹에 빠지지 않으면서 예술과 사회사 둘 다를 포괄하는 서사를 쓰는 것이 중요함을 일깨워준다. 그런 점에서 기술이라는 주제는 또한 제국주의 서사와의 연관성을 시사함으로써 층위와 매개라는 문제에 대한 해답도 암시해준다. 기술적 혁신은 언제나 절도나 판매나 허가를 통한 해당 발명들의 확산과 전파에 관한 질문을 제기하기 때문이다. 기술적 노하우 자체(및 그 사촌격인 과학적 노하우)가 수용국을 기술 제공 국가에 의존하는 관계에 묶어둔다는 사실도 잘 알려져

있다. 미국 근대화 이론의 핵심 인물은 이 과정을 '활성 에너지원 대비 비활성 에너지원의 비율'이라는 견지로 서술한다. "나는 비활성 에너지원 사용의 근소한 감소가 활성 에너지원의 증가로 보상되면서 광범위한 사회적 변화를 동반하는 사회를 근대화된 사회로 간주한다." (Marion J. Levy Jr., *Modernization: Latecomers and Survivors*, New York: Basic 1972, 3면 주 1). 그의 두권짜리 대표작 *Modernization and the Structure of Societies* (Princeton: Princeton University Press 1966)보다 훨씬 읽을 만한 레비의 이 책의 접근법에는 '후발주자'들의 기회와 관련한 비관주의가 깔려 있어서 근대화 과정에 관한 여하한 목청 높은 이데올로기적 찬양을 난처하게 만든다. 그는 이어 열두가지 정도의 특징을 나열하는데, 이를 그의 근대성 정의의 지표로 보아도 무방하다. "1. 미지의 미래를 대비한 교육, 2. 빠른 변화 대(對) 느린 변화, 3. 낯선 존재들, 4. 외래적인 조직화 맥락, 5. 고도의 집중화, 6. 돈의 사용과 수입의 분배, 7. 도시와 마을의 관계, 8. 근대화 교육, 9. 레크리에이션과 정치, 10. 성혁명, 11. 관계양상, 12. 인구변화" (*Modernization: Latecomers and Survivors* 32~33면).

마지막으로, '근대화'라는 용어 자체가 포스트모던화(postmodernization) 라고 부름 직한 것의 존재를 심화할 가능성을 제기한다. 만일 예술적 모더니즘과 연관된 기술시대가 19세기 산업시대의 거대한 공장과 에너지원의 시대라면, 짐작건대 생산과 작업현장의 변화를 수반하는 완전히 새로운 인공지능과 핵 기술의 도래는 별도의 독자적인 이름으로 불릴 만한 기술적 혁신 및 수출형식을 암시한다. 실제로 오늘날 세계 도처에서 '근대성' 으로 자주 거론되는 것은 예전식 근대화보다는 바로 그런 식의 포스트모던화, 내지 통신기술의 확산이 낳은 결과인 경우가 흔하다.

6 Beatriz Chenot, "Le Modernismo hispano-americain," *Modernités* IV, 29~48면과 Calinescu, 앞의 책 69~78면 참조.

7 예를 들어 이딸리아와 일본에는 확실하게 파시즘적인 모더니즘이 있었다.

8 Fredric Jameson, *Postmodernism: or the Cultural Logic of Late Capitalism* 309~10면.

9 Virginia Woolf, "Character in Fiction," *Collected Essays*, Vol. III, ed. Andrew McNeillie (New York: Harcourt Brace 1988) 421면.

10 Michel Foucault, *Les Mots et les choses* 329~33면. 영어번역본 *The Order of Things* 318~22면. 가치와 사실, 또는 의미와 우연성 사이의 간극으로 구성된 '인문과학' 내부의 근본적인 모순을 지칭한다.

11 T. J. Clark, *Farewell to an Idea* (New Haven: Yale University Press 1999)에 나오는 용어로 가령 45~48면 참조. 클락의 용법에 관한 나의 논의로는 "From Metaphor to Allegory," *Anything*, ed. Cynthia Davidson (Cambridge, Mass.: MIT 2001) 24~36면.

12 Régis Salado, "Ulysses de Joyce et la constitution du credo moderniste," *Modernités* VI, 49~90면 참조.

13 Manfredo Tafuri and Francesco Dal Co, *Modern Architecture* (New York: Abrams 1979)라는 고전적인 저서에서 알 수 있듯이, 그런 역사서 중에서도 최악이 아니라 최상의 것에서 이런 경향이 나타난다. 위의 주 11에 언급된 내 글을 참조할 것. 주의들(-isms)의 패러다임은 물론 교리적·신학적 이단들의 다채로운 목록이며, 그런 것을 가리키는 용어들, 가령 도나투스주의, 펠라기우스주의, 아리우스주의, 니코데무스주의, 에라스투스주의, 아르미니우스주의, 소치니주의 등은 일탈적인 뉘앙스들을 거의 조각술의 정확성으로 날카롭게 조형하는 데 기여한다.

14 Paul de Man, "Literary History and Literary Modernity," "Lyric and Modernity," "The Rhetoric of Temporality," *Blindness and Insight* (Minneapolis: Minnesota University Press 1997).

15 그와 같은 추가적인 함축 가운데 네가지만 열거하겠다. 부자 간의 오이디
푸스적 관계의 투사로서의 시간적 연속성 개념, 문학사의 '암흑지대'로서
의 보들레르의 독특한 불가해성, 어떤 일관된 철학적 미학 내지 문학 '체
계'에 대한 공격, (3부에서 다룰 블랑쇼의 논의와 대비되는) 글쓰기 행위
자체의 본질적 모호성.

16 De Man, *Blindness* 171면.

17 같은 책 200~6면 참조.

18 같은 책 211면.

19 같은 책 207면.

20 같은 책 165면.

21 같은 책 182~83면.

22 같은 책 172면.

23 같은 책 182~83면. 아래 주 41도 참조.

24 같은 책 179면.

25 같은 책 181면.

26 같은 책 185면.

27 같은 책 163~64면.

28 "어떤 면에서 차연은 분명 존재나 존재론적 차연의 역사적이고 시대적
인 전개에 지나지 않는다." Jacques Derrida, "La différance," *Marges de la
philosophie* (Paris: Minuit 1972) 23면.

29 De Man, 앞의 책 207면.

30 그런 점에서 이보다 앞에 나오는 다음 대목의 신중함은 적절하다. "그것들
의 관계는 동시성의 관계지만 사실상 공간적인 성격으로서 시간의 개입은
거기서 그저 우연성의 문제인 반면, 알레고리의 세계에서 시간은 근원적
인 구성적 범주다."

31 여기서 변증법적인 것은 (실제든 아니면 겉보기에든) 이항대립이 아니라 이 절차가 변증법의 한 전범인 맑스의 『정치경제학 비판 요강』 (*Grundrisse*)의 서문(Marx and Engels, *Collected Works* Vol. 28, Moscow: International 1986)을 반향한 점이다. 맑스의 서문에서 생산은 분배와 소비도 포함하는 세 종속범주의 하나인 동시에, 이 셋을 모두 포괄하는 범주로서 스스로를 하나의 부분집합으로 삼는다(17~24면). 변증법에서의 보편범주에 관한 슬라보예 지젝의 논의도 참조할 것. *The Ticklish Subject* 98~103면.

32 De Man, *Blindness* 207면.

33 같은 책 162면.

34 같은 책 163면.

35 같은 책 179면.

36 같은 책 208면.

37 같은 책 207면.

38 같은 책 208면.

39 같은 책 207면.

40 Charles Baudelaire, *Oeuvres I* (Paris: Pléiade 1976) 695면.

41 일례로 Harry Levin, *The Gates of Horn* (Oxford: Oxford University Press 1966) 참조.

42 Alain Robbe-Grillet, *Pour un nouveau roman* (Paris: Minuit, 1963) 참조.

43 Fredric Jameson, *Signatures of the Visible* (Routledge 1990) 158~77면.

44 Walter Benjamin, *The Arcades Project* (Cambridge, Mass.: Harvard 1999) 462~63면 (N3, 1) (또는 Frankfurt: Suhrkamp 1983, 577~78면).

45 T. W. Adorno, *Aesthetisch Theorie* (Frankfurt: Suhrkamp 1970) 36~48면. 또는 *Aesthetic Theory*, trans. R. Hullot-Kentnor (Minneapolis: Minnesota

University Press 1997) 20~27면.

46 Hugo Friedrich, *The Structure of the Modern Lyric*, trans. Joachim Neugroschel (New York: Columbia University Press 1974) 7면. 원본인 *Die Struktur der modernen Lyrik* (Rowohlt 1956) 21면.

47 *Structure* 8~9면, *Struktur* 22면.

48 *Structure* 9면, *Struktur* 23면.

49 *Structure* 169면, *Struktur* 213면.

50 T. W. Adorno and Max Horkheimer, *Dialektik der Aufklärung* (Frankfurt: Fischer 1986) 181~84면. 번역서로 *Dialectic of Enlightenment*, trans. J. Cumming (New York: Herder and Herder 1972) 202~4면.

51 Jacques Lacan, *Le Séminaire*, I and II (Paris: Seuil 1975, 1978). 말할 필요 도 없겠지만 라깡은 마르쿠제적인 의미에서의 '해방'의 수사와 정치를 혐 오했다.

52 Perry Anderson, "Modernity and Revolution," *A Zone of Engagement* (London: Verso 1992).

53 그러나 T. J. 클락은 이 예술가들 다수가 품었던 근본적 공감을 기록하고 있다. 그의 책 『관념과의 결별』(*Farewell to an Idea*)의 삐사로(Pissarro)를 다룬 장 참조. 나는 앤더슨의 요지를 원격으로(at a distance) 작동하는 근 본적인 사회적·이데올로기적 행위라는 견지로 해석한다. 여기에 관해서는 싸르트르가 『방법의 탐구』(*Search for a Method*)에서 다음과 같이 묘사한 다. "하지만 다른 한편에서 나를 변화시켜 준 것은 맑시즘의 현실성, 나의 지평에 있는 노동대중의 압도적 존재감, 곧 맑시즘을 살아 있게 하는 거대 하고 어두운 실체였고, 맑시즘은 그것의 실천으로서 쁘띠부르주아 지식인 들에게 거부할 수 없는 매혹을 원격으로 행사했다."

54 Rainer-Maria Rilke, "Der Engel," *Neue Gedichte* (Frankfurt: Insel 1974)

37면. 영어번역본은 *New Poems*, trans. Edward Snow (Boston: North Point Press 1984) 83면.

55 D. H. Lawrence, "Song of a Man Who Has Come Through."

56 Arthur Rimbaud, "Le Bateau ivre."

2부 이데올로기로서의 모더니즘

1 Arno Mayer, *The Persistence of the Old Regime* (New York: Pantheon 1981).

2 Martin Heidegger, "Die Frage nach der Technik," *Vorträge und Aufsätze* (Pfullingen: Neske 1954). 사원에 관한 언급은 "Der Ursprung des Kunstwerkes," *Holzwege* (Frankfurt: Klostermann 1950)에 나온다.

3 알카디 플로트니트스키(Arkady Plotnitsky)가 '비고전적 과학'이라 부르는 것을 포함하면 이 과학적 유추는 상당히 확장될 수 있다. *The Knowable and the Unknowable* (Ann Arbor: University of Michigan Press 2002) 참조.

4 Edward Said, *Beginnings* (New York: Basic 1975), 특히 29~78면을 참조할 것.

5 Roland Barthes, *Writing Degree Zero* (New York: Hill and Wang 1967). 그가 예로 든 까뮈와 르네 지라르는 시간이 지나면서 이데올로기적으로 덜 중립적으로 보이는데, 포스트모더니즘에서의 몰개성의 동학은 전적으로 다른 성격이다.

6 Walter Benjamin, "Convolute F (Iron Construction)," *The Arcades Project*, (Cambridge, Mass.: Harvard 1999; 또는 Suhrkamp 1983) 및 Siegfried Giedion, *Bauen in Frankreich* (Berlin: Gebr. Mann 1928) 참조.

7 T. W. Adorno, *Philosophie der neuen Musik* (Frankfurt: Europaeische Verlagsanstalt 1958) 및 Max Weber, *The Rational and Social Foundations of*

Music (Carbondale: Southern Illinois University Press 1977) 참조.

8 Paul de Man, *Allegories of Reading* (New Haven: Yale 1979) 12장.

9 Benjamin, *Arcades* 228면 (독일어판 301면)에서 재인용.

10 T. W. Adorno, *Aesthetische Theorie* (Suhrkamp 1970) 17면. 영어번역본 *Aesthetic Theory*, trans. R. Hullot-Kentnor (Minnesota 1997) 6면.

11 Clement Greenberg, "Towards a newer Laokoon" (1940), *Collected Essays*, Vol. I (Chicago: University of Chicago Press 1986) 28면.

12 같은 책 34면.

13 그린버그 자신은 『판단력비판』이 아니라 『순수이성비판』의 칸트를 끌어 온다. *Collected Essays*, Vol. IV (Chicago: University of Chicago Press 1993) 85면.

14 크리스토프 비당(Christophe Bident)의 모리스 전기 *Maurice Blanchot: partenaire invisible* (Seyssel: Champ Vallon 1998) 참조. Michel Foucault, "La Pensée du dehors," *Dits et ecrits*, Vol. I (Paris: Gallimard 1994) 522~39면 및 Jacques Derrida, *Parages* (Paris: Galilée 1986)도 참조.

15 드 만의 『맹목과 통찰』에서 블랑쇼에 관한 에세이 참조. 하지만 겉보기의 이런 단조로움은 예컨대 『구토』(*La Nausée*)에 관한 에세이에서처럼 블랑 쇼가 소설 자체를 '논제'로 다룬 소설은 '논제소설'일 수밖에 없다는 다소 까다로운 논의를 펼칠 때 보여준 상당한 통찰력과는 양립하지 않는다.

16 Maurice Blanchot, *Faux pas* (Paris: Gallimard 1943, 1971) 11면.

17 Maurice Blanchot, *La part du feu* 322~25면. (의심할 바 없이 여기에는 장 뽈랑(Jean Paulhan)의 『따르브의 꽃』(*Les fleurs de Tarbes*)을 경유하는 숨겨 진 매개가 있다.)

18 Karl-Heinz Bohrer, *Plötzlichkeit* (Frankfurt: Suhrkamp 1981). 영어번역본 으로는 *Suddenness* (New York: Columbia University Press 1994).

19 *Plötzlichkeit* 138면, *Suddenness* 139면.

20 *Plötzlichkeit* 213면, *Suddenness* 227면.

21 *Plötzlichkeit* 184면, *Suddenness* 201면.

22 *Plötzlichkeit* 28면, *Suddenness* 11면 (Heinrich von Kleist, "Über die allmähliche Verfertigung der Gedanken beim Reden"에서 재인용). 핵심적으로 중요한 에세이인 Karl-Heinz Bohrer, "Deutsche Romantik und französische Revolution," *Das absolute Präsenz* (Frankfurt: Suhrkamp 1994) 8~31면도 참조. 이 글에서 그는 "근대성의 원리가 될 혁명적 원리 그 자체, 즉 항구적으로 변화라는 역동적 원리"(31면)를 찬양한다.

23 들뢰즈가 이 이야기를 한 것은 사후에 방영된 TV 인터뷰 "L'Abécédaire de Gilles Deleuze"에서다.

24 융거에 관한 그의 책 제목이다. (Munich: Ullstein 1983).

25 여러 관련 참조문헌 가운데 Harold Bloom, *The Anxiety of Influence* (Oxford: Oxford University Press 1973) 66~68면과 134~36면. 또는 그의 *Wallace Stevens: The Poems of Our Climate* (Ithaca: Cornell University Press 1977) 1장 참조. 내 에세이 "Wallace Stevens" (*New Orleans Review*, X, 1, Spring, 1984)는 이 책과 한쌍으로 출간될 모더니즘 사례 연구서(*The Modernist Papers* [London: Verso 2007]을 가리킴 —옮긴이)에 재수록될 예정이다.

26 여기서 사용된 '후기 모더니즘'은, 포스트모더니즘과 나란히 가는 첨단기술적 건축의 특징을 말하는 찰스 젠크스(Charles Jenck)식 용법(*The New Moderns*, New York: Rizzoli 1990)이나, 본격 또는 고전적 모더니즘 내부의 어떤 상반된 흐름을 가리키는 타이러스 밀러(Tyrus Miller)의 용법(*Late Modernism*, Berkeley: University of California Press 1999)과는 다른 의미다. '신-모던'이라는 용어는 1950년대에 프랭크 커모드(Frank Kermode)

가 발명한 것으로 보인다.

27 Samuel Beckett, *Disjecta* (New York: Grove 1984) 51~54면.

28 G. W. F. Hegel, *Philosophy and History* (New York: Dover 1956) 86~87면.

29 Gilles Deleuze and Felix Guatarri, *Kafka: pour une littérature mineure* (Paris: Minuit 1975) 참조.

30 V. N. 볼로시노프(Volosinov)라는 이름으로 발표된 바흐찐의 *Marxism and the Philosophy of Language* (Cambridge, Mass.: Harvard University Press 1986) 74면.

31 Vladimir Nabokov, *Lolita* (New York: Putnam 1955) 98면.

32 같은 책 275면.

33 Simone de Beauvoir, *La Cérémonie des adieux* (Paris: Gallimard 1981) 181면 참조.

결론

1 일례로 Ezra Pound, "How to Read," *Literary Essays* (New York: New Directions 1954) 참조. "그러므로 추정컨대 우리는 현재 물리학이나 생물학에 적용하고 있는 상식의 일부를 문학연구에 적용할 수 있다. 시에는 간단한 절차들이 있고 분명히 표시할 수 있는 알려진 발견들이 있다"(19면) 등. 그의 *The ABC of Reading* (New York: New Directions 1934)과 *A Guide to Kulchur* (New York: New Directions 1938)도 참조할 것.

2 Walter Benjamin, "Surrealism," *One-Way Street* (London: Verso 1979) 225면.

3 Vincent Descombes, *The Barometer of Modern Reason: On the Philosophies of Current Events* (Oxford: Oxford University Press 1993) 18면.

프레드릭 제임슨이라는 이름이 널리 알려진 데 비해 그의 저작은, 워낙 종수가 많기 때문이기도 하겠으나, 이곳에 뒤늦게 도착하거나 아예 도착하지 못할 때가 많다. 『단일한 근대성』도 꽤 늦게 도착한 편에 속하는데 그래도 너무 늦지는 않았다고 본다. 물론 '근대성'은 현재 이곳에서 두드러지게 거론되는 주제가 아니고 1990년대와 2000년대에 상당히 열띤 논쟁을 불러일으키다가 소강상태에 접어들었다. 이 책에서 제임슨이 '근대'(모던)와 관련된 단어 가운데 가장 현재성 있고 따라서 가장 생산적인 범주라고 말하는 '모더니즘' 역시 2000년대 초 한국문단에서 한차례 논쟁이 있고 난 후 이렇다 하게 명시적으로 거론되는 사례는 많지 않다. 이 책이 출간된 시기가 2002년이었고 이곳에서 근대성이 활발히 논의되던 시점도 대략 그즈음이었다고 보면 이 책은 확실히 뒤늦게 도착했다. 반면 식민지 근대성, 다중 근대성, 대안 근대성, 유교적 근대성 등 각종 '다른' 근대성 담론이 제대로 매듭지어지지 않은 채 단지 더는 유행이 아니라는 이유로 활동정지에 들어간 면이 크다는 점에서, 그리고 모더니즘의 경우 굳이 명명되지 않는 방식으로, 아니 바로 그런 방식에 힘입어 여전히 영향력을 행사하고 있다는 점에서, 이 책이 때를 놓친 건 아니며 차분히 읽히기에 오히려 논쟁의 한가운데보다 지금이 적기인지도 모른다.

제목에 관해 먼저 밝혀둘 필요가 있겠다. 이 책의 영문 원제인 'A Singular Modernity'의 'singular'라는 단어는 이론 지형에서 자주 출몰하는 (단독성 또는 특이성으로 많이 번역되는) 'singularity' 개념과 연결되리라 추측하기 쉽다. 하지만 여기서 'singular'는 복수(plural)나 다중(multiple)과 대비되는 단수, 곧 하나를 뜻한다. 그 점은 이 책에서 널리 인용되는 대목의 하나인 "근대성의 유일하게 만족스러운 의미론은 자본주의와의 연관에 있다"(20면)는 발언에서 잘 드러난다. 제임슨은 이른바 다중적 근대성이나 대안적 근대성 논의에 확고한 반대 의사를 표명하는데, 그 이유 역시 "'대체' 근대성 또는 '대안' 근대성"들이 "근대성의 또 하나의 근본적인 의미, 즉 전세계적 자본주의 그 자체라는 의미를 간과"한다는 데 있다(19~20면).

그렇다고 해서 근대성을 다중적으로 사용하지 말고 단일한 대상을 지칭하도록 하자는 것이 이 책의 핵심 주장은 아니다. 오히려 제임슨은 근대성이라는 개념, 아니 이 책에서 그가 누누이 강조하는 바에 따르면 명백히 서사범주인 이 단어를 되도록 쓰지 말자는 쪽이다. "미래 예측은 말할 것도 없고 현재 분석에서 근대성을 사용하지 않는 편이" 낫다는 언급이 나오는가 하면(52면), 어느 대목에서는 교조적 권고가 아니라 이론적 교정작업이라는 단서를 달면서 "어떤 맥락에서 등장하든 근대성을 모조리 자본주의로 대체하는 실험적 절차"를 권하기도 한다(247면). 특히 (같은 문단에서) "우리에게 진정으로 필요한 것은 유토피아라 불리는 욕망으로 근대성이라는 주제를 전면적으로 대체하는 일"이라고 주장할 때 그의 어조는 상당히 단호하다.

요컨대 『단일한 근대성』은 근대성의 '단수성'을 설파하는 일이 아니라 다양한 근대성 담론에 대한 맑스주의적 해체작업을 목표로 하고 있으며, 해체작업이 대개 그렇듯 이 단어를 그냥 폐기하자고 말하는 대신 그것이 실제로 하는 일을 밝히고 더 중요하게는 그것이 할 수 없는 일을 밝힌다. 근대성에 연루된 각종 자가당착과 내적 한계를 짚어가는 그의 분석에서 핵심은 앞서 말한 대로 근대성은 대상이 아니라 하나의 비유이자 서사범주이고 근대성 담론은 근대성이라는 비유가 투사된 서사이며 그것도 매우 이데올로기적인 서사임을 보여주는 것이다. 이 책에서 근대성 담론이 할 수 없는 일 중에 가장 두드러진 것, 따라서 그것의 이데올로기성을 가장 간명하게 보여주는 것은 다음의 인용에 잘 요약되어 있다.

[근대성 담론에서] 근대라는 본질적으로 퇴행적인 개념은 있음직한 체제적 변화들에 저항과 타성으로 맞서기 십상이다. 근대성은 주어진 역사적 순간에 주어진 체제 안에서 얻어진 것을 기술하므로 그 체제를 부정하는 것에 관한 신뢰할 만한 분석을 내놓으리라고 기대될 수 없다. (108~9면)

이 책에 제시된 근대성을 둘러싼 네가지 격언은 그와 같은 이데
올로기 비판 또는 해체를 통해 추출한 구체적인 주의사항이라 할 수
있다. 이 격언들을 차례로 제시하는 1부는 데까르뜨와 하이데거, 베
버와 맑스, 하버마스와 푸꼬, 알뛰세르, 루만 등의 굵직한 이름과 이
어지는 주요 근대성 담론들을 두루 포괄하면서 그것들에 내재하는
공통적인 동학과 딜레마를 보여주는 과정이기도 하다. 이렇듯 "근
대성의 올바른 용법이 발견되고 개념화되고 제안될 수 있다는 어떤
전제도 명시적으로 거부"하는 입장이지만(20면), 제임슨이 "근대
(모던)의 용법 중에서 (⋯) 현재에 부인할 수 없는 즉각적인 관련성
을 여전히 갖는다"(112면)고 인정하는 것은 미학분야에서 근대성에
상응하는 범주인 모더니즘이다. 모더니즘이라는 용어의 효용을 승
인한다고 해서 그가 모더니즘이라는 주의(-ism)를 승인하는 것은
물론 아니며, 이 점은 '이데올로기로서의 모더니즘'이라는 2부의 제
목으로도 짐작할 수 있다. 제임슨은 한편으로 개별 텍스트가 체현하
는 모더니즘적 실천과 체계적으로 이론화된 모더니즘 담론(곧 이데
올로기)을 구분하고, 다른 한편으로 대략 2차대전까지의 '고전적'
내지 '본격' 모더니즘과 전후시대가 완전히 끝나고 냉전이 시작된
이래의 '후기' 모더니즘을 구분한다. 그에 따르면 모더니즘 이데올
로기는 후기 모더니즘 시대의 모더니스트들이 본격 모더니즘의 미
학적 실천을 자신들의 취향에 맞게 (즉 실제 본격 모더니즘 작품들
과는 조응하지 않는 방식으로) 이론화한 것이라 본다.

『단일한 근대성』의 구성에도 이와 같은 제임슨의 논지가 반영되

어 있다. 사실상 해체작업이라 할 1부의 근대성 논의가 마무리되면서 남아 있는 유효한 범주인 미적 모더니즘에 대한 2부의 이데올로기 분석으로 이어지는 것이다. 1부와 2부 사이에 있는 「이행양식들」은 제목처럼 근대성 비판에서 모더니즘 분석으로 '이행'하는 데 필요한 방법론적 사전작업에 해당한다. '모더니즘'과 '이데올로기'라는 두 용어를 각각 적절히 정리하는 이 과정에는 폴 드 만의 알레고리론에 관한 논평을 비롯해 독자적으로도 매우 흥미로운 해석이 담겨 있다. 책 전반에 걸쳐 제임슨 스스로가 강조하는 '변증법적' 사유방식과 널리 알려진 그의 '역사화하라'는 권고의 모범을 만나게 된다는 점은 굳이 말할 필요가 없다.

이 책에서 이루어진 제임슨의 이데올로기 비판이 모두를 납득시켜 이제껏 제기된 온갖 근대성 담론 및 모더니즘 이론의 종결자가 되리라 기대할 수는 없다. 하지만 적어도 이 주제에 관한 풍성하고도 선명한 안내자이며 나아가 근대성과 모더니즘에 관련된 토론이 생산적인 방식으로 전개될 수 있도록 방해물을 치우고 길을 터준다. 무엇보다, 더 다양하고 대안적인 근대성 이론을 만드는 데 골몰하는 대신 제임슨의 권고대로 근대성의 유일하게 내실있는 의미론인 자본주의적 근대에 관한 분석을, 역시 제임슨의 표현을 빌리면 '유토피아적' 전망을 갖고 수행하는 일이 중요할 것이다. 모더니즘을 두고 내놓은 그의 주장 가운데는 자기모순처럼 느껴지는 대목도 없지 않았다. 하지만 그런 대목 역시 역설적으로 한국의 리얼리즘 담론이 일찍이 도달한 지점과 이룩한 성취를 한층 분명히 확인해준다고 보는데, 이는 별도로 논증해야 할 문제일 것이다.

마지막으로 제임슨 번역의 괴로움에 관해서도 몇마디 털어놓고 싶다. 불필요해 보이는 단어의 남발(이라고 말하게 된다), 나누기 힘든 방식으로 길게 이어지는 수식어구 같은 문장 차원의 어려움도 있었으나, 참으로 아시는 게 많아서 생기는 정보의 과밀도 역시 큰 난관이었다. 이 정도는 다 알고 있지 하는 식이 절반이고 다른 절반은 이것도 잘 알아야 하는 것이지만 여기서 다루지는 않겠다는 식이어서 이따금 비뚤어진 좌절과 분노가 일기도 했다. 하지만 그 점이 어딘가 숨어 있을 오역에 변명이 되어주지는 못할 것이다. 후기를 쓰는 지금도 그런 생각을 하면 오싹해지지만 일단은 여기까지라는 마음으로, 그리고 이후 지적이 있으면 감사히 받아들이겠다는 마음으로 마무리한다. 서둘러 보낸 초고를 꼼꼼히 점검해준 창비의 김가희님께 감사드린다.

찾아보기

단일한 **근대성**
현재의 존재론에 관한 에세이

초판 1쇄 발행 / 2020년 5월 15일
초판 2쇄 발행 / 2020년 7월 10일

지은이 / 프레드릭 제임슨
옮긴이 / 황정아
펴낸이 / 강일우
책임편집 / 김가희
조판 / 박아경
펴낸곳 / (주)창비
등록 / 1986년 8월 5일 제85호
주소 / 10881 경기도 파주시 회동길 184
전화 / 031-955-3333
팩시밀리 / 영업 031-955-3399 편집 031-955-3400
홈페이지 / www.changbi.com
전자우편 / human@changbi.com

한국어판 ⓒ (주)창비 2020
ISBN 978-89-364-8659-4 93100

* 이 저서는 2018년 대한민국 교육부와 한국연구재단의 지원을 받아
  수행된 연구입니다(NRF-2018S1A6A3A01022568).
* 이 책 내용의 전부 또는 일부를 재사용하려면
  반드시 저작권자와 창비 양측의 동의를 받아야 합니다.
* 책값은 뒤표지에 표시되어 있습니다.